北京市保障性住房建设管理机制研究
——基于建筑产业现代化的视角

任 旭 著

中国建筑工业出版社

图书在版编目（CIP）数据

北京市保障性住房建设管理机制研究——基于建筑产业现代化的视角/任旭著. —北京：中国建筑工业出版社，2018.6
ISBN 978-7-112-22350-3

Ⅰ.①北… Ⅱ.①任… Ⅲ.①住宅-社会保障制度-研究-北京 Ⅳ.①D632.1 ②F299.271

中国版本图书馆CIP数据核字(2018)第126700号

责任编辑：牛 松 毕凤鸣
责任校对：李欣慰

北京市保障性住房建设管理机制研究
——基于建筑产业现代化的视角
任 旭 著

*

中国建筑工业出版社出版、发行(北京海淀三里河路9号)
各地新华书店、建筑书店经销
北京科地亚盟排版公司制版
北京京华铭诚工贸有限公司印刷

*

开本：787×960毫米 1/16 印张：18½ 字数：213千字
2018年6月第一版 2018年6月第一次印刷
定价：**60.00**元
ISBN 978-7-112-22350-3
(32182)

前　言

近年来，随着城镇化进程的加快，我国建筑行业飞速发展，随之而来的是传统建造模式带来的大量污染以及对能源的大量消耗，基于此，转变建筑产业发展方式、实现建筑产业现代化被逐步提上日程，2014 年住建部出台了《关于推进建筑业发展和改革的若干意见》，从建设、勘察、设计、施工、构件生产和科研等方面全面统筹规划建筑产业现代化发展目标和路径，大力推动建筑产业现代化发展。

目前我国建筑产业现代化的发展仍处于初级阶段，现代化生产技术尚不成熟，缺乏统一的标准体系，距离规模化、一体化的发展目标较远，建设成本较高，参建单位自主实施现代化建设的动力不足，因此，必须发挥政府投资项目的试点示范引导作用并适时扩大试点范围，积极稳妥推进建筑产业现代化。保障性住房作为改善社会民生的重点工程，近年来一直得到政府的高度重视，全国各地建设规模大、资金流入多，并且具有面积较小、设计简单的特点，适合作为建筑产业现代化的切入点。因此，我国有很多城市都以保障性住房建设为基础，实施住宅产业化，推动建筑产业现代化建设。其中，北京市作为较早在保障性住房上实施住宅产业化的城市，在标准化体系制定、预制装配式施工、部品工业化生产等方面都取得了显著的成绩，为国内其他城市的保障性住房建设起到了良好的示范作用，这也是本书以北京市作为研究对象的重要原因。

本书基于建筑产业现代化的视角，从保障性住房建设全过程管理的角度出发，研究了北京市保障性住房建设各个阶段积累的经验和存在的问题，并针对性地提出了优化前期审批流程、完善施工管理机制、建立部品工业化生产及部品库管理制度、完善后评价体系等合理化建议，具有较强的学术研究价值、实践意义和社会效益。在学术研究价值方面，丰富了保障性住房建设管理机制的理论成果。当前对保障性住房建设的研究大多集中于融资、土地供应、后评价等方面，从建筑产业现代化的视角探析保障性住房建设管理机制的研究并不多见，本书提供了一条可供参考的研究路线，有利于未来对保障性住房建设管理机制的进一步研究。在实践意义方面，一是能够帮助北京市政府找出保障性住房建设管理机制中存在的问题，提供完整详细的优化建议，为北京市政府的相关决策和政策制定提供智力支持，促进北京市保障性住房建设以及建筑产业现代化建设再上新台阶；二是为北京市保障性住房建设的参建单位（开发单位、勘察单位、设计单位、施工单位、部品生产单位等）提供业务指导，为保障性住房实施住宅产业化的实践指明方向；三是为其他城市的保障性住房实施住宅产业化建设提供丰富的经验借鉴，使其他城市在保障性住房实施住宅产业化建设中少走弯路，共同推动我国建筑产业现代化的发展。在社会效益方面，一是有利于提高北京市保障性住房建设的效率和质量，快速解决北京市中低收入人群的住房需求，为被保障人群提供更为优质的住房条件；二是能够有效推动建筑产业转型，使环境、资源得到更好的保护，推动社会的可持续发展。

在本书完成之际，回顾一路以来的研究历程，有太多的人需要感谢。首先要感谢赵媛、袁鹏飞、张丰洲、柳海利、卢玉洁、张琪，通过指导他们的毕业论文，我在保障性住房建设以及建筑产业现代化的研究中得到了很大的启发。他们对本书部分内容亦有贡献。然后要感谢魏萌、张洁、冯国莉、曹如月、贺静文、高敏，她们在研究资料收集与整理、文字编辑与校对等方面帮我分担了很多工作，给予了我非常大的支持与帮助。

感谢国家重点研发计划项目“工业化建筑检测与评价关键技术”（项目编号：2016YFC0701800）及其子课题“建筑工业化发展行业管理与政策机制”（课题编号：2016YFC0701809）对相关领域理论研究的长期支持，为本书奠定了重要的理论基础。

此外，还要感谢亲爱的读者朋友们，感谢你们能够耐心阅读本书，这是对我最大的鼓励。当然，任何研究都有其局限性和不足之处，本书也不例外，希望您能够批评指正！我会在今后的研究中积极地采纳、吸收有益的建议，继续以科学严谨的态度深入开展研究！

任旭

2018 年 2 月于北京

目　录

1 北京市保障性住房建设管理机制现状

1.1 北京市保障性住房类别界定

目前保障性住房的主要划分依据是所保障群体的收入情况，从全国范围内来看主要分为五种，即廉租房、公租房、经济适用房、限价房和棚改房。在此基础上，2013 年北京市推出了一种自住型商品房，虽然该类型存在保障房与商品房的混合属性，但在北京市的现有规划中自住房将逐步纳入保障性住房体系。2014 年北京市又试点了新的保障性住房类型即合作型保障性住房。2017 年北京市又推出了共有产权住房，这是对自住型商品房的升级。因此将自住房、合作型保障性住房与共有产权住房也纳入北京市现有的保障性住房体系，北京市七种类型保障性住房及其特点如下。

（1）廉租房

廉租房是指政府以租金补贴或实物配租的方式，向符合城镇居民最低生活保障标准且住房困难的家庭提供社会保障性质的住房。其中，实物配租以政府核定的低租金租赁给城市最低收入家庭，只租不售，低收入家庭没有产权；租金补贴为按照正常租金水平收取租金后，将部分租金当做补贴返还给承租人。廉租房的套型建筑面积控制在 $55m^2$ 以内。

（2）公租房

公租房与廉租房同属无产权住房，主要满足无能力购买经济适用房且不满足廉租房条件的“夹心层”群体，建筑面积 $60m^2$ 左右。根据住房和城乡建设部、财政部、国家发展和改革委员会联合印发的《关于公共租赁住房和廉租住房并轨运行的通知》（建保〔2013〕178 号）的规定，从 2014 年起，各地公共租赁住房和廉租住房并轨运行，并轨后统称为公共租赁住房。为此，本文中将二者归为同一个类别，以“公共租赁房”指代并轨后的二者。

（3）经济适用房和限价房

经济适用房和限价房在出售过程中，购房者的房屋所有权和使用权受到严格限制：5 年之内仅能用于自住；住满 5 年后，可以在按市场价与购买价之间价差的一定比例补交土地收益等款项后拥有完全产权，并能够进行出租或转让。

（4）棚户区改造

棚户区改造是在原有住房基础上，将其改建或重建，不涉及国有土地的出让问题。对城市棚户区改造补偿分为实物房屋安置和货币补偿两种方式。货币补偿通常为一次性补偿；实物房屋安置通常按原住房建筑面积的一定比例置换为指定区域定向安置的完全产权的住房，回迁安置的住宅和非住宅房屋自回迁之日起，就可以交易上市。

（5）自住型商品住房

自住型商品住房与北京在 2007 年推出的限价房很类似，价格比周边商品住房低 30％左右，套型以 $90m^2$ 以下为主。名下无房或仅有一套住房的北京户籍家庭以及符合购房条件且名下无房的非京籍家庭，都可以购买“自住型商品房”。同样的，自住房也拥有不完全产权，住满5年后才可以在完成相应手续后进行出租或转让。

（6）合作型保障性住房

合作型保障性住房，是指符合保障条件的居民家庭和政府合作建设，由居民家庭承担房屋建设费用，由政府提供建设用地，限定住房面积，并实行封闭运行管理。合作型保障性住房禁止出租、出借，家庭通过购买、继承、受赠等方式又取得其他住房的，应退出合作型保障性住房，由政府部门组织符合条件家庭按规定价格购买或由政府指定机构回购。单套建筑面积控制在60m^2以下。

（7）共有产权住房

共有产权住房，是指政府提供政策支持，由建设单位开发建设，销售价格低于同地段、同品质商品住房价格水平，并限定使用和处分权利，实行政府与购房人按份共有产权的政策性商品住房。

目前北京市保障性住房类别及其特点见表1-1。

北京市保障性住房类别汇总　　表1-1

序号	类别	保障对象	保障方式	产权有无	面积	土地供给
1	公共租赁房	中低收入者	货币补贴或实物配租	无产权	60m^2以内	划拨或出让
2	经济适用房	中低收入者	出售	有限产权	90m^2以内	划拨
3	限价房	中等收入者	出售	有限产权	90m^2以内	招拍挂出让
4	棚改房	拆迁对象	实物安置或货币补偿	全部产权	不等	招拍挂出让
5	自住型商品房	中等偏上收入者	出售	有限产权	90m^2以内	招拍挂出让
6	合作型保障性住房	中低收入者	出售	无产权	60m^2以内	招拍挂出让
7	共有产权住房	中等收入者	出售	有限产权	90m^2或120m^2以内	招拍挂出让

资料来源：根据公开资料整理。

1.2 北京市保障性住房建设事业发展概述

（1）北京市保障性住房建设事业发展的总体思路

保障性住房建设是我国各级政府实施的一项重要民生工程，对解决城镇中低收入家庭住房困难，促进经济社会和谐稳定和健康发展具有重要影响。“十二五”期间，北京市委市政府高度重视保障性住房建设工作，为实现“住有所居”的目标，建立了符合首都发展现状的基本住房制度。

北京市政府明确了“十二五”阶段保障性住房建设的发展目标，主要从以下三个方面开展保障性住房建设工作：第一，加大对保障性安居工程的建设力度，争取对符合保障条件的申请家庭做到“应保尽保”；第二，优化保障性住房结构，大力发展公共租赁住房，大力推进保障性住房的供应方式从“以售为主”转向“以租为主”；第三，完善建设、审核、分配和后期管理各项制度，建立健全长效工作机制，促进保障性住房建设事业的可持续发展。

北京市政府制定了“十二五”阶段保障性住房建设的基本原则，作为政府对保障性住房建设过程进行监督管理工作的行为准则。首先，在北京市政府住房保障部门的主导下，完善保障性住房建设的支持和保障机制，合理安排资源配置，通过政策引导和支持鼓励社会资本参与到保障性住房的建设工作中。其次，充分考虑中低收入群体住房困难的现实需要，更好地满足保障对象差异化的需求，为保障对象提供更多住房选择。最后，结合北京的发展现状，科学合理地设计住房保障目标、方式、范围等方面的制度和政策，确保保障性住房发展的可持续性。

（2）主要措施及建设成果

1）持续扩大保障性住房建设规模，满足群众基本需求

“十二五”时期，随着我国保障性住房体系的逐渐完善，政府对保障性住房建设的投入增加，保障性住房进入了大规模建设时期。2012 年 1 月，北京市住房城乡建设委、北京市发展改革委联合发布《北京市“十二五”时期住房保障规划》，提出了 2011～2015 年北京市住房保障工作的指导思想、发展目标、主要任务和保障措施。其中，政府采取的保障措施主要包括：加强供应计划管理，加大土地供应力度；加强规划布局引导，提高规划设计水平；加大资金投入力度，多渠道筹集建设资金；加强工程质量管理，建设高品质保障性住房。

“十二五”期间，北京市保障性住房建设取得丰硕成果。全市保障性住房累计建设筹集 100.9 万套，其中新建筹集 90 万套，货币补贴 1.4 万户，房屋修缮 9.5 万户，圆满完成“十二五”期间建设筹集保障性住房 100 万套的任务目标。保障性住房累计新开工面积 4950.1 万 m^2，竣工面积 4429 万 m^2，具体情况见图 1-1。保障性住房累计供地 4148 公顷，占同期住宅供地的一半，完成“十二五”期间保障性安居工程用地的供应任务。“十二五”期间，北京市保障性住房建设共完成投资 3685 亿元，是“十一五”时期的 3.5 倍，占全社会固定资产投资的 10.5％，保障性住房建设投资力度明显加大，2011-2015 年保障性住房完成投资额及变化趋势见图 1-2。全市共配租配售各类保障性住房 227141 套，基本解决现有轮候备案家庭住房困难。

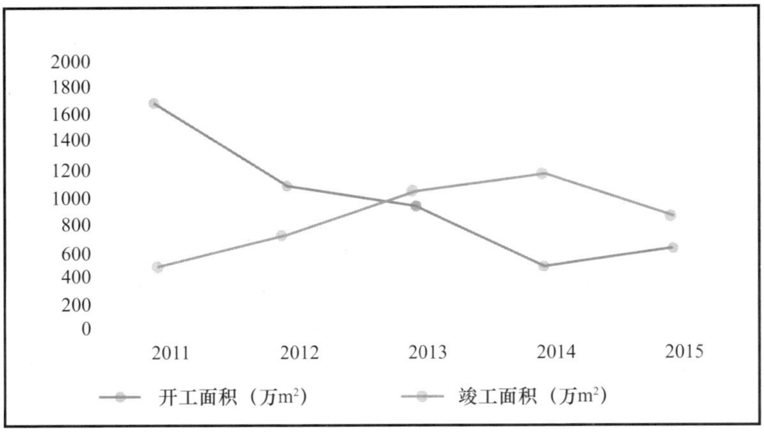

图 1-1　2011-2015 年保障性住房新开工面积与竣工面积

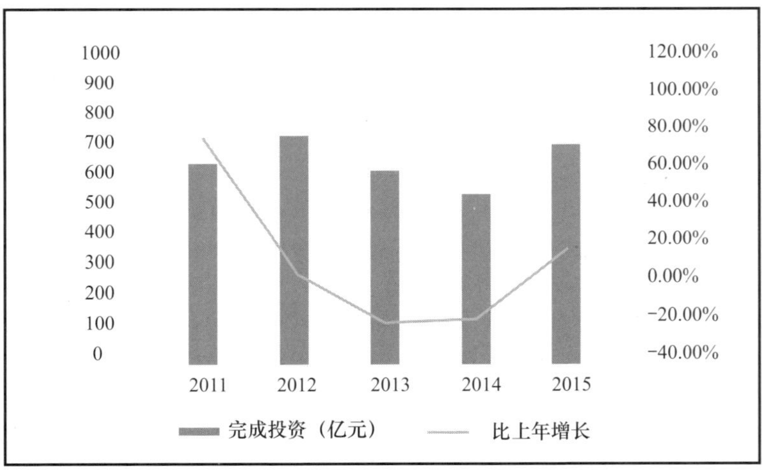

图 1-2　2011-2015 年保障性住房完成投资额及变化趋势

2）大力发展公共租赁住房，优化住房供应结构

为加快解决中低收入住房困难家庭、新就业职工和外来务工人员等群体住房问题，北京市制定了《关于加强本市公共租赁住房建设和管理的通知》（京政发［2011］61 号），对公租房建设给予了一

系列政策支持：一是廉租房与公共租赁住房并轨运行，资金统筹使用；二是优先安排储备土地用于公共租赁住房建设，住宅用地中配建保障性住房的比例一般不低于30%，且以公共租赁住房为主；三是按照国家及北京市相关规定落实税费减免政策；四是争取公积金贷款、商业银行贷款、信托资金、发行债券等，拓宽融资渠道。

“十二五”期间，保障性安居工程类别结构有了较大变化，经济适用房开工规模明显下降，而公共租赁住房新开工量增速加快、棚户区改造力度加大，“保基本”的原则更加突出。“十二五”之前，保障性住房主要以廉租房、经济适用房为主，“十二五”前期，在廉租房“应保尽保”的基础上，政府为解决城市“夹心层”群体住房问题而大力推广的公租房开始与廉租房并轨运行[1]。而到了“十二五”中后期，棚户区改造已经成为我国保障性住房建设的主力类型。

3）着力推进棚户区改造，改善群众居住条件

近年来，北京市把棚户区改造作为疏解非首都功能的重要抓手，深入探索棚户区改造新模式，加大统筹协调力度，着力突破土地征收、资金等瓶颈问题，稳步推进棚户区拆迁工作，取得显著成效。

北京市自2009年底启动棚户区改造工作以来，先后实施门头沟采空棚户区、丰台南苑、通州老城区等城市棚户区和京煤集团国有工矿棚户区改造工程，累计建设筹集安置房7.3万套，搬迁居民4.3万户。2013年4月，北京市委召开专题会研究部署棚户区改造工作，提出要在情况复杂、难度最大的中心城区强力推进，正式启动北京市新一轮棚户区改造工程。当年即启动了110个项目，搬迁3938户，其中中心城区搬迁3688户，为2012年中心城区征收拆迁量的两倍，完成投资约100亿元。2014年，全市累计签订改造协议或完成搬迁

居民 1.98 万户，其中中心城区 1.5 万户，累计完成投资约 275.64 亿元，超出计划投资 10.26%。2015 年，是北京市棚户区改造工作的关键之年，首次圆满完成了年度棚改工作任务。全年累计完成项目 137 个，签订改造协议、搬迁腾退及修缮加固共计 60668 户，圆满完成 57377 户的工作目标。2013 年北京市制定了 2013 至 2017 年完成棚户区改造 15 万户的目标，基本完成四环路以内棚户区改造和环境整治任务。根据 2016 年 1 月发布的《北京市人民政府关于进一步加快推进棚户区和城乡危房改造及配套基础设施建设工作的意见》（京政发［2016］6 号），2013 年以来，北京市累计完成棚户区改造及签订安置协议 8 万余户，改造农村危房 3531 户，圆满地完成了棚改的三年计划。

4）推进住宅产业升级改造，建设精品保障性住房工程

“十二五”期间，北京市出台了《关于在保障性住房建设中推进住宅产业化工作任务的通知》等指导性文件，分类指导，明确实施标准、细化责任分工，将实施住宅产业化落实到保障性住房建设的规划设计、土地入市、质量监管等关键环节中。加大产业化实施力度，在全国率先推行保障性住房全装修成品交房。2015 年发布的《关于在本市保障性住房中实施全装修成品交房有关意见的通知》就保障性住房全装修交房的装修标准、责任主体、监管措施等进行了明确规定，要求新纳入北京市保障性住房年度建设计划的项目（含自住型商品房）全面推行全装修成品交房。通过全装修成品交房，明确了工程质量的责任人，对保障和解决各种质量纠纷产生了积极影响；同时，避免了毛坯交房二次装修造成的资源浪费和环境污染；另外，充分发挥了开发建设单位集采模式在成本控制上的优势，节

约购房人在装修部分的消费，进一步推进了建筑产业从粗放式生产向产业化方向升级改造。

“十二五”初期，北京市开始在保障性安居工程领域试水产业化工作，2012 年纳入产业化实施计划项目 240 万 m^2，2013 年 300 万 m^2。2014 年，全市保障性住房实现绿色建筑行动、产业化全覆盖，新建各类保障性住房至少达到了绿色建筑一星级标准。同年，北京市被住房和城乡建设部授牌“国家住宅产业现代化综合试点城市”，在全国范围内起到示范带头作用。截至 2015 年底，北京市已纳入实施住宅产业化计划项目 255 个，累计规模超过 1800 万 m^2，超额完成“十二五”期间 1500 万 m^2 的计划任务。全装配式住宅规模达到 146 万 m^2，居全国首位。北京市逐渐确立了“以内装工业化为支撑体，以结构产业化为填充体，以绿色节能环保技术应用为核心”的产业化实施路径。

5）完善保障性住房建设管理制度体系，推进保障性安居工程

“十二五”期间，北京市政府及相关主管部门连续出台了《北京市住房和城乡建设委员会关于加快推进本市保障性住房项目开工建设的通知》（京建发［2011］7 号）、《北京市人民政府关于加强本市公共租赁住房建设和管理的通知》（京政发［2011］61 号）、《关于进一步加强保障性住房工程质量管理的意见》（京建发［2012］199 号）、《北京市关于在保障性住房建设中推进住宅产业化工作任务的通知》（京建发［2012］359 号）、《北京市关于规范已购限价商品住房和经济适用住房等保障性住房管理工作的通知》（京建发［2013］10 号）、《关于在本市保障性住房中实施绿色建筑行动的若干指导意见》（京建发［2014］315 号）、《关于在本市保障性住房中实施全装修成品交房有关意见的通知》（京建发［2015］17 号）等多项与保障

性住房建设密切相关的政策性和规范性文件。通过以上政策文件的颁布，北京市为保障性住房全过程的建设管理提供了政策和方向的指引，逐步完善了保障性住房建设管理中包括筹资渠道、保障方式、土地供应、项目选址、基础配套、财政贴息、保障性住房公平分配、安居工程质量保证等方面的制度体系，推进了保障性住房项目尽快开工建设，确保了商品住房建设项目配建保障性住房按计划进度实施，切实增加了全市住房有效供给，保证了住房保障工作的顺利规范实施。

1.3　当前北京市保障性住房建设管理中存在的问题

从建设的全过程角度来看，当前保障性住房在前期审批、实施准备、建设实施及后评价四个建设过程阶段的管理中，存在着管理机制不健全、审批流程繁琐、四大控制管理工作欠缺、后评价体系不完善等诸多问题，严重制约着保障性住房事业的推进和发展。

（1）政策法律有待完善，保障措施难以完全落实

推动保障性住房建设的管理机制创新，是新常态经济发展的必然要求。当前，北京市保障性住房建设管理机制有待完善，住房保障制度缺乏科学、合理的法律政策支撑。总体上看，对于保障性住房的批准、建设、分配没有完善的法律支持。一旦保障性住房供给不足或者保障性住房的质量存在问题，居民就会处于非常被动的地位，没有合适的救济机制。

北京市现行的住房保障政策都是以规范性文件形式发布的，虽有一定效力，但未形成法律制度约束。建立住房保障体制的法律存

在缺失，以致住房保障工作的实施缺乏规范性，一些有关住房保障的具体措施亟须落实和完善[2]。通过梳理近年来出台的政策文件，可以发现当前出台的政策规定大都关注于保障性住房的供应对象、房源筹集、审核分配等运营管理工作，关于建设阶段的管理机制等方面的规范、办法相对不足，尚未纳入法制化轨道，以致出现政府权责边界不清、法律责任不明等问题。

（2）前期审批流程繁杂，阻碍保障性住房开工建设进程

保障性住房的建设速度直接关系到“住有所居”目标的实现，而目前北京市保障性住房前期审批流程中存在的问题严重制约了保障性住房开工建设的进程，主要体现在以下方面。第一，审批过程复杂，涉及机构繁杂、审批事项和流程前置条件较多；第二，审批法规缺位、监管待完善，审批流程不通畅，增加了各部门协调沟通的时间和成本等问题，造成保障性住房建设开工日期的延迟，降低了保障性住房建设的整体效率。

（3）保障性住房建设模式多样，有待进一步优化

保障性住房建设模式主要有集中建设模式、配建模式、PPP 模式三种，在不同的模式下选择建设单位时，需要综合考虑项目组织能力、资金状况、风险管控和物业管理水平等多方面因素，从而做出最佳决策以保证保障性住房建设顺利开展。但当前保障性住房建设的不同模式下分别存在一些问题，建设模式有待进一步改善和优化。集中建设模式下，建设资金来源于政府财政拨款，政府负担过重，单纯依靠该模式难以完成中央政府下达的保障性住房建设任务。配建模式下，一方面，由于保障性住房建设投入资金量大、投资回收期长，且利润率较低，配套建设短期内很难产生可观的收益，开

发企业面临着较大的经济压力和投资回报风险；另一方面，不同社会阶层的人群融合形成“贫富混居”社区，双边居民的融合情况具有很大的不确定性，容易造成混居后物业管理困难等问题。PPP 模式在我国保障性住房建设领域还处于探索阶段，相对于其他建设模式而言应用不太广泛。PPP 模式下，社会资本面临着较大的资金压力，仅依靠项目本身收益难以实现合理的投资回报；另外，社会资本还面临着经营管理不善带来的风险，且运营期间存在诸多不确定性因素，导致社会资本取得投资回报有一定风险。

（4）保障性住房设计标准化体系不健全，不能完全实现规模效益

实现保障性住房项目设计标准化，不但可以降低施工难度，提高建设效率，还可以控制成本，实现项目的最大规模效益。然而，由于现阶段我国的住宅标准化程度还不高，设计与建造方式仍相对落后，不能适应大规模建设的需要，特别是对于户型极小、设备设施要求一步到位、维护依赖政府的保障性住房而言，很多设计仍不能很好满足住户需求和节能环保的要求。当前保障性住房建设的标准化体系未全面建立，虽然保障性住房设计标准化相关政策总体具有较强的结构性与完整性，但是现有政策在实施方面的推动性依然有所欠缺，相关推动措施也有待进一步完善。

（5）保障性住房部品化管理水平低，无法满足工业化建设需求

采用工业化的方式建造住宅是我国当下大力倡导的建设方式，保障性住房因为需求简单、设计相对统一、易于标准化、建设量大、工期紧等特点成为推动工业化方式建设住宅和实施住宅产业化的有效切入点。根据保障性住房的建设任务和推进住宅产业化的现状和要求，需要对部品的设计、生产、使用进行规范化的管理，以满足

工业化方式建设保障性住房的需要。但是，当前保障性住房的部品体系框架不规范，目前对部品的分类没有依据规范的分类方式进行。同时，部品入库管理不完善，缺少相应的市场准入机制，在认定内容、入库标准以及入库流程等方面不够科学和明确。另外，对已入库部品监管不到位，对于部品企业认定入库后的监督管理缺少对质量保证、价格合理性、供给以及技术服务等根据部品实际使用内容的全面管理。最后，部品的保险、推广工作存在欠缺，缺少完善的部品更新机制和部品淘汰退出机制，强制保险制度因为入库部品企业经济实力、规模不一等难以落地。

（6）“四大目标控制”管理工作面临较多不确定因素，影响保障性住房建设品质

质量控制、投资控制、进度控制、安全控制是确保建设项目目标实现的重要手段。为提高保障性住房的建设品质和项目管理水平，加强建设过程中的“四大目标控制”至关重要。保障性住房建设项目管理系统复杂，各个过程紧密联系，影响项目的因素较多，任何环节出现漏洞，都会影响项目的顺利进行。由于保障性住房建设具有规模大、资金投入多、参建单位多、工期紧张等特点，在方案设计、项目规划、工程施工等阶段都存在很大的不确定性，“四大目标控制”管理工作难度较大，稍有疏忽，就会影响保障性住房的建设品质。

（7）保障性住房建设后评价体系不完善，推广范围有待扩大

后评价是保障性住房建设周期中不可缺少的信息反馈环节，通过后评价及时总结积累项目管理经验，完善项目管理办法，可以全面提高保障性住房建设项目的决策和项目管理水平，进而提高项目

的投资效益。但是当前北京市的保障性住房建设项目后评价体系尚不健全，尚未形成规范的制度体系，评价内容和方法缺乏统一标准，不利于项目经验的反馈和总结。当前还未设立专门的项目后评价机构，无法对后评价工作进行专门的组织、管理、指导和协调，专业从事后评价工作的后评价人员匮乏，限制了该项工作的进一步开展。

2 北京市保障性住房建设管理工作界定

2.1 北京市各级政府部门的相关工作界定

为了保证保障性住房民生工程建设顺利推进，通过梳理政府在住房保障制度建设中的责任，明确各部门之间的职责分工，分解保障性住房的建设管理目标，将具体的工作内容分派给相应机构，确保做到职责明确、分工合理、权责清晰，实现精细化的保障性住房建设管理，形成政府统一领导、相关部门协作配合的工作机制。对北京市政府部门进行工作界定，不仅可以有效地增强其服务意识，提高工作效率，还能作为推行行政问责制和相应责任追究的有力依据[3]。

2.1.1 北京市政府负责的主要工作

政府住房保障相关部门应认真执行中央制定的政策，制定针对保障性住房建设全过程的管理方案，创新管理方式，负责住房保障相应内容的执行和落实，加大对保障性住房建设的技术服务和指导。总体来讲，政府部门在保障性住房全过程建设管理中担任的主要职责有：

（1）科学合理地制定建设标准及发展规划，有效地进行土地供给；

（2）提供规范且稳定的资金来源；

（3）制定适当且科学的保障方式和保障标准；

(4) 合理制定保障性住房的准入和退出机制；

(5) 制定相关的政策法规，明确规定保障性住房的流通管理措施；

(6) 对保障性住房建设实施行政监管。

通过对保障性住房建设特点的剖析，明确政府部门的住房保障职责范围，编制出相应的任务清单，详见表 2-1。

北京市政府住房保障任务清单[3] **表 2-1**

序号	主要任务	具体职责
1	土地规划和审批	① 有关部门共同制定保障性住房的土地供应政策和计划； ② 项目用地审批与开发利用管理
2	住房保障政策和计划的制定	① 根据中央政府制定的宏观调控政策，制定住房保障管理的政策和计划； ② 对下属部门关于保障性住房工程计划的项目预算、规划设计图等材料进行审核； ③ 协调土地规划、资金划拨的相关部门，将土地规划和资金划拨的部分纳入保障性住房发展计划中； ④ 推进并执行住房制度改革工作； ⑤ 对下级住房保障管理工作进行指导和监督
3	招标投标管理	① 制定和完善招标采购的策略及政策； ② 制定保障性住房采购、投标制度，创新投标模式； ③ 保障性住房参建主体名册有关的政策和评估办法的制定，并进行资格审核； ④ 审议并决定采购、投标、报价和合约相关的事宜
4	项目实施管理	① 负责管理设计、标准、合约条款及规格； ② 监督检查保障性住房工程的规划、设计、施工等实施情况； ③ 监督环境管理及现场卫生和安全； ④ 统筹基本工程费用预算并监督使用情况； ⑤ 协助推行与保障性住房有关的基础建设工程和配套设施项目； ⑥ 监督保障性住房的翻新及复修工程； ⑦ 创新竣工验收制度，进行竣工验收备案； ⑧ 监督并对承包单位等参建主体的表现进行评估，制定奖罚措施； ⑨ 同各参建单位进行沟通，并征集各方意见，提高保障性住房建设技术标准

续表

序号	主要任务	具体职责
5	配套设施建设管理	① 制定住房配套建设管理制度及相关实施办法，监督指导住房配套设施建设管理； ② 负责保障性住房配套项目的技术储备、立项审批、可行性论证、设计审查、投资控制等管理工作； ③ 组织编制保障性住房各类配套设施储备计划、专业计划和投资计划，并实施全程跟踪管理； ④ 指导并协调保障性住房各类配套设施建设和住房小区环境绿化的管理工作
6	住房维护更新管理	① 研究拟订保障性住房维护更新管理政策和技术规范； ② 编制保障性住房更新改造方案，并征集用户意见； ③ 指导并协调旧的保障性住房修缮和改造管理
7	财政资金管理	① 会同有关部门编制保障性住房预算方案和预测住房建设涉及的项目运作账目、资本及现金预算等财政事宜； ② 配合保障性住房建设计划，拟定财政资金下拨计划； ③ 监督资金使用情况和资金回收情况
8	审查资金使用、项目建设情况	① 编制保障性住房审计工作计划； ② 审查资金落实和使用情况； ③ 评估审查工作程序
9	分配管理	① 制定和修订保障性住房分配管理办法和分配工作计划； ② 受理符合条件的保障性住房申请者的申请事务； ③ 监督保障性住房申请轮候册的管理工作，检查并确保保障性住房资源分配安排分配； ④ 监督下属各区域物业管理办事处的工作； ⑤ 监督保障性住房社区建设计划的执行情况； ⑥ 动态监管保障性住房使用者的资格

2.1.2 各级政府部门的职责分工

保障性住房建设是一项长期性工作，涉及建设、土地、财政、规划等诸多部门，事权组织的完善与否，直接关系保障性住房建设效率。实践经验表明，合理的职能分工是政府形成科学高效、运转协调的管理体系的重要保证。目前，参与北京市保障性住房建设的政府部门有：北京市住房和城乡建设委员会、发展和改革委员会、国土资源局、规划委员会。为了住房保障工作形成全市统筹、各级部门分工协助的角色定位，利于在全市范围内调整布局，具体分工见表 2-2。

政府部门保障性住房职能分工　　表 2-2

<table>
<tr><th>机构名称</th><th colspan="2">职能分工</th></tr>
<tr><td rowspan="2">住房和城乡建设委员会（牵头部门）</td><td colspan="2">会同有关部门提出保障性住房建设的规划和工作计划；
根据工作计划提出政府补助需求规模和土地供应规模建议；
公开招标具有相应资质的勘察设计、施工、监理等单位；
监督工程建设质量；
监督检查规划和计划执行情况；
组织实施保障性安居工程建筑节能示范项目</td></tr>
<tr><td>住房保障办公室</td><td>住房保障事业发展规划和年度工作计划编制；
协调推进前期、建设及竣工过程中的难点问题；
保障性住房房源分配的协调、管理工作；
保障性住房入住后使用管理、再上市交易、退出、回购管理等工作；
保障性住房建设管理标准化体系的建立和管理；
危旧房改造、古都风貌保护和棚户区改造工作</td></tr>
<tr><td>发展和改革委员会</td><td colspan="2">会同有关部门确定市投资补助标准和规模；
项目立项</td></tr>
<tr><td>国土资源局</td><td colspan="2">拟定保障性住房、棚户区、农村危房改造的土地供应政策；
监督落实保障性安居工程用地计划；
项目用地审批与开发利用管理</td></tr>
<tr><td>规划委员会</td><td colspan="2">拟定保障性住房布局选址计划；
户型设计、室内装修；
性能评价</td></tr>
</table>

2.1.3 保障性住房建设的政府工作流程

完善的工作流程和运行机制，是政府履行职能的必要条件，也是提高政府执行力和公信力的关键。在保障性住房建设的过程中，从建设的全过程角度出发，将政府工作流程划分为前期审批、实施准备、建设实施及后评价四个阶段，并对每个阶段各环节的工作指定相应负责单位进行统筹管理，具体的政府工作流程见表 2-3。

保障性住房建设的政府工作流程　　表 2-3

阶段	环节	主要负责单位
前期审批	制定保障性住房工作计划	北京市住房和城乡建设委员会
	项目立项	北京市发展和改革委员会
	土地规划和审批管理	北京市国土资源局
建设准备	布局规划与户型设计	北京市规划委员会
	招标投标管理	北京市住房和城乡建设委员会
建设实施	项目实施管理	施工企业
	质量监督	北京市住房和城乡建设委员会、北京市住房保障办公室建管处
	竣工验收	施工企业
后评价	后评价	暂缺

2.2 保障性住房各参建主体的工作界定

保障性住房各参建主体，包括建设单位、施工单位、勘察设计单位、监理单位等，都在保障性住房建设中扮演十分重要的角色。在北京市保障性住房事业的发展过程中，项目参建主体积极配合，逐步建立起建设、设计、施工、监理四方分工协作、相互制约的工作机制，参建各方的职责任务也越来越明确。

（1）建设单位的职责

建设单位是保障性住房建设项目的组织者和实施者，负有建设过程中征地、移民、补偿、协调各方关系、合理组织各类建设资源以及实现建设目标等职责，并就保障性住房项目建设向政府主管部门负责。在保障性住房建设过程中，其主要职责是按照建设的规模、标准及工期要求，实行对保障性住房建设全过程的宏观控制与管理。负责办理保障性住房开工建设的审批手续，组织工程勘测设计，组织招标投标，开展施工过程的节点控制，组织工程交工验收等。同时，协调参建各方关系，解决保障性住房建设中的有关问题，为工程施工建设创造良好的外部环境。建设单位与设计、施工及监理单位的关系均为委托合同关系。

（2）监理单位的职责

监理单位受建设单位的委托，依据国家有关工程建设的法律、法规以及批准的项目建设文件、施工合同和监理合同，对保障性住房建设实行现场管理。其主要职责是进行工程建设合同管理，按照合同控制保障性住房建设的投资、进度、质量和安全，协调参建各方的内部工作关系。监理单位的具体职责主要通过与各参与主体的关系体现。一般情况下，监理单位与建设单位是一种委托合同关系，监理单位应是建设单位的现场施工管理者，建设单位的决策和意见应通过监理单位贯彻执行。监理单位与施工单位是监理与被监理的关系，监理单位与施工单位之间不得签订任何合同或协议。监理单位在建设单位的委托权限范围内检查施工单位是否履行合同职责，是否按合同规定的技术、进度和投资要求进行施工建设。在工程建设中，监理单位作为公正、公平的第三方，要注意维护施工单位的合法利益，正确处理工程款支付、验收签证、索赔和工程设计变更等问题。根据建设单位是否委托监理单位进行设计监理，可将监理单位与设计单位之间的关系分为监理与被监理或合作分工的关系。在监理过程中，监理单位应作为设计单位和施工单位的沟通桥梁，及时处理和审批设计变更的相关事宜[4]。

（3）勘察设计单位的职责

勘察设计单位受建设单位的委托履行勘察设计职责，并对勘察设计质量负责。勘察单位应按照现行已颁发的有关标准、规范、规程和技术条例，开展保障性住房建设中所承担的勘察工作，并按照合同规定的时间与质量要求向建设单位提交勘察报告。设计单位依据批准的可行性研究报告或相应前阶段设计的文件，以及有关设计的技术经济文件、设计标准与定额、技术规范与规程、勘察成果资料等进行设计，并满足合同规定的深度和质量要求，按进度要求向建设单位提供保障性住房建设相关的设计文件、图纸和其他资料。设计单位对所承担设计任务的保障性住房建设项目，应按业主、监理工程师的要求配合施工，进行设计技术交底，对施工过程中有关设计的问题予以解决，参加竣工验收。对有重大工程变更，需重作或重新修改设计的情况，可由双方协商补充合同或另订立合同，设计单位负责完成设计变更和修改预算。

（4）施工单位的职责

施工单位是保障性住房建设工程的具体组织实施者。其通过投标取得保障性住房建设的工程施工承包合同，依据企业技术和管理的综合实力，编制合理的施工方案，对保障性住房的施工过程进行计划、组织、指挥、协调和监督控制的系统管理活动，在规定的时间内，按质按量地全面完成保障性住房的承建任务，并于验收合格后移交给建设单位。施工单位应按照施工合同和监理工程师的要求施工，在执行施工合同的过程中，自觉接受监理单位的监督、检查和管理，并为监理工作的开展提供合作与方便，按规定提供完整的技术资料，以确保保障性住房项目的顺利实施。

3　北京市保障性住房建设前期审批流程的优化*

3.1　北京市保障性住房建设前期审批流程分析

3.1.1　北京市保障性住房建设前期审批流程的梳理

保障性住房的建设速度直接关系到“住有所居”目标的实现，而目前北京市保障性住房前期审批流程存在审批过程繁杂、审批法规缺位等问题，造成了保障性住房建设开工日期的延迟，降低了保障性住房建设的整体效率，制约了保障性住房开工建设的进程。

为扩大住宅开工规模，增加住宅市场供给量，按照依法行政、提高效率、简化前置条件、并联审批原则，2008 年，北京市发布了《关于加快办理住宅项目行政审批手续的通知》（京建工［2008］16 号），将保障性安居工程的前期审批流程划分为立项阶段、土地供应阶段、规划阶段、招标投标阶段、施工安全监督阶段、施工许可审批阶段。

* 本章部分内容已发表，见柳海利，郭捷楠，任旭：《保障性住房建设项目前期审批流程优化》[J]，《建筑经济》，2016，37（1）：100-104。

立项阶段主要包括建设用地预审、环评审批、立项审批等几项工作；土地供应阶段中，土地来源方式为公开出让的，办理核发《土地成交确认书》，土地来源方式为划拨的，核发《国有土地划拨决定书》与《建设用地批准书》；规划阶段的主要内容是核发《建设用地规划许可证》与《建设工程规划许可证》、审查规划设计方案与施工图等工作；招标投标阶段，项目建设单位按照我国招标投标制度进行施工、监理的招标工作；施工安全监督阶段主要包括建设单位申办渣土消纳证、办理施工安全监督备案等手续；施工许可审批阶段主要包括施工质量监督备案、取得建设资金证明、获取建筑工程施工许可证等工作。

具体的优化前保障性住房前期审批流程如图 3-1 所示。

3.1.2　北京市保障性住房建设前期审批流程存在的问题

通过对目前北京市保障性住房建设项目前期审批流程现状的分析，可以总结出现阶段保障性住房建设项目前期审批流程主要存在审批过程复杂、审批标准不统一、相关法规不健全及监管不完善等问题。

（1）审批过程繁琐、时限不合理

① 审批过程复杂

在保障性住房建设项目前期审批的六个阶段中，各阶段审批机构繁多，除了规划、建设、国土等部门的监管，还需要交通、环保、消防、人防等众多机构的审批或备案，仅在规划阶段就涉及 11 个部门之多，且在不同的审批阶段，所需审批的事项也较多，部分流程前置条件繁多。

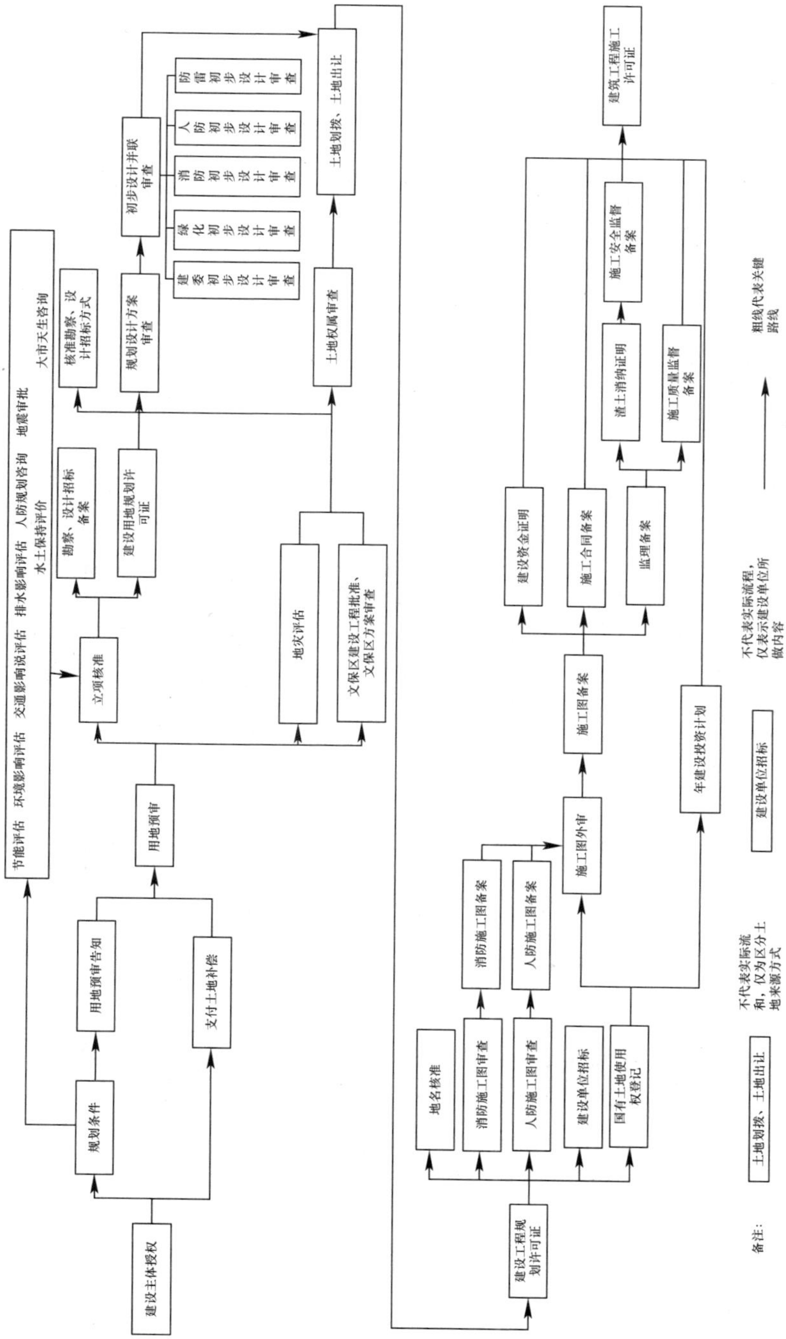

图 3-1 保障性住房建设项目前期审批流程-优化前

② 审批时限冗长

在进行前期审批时，同一审批流程需经过科员、科长、领导的审查或复核，在审批责任划分不明确时，又需经过若干名不同的人员进行审查，造成审批时间过长。同时由于各行政部门协调合作不到位及信息交流不及时，易导致同一材料的重复递交与审批，造成审批时限不合理，落实时间难把握，延长了前期审批时间。

（2）审批法规缺位、监管待完善

由于目前北京市对于保障性住房建设项目前期审批流程没有一个较为明确的详细规定，在以商品房开发项目报批流程进行保障性住房报批审批时，没有法规可以参考，审批流程不通畅，增加了各部门协调沟通的时间和成本。同时，对审批过程中不负责任、渎职失职等不良行为的监管也尚未形成完整的体系，这无疑会延长审批时间，导致保障性住房开工时间滞后，影响建设计划的实施。

3.2 北京市保障性住房建设前期审批流程优化方法与过程

3.2.1 北京市保障性住房建设前期审批流程优化方法

保障性住房前期审批流程优化存在两种模式：一种是稳健地对现有的流程进行逐步优化；另一种是对流程进行彻底的全新设计。

ESIA 流程优化方法，ESIA 即“清除、简化、整合、自动化”，是企业进行流程优化的方法之一。运用该种方法对北京市保障性住房建设项目前期审批流程进行优化，具体分为四步：首先，依据土地的供应方式与建设单位的具体做法，清除不必要的流程，缩短审批时间；其次，通过减少审批前置条件、组织相关部门提前介入等方式，从审批时间与流程上尽可能简化那些必不可少的业务，使审批程序的各个环节更加准确、简练、通畅；再次，采用专家联审、集体会审、改串联审批为并联审批等方式，针对分散在不同职能部门的相关或相似的业务事项进行跨部门整合，提高审批效率；最后，将电子政务建设与审批流程优化相结合，利用互联网＋行政审批思维，建立网上审批平台，实现流程自动化。

3.2.2 北京市保障性住房建设前期审批流程优化过程

（1）清除多余流程

在保障性住房建设项目前期审批流程的某些具体程序中，若建设单位的做法中已经满足某些条件，则可清除部分流程，使整体审批流程更趋简明。

1）土地供应阶段

保障性住房建设土地来源主要有两种方式，即土地出让与土地划拨。以公开方式出让的土地，北京市国土资源局可以将土地管理的有关规范、标准和要求等纳入到土地的出让方案中，建设单位可以持成交确认书或国有土地出让合同办理核准手续，可不再办理用地预审。

2）规划阶段

建设单位在取得立项的文件后，进行勘察、设计招标，并将勘察、设计招标方案备案。若建设单位在勘察、设计招标过程中已履行备案方案中的招标程序，则规划部门可直接受理设计方案审查申请，并出具规划设计方案的审查意见，北京市发改委可不再核准勘察招标方式与设计招标方式。

3）施工许可审批阶段

建设单位可在施工合同备案之前出具支付保函，保证在工程建设各个阶段资金的到位，并保证按合同约定支付工程款项，以此来代替由银行出具的建设资金证明。

（2）简化业务流程

在保障性住房前期审批过程中，从审批时间与审批流程上尽量简化必要且复杂的业务，使整个审批环节更加通畅。

1）规划阶段

① 缩短项目规划设计时间。在土地划拨或招拍挂之前，北京市政府有关单位组织规划、环保、交通、水务、民防、有线电视等部门、企业等，对规划地块进行实地勘察，积极开展有针对性的技术指导和咨询服务；同时，各单位提出相关建议和意见，由市政服务中心统一进行整理后提供给规划部门，作为进一步完善规划设计条件的依据，并提供给建设单位，这样可以减少建设单位因规划设计条件不完善而造成的时间耗费。

② 缩短项目资料准备时间。在一般房地产建设项目前期审批过程中，办理建设用地规划许可时需提交项目的环保评估、可行性研究报告等材料，但为加快保障性住房建设速度，在其前期审批流程中，可以适当减少一些不必要的前置条件，来缩短审批时间。例如，在规划阶段，保障性住房项目的环境影响评估、可行

性研究审批可以不作为办理建设用地规划许可证、设计方案审查等手续的前置条件，人防、消防审批及水土保持等审查可不作为办理建设工程规划许可证的前置条件，这些手续只需在项目开工前完成审批即可，这样可以减少审批资料的准备时间，加快审批速度。

2）招投标阶段

项目建设单位在向规划部门申请办理《建设工程规划许可证》后，可持该部门出具的申请受理单提前进入建设工程的招投标阶段，在取得《建设工程规划许可证》之后即可进行开标，进行施工合同、监理合同的备案等后续工作。

3）施工许可审批阶段

① 简化施工图审查。将消防施工图审查与人防施工图审查并入施工图外审，同时，在施工图外审后的施工图备案阶段加入消防施工图备案与人防施工图备案，以简化施工图审查程序。

② 提前办理建筑工程施工许可证。建设项目单位可凭规划部门出具的施工图（含人防、消防施工图）的审查受理单提前进入建设工程施工许可证的办理阶段。

此外，由于保障性住房建设项目前期审批涉及众多部门和程序，在某道程序的审批过程中较易出现缺乏材料或材料准备不齐的情况。对存在问题和缺件的项目，应采取“容缺受理、容缺审查”的措施，开通绿色通道，审批部门在告知所缺材料的同时，不停止核查、现场勘验、审批和拟稿等工作。同时，对于保障性住房建设项目，开发单位在未取得土地证的情况下，可同步进行规划许可、工程许可等前期审批工作，为实现保障性住房项目的早开工奠定时间基础。

(3) 整合业务流程

采用专家联审、集体会审的方式，将分散在不同部门的相关或相似的业务事项进行跨部门整合，同时将不存在前置关系的业务流程改为并联审批，提高保障性住房建设项目前期审批流程的整体效率。

1) 规划阶段

在初步设计方案的审查时，可以由牵头部门即规划部门负总责，其他并联审批部门如消防、人防、绿化部门等协调配合。在规划审批时，建设单位仅需与规划部门对接，将这一阶段所需的审批资料整理完整后统一交给规划部门，由规划部门在各部门之间进行沟通协调，对所需的审批事项进行集中办理，若审批合格后，将审批结果和审批后的文件交给建设单位，这样可以节省建设单位与多个行政部门之间的协调时间，大大加快了审批速度。

2) 施工许可审批阶段

在该阶段，建设单位可以将渣土消纳证与施工安全监督备案同步进行。同时，由于施工安全监督备案与施工质量监督备案仅是对建设项目进行登记备案，目的是在建设项目开始后对其进行安全和质量的控制与监督，因此，可将这两者与建筑工程施工许可证并联办理，同步进行。

(4)“互联网+”行政审批

实现流程自动化，需要将电子政务建设与审批流程优化相结合，建立网上审批平台，加速审批流程的处理过程。运用“互联网+”创新驱动新引擎，改革优化保障性住房前期审批流程。

第一，开辟方便快捷的互联网申报，将保障性住房前期行政审批事项、设立的依据、申报条件、所需的报送材料、审理流程、办理时限等通过互联网向需要办理手续的单位公开，最大化实现网上办理。

第二，以需要办理审批手续的保障性住房建设单位需求为驱动，设立“互联网+保障性住房前期审批服务窗口”，使审批过程通过网络在审批相关单位内部实现流转，并通报审批结果。这样可以有效地解决传统审批模式存在审批材料复杂、信息传递滞后等问题，促进线上审批业务模式的优化。

第三，运用大数据、云计算等先进信息手段实现各地保障性住房前期审批流程数据共享，为借鉴各地保障性住房前期审批先进做法开通渠道。例如，贵州省在 2014 年借助阿里云“飞天”打造“云上贵州”基础平台，实现政府大数据资源的开放和互通。

第四，大力推进保障性住房建设项目前期在线审批的实现途径。首先，各级政务服务部门联合信息化部门出台推行网上行政审批的意见或通知；其次，选择部分保障性住房工程项目进行试点，并对实施效果进行评估，进而对网上审批流程进行改进，目前，江苏在行政审批制度改革中已推出优化“互联网+”审批流程试点工程；最后，实现保障性住房项目前期网上审批的全覆盖。

通过 ESIA 优化方法优化后的保障性住房前期审批流程如图 3-2[5]所示。

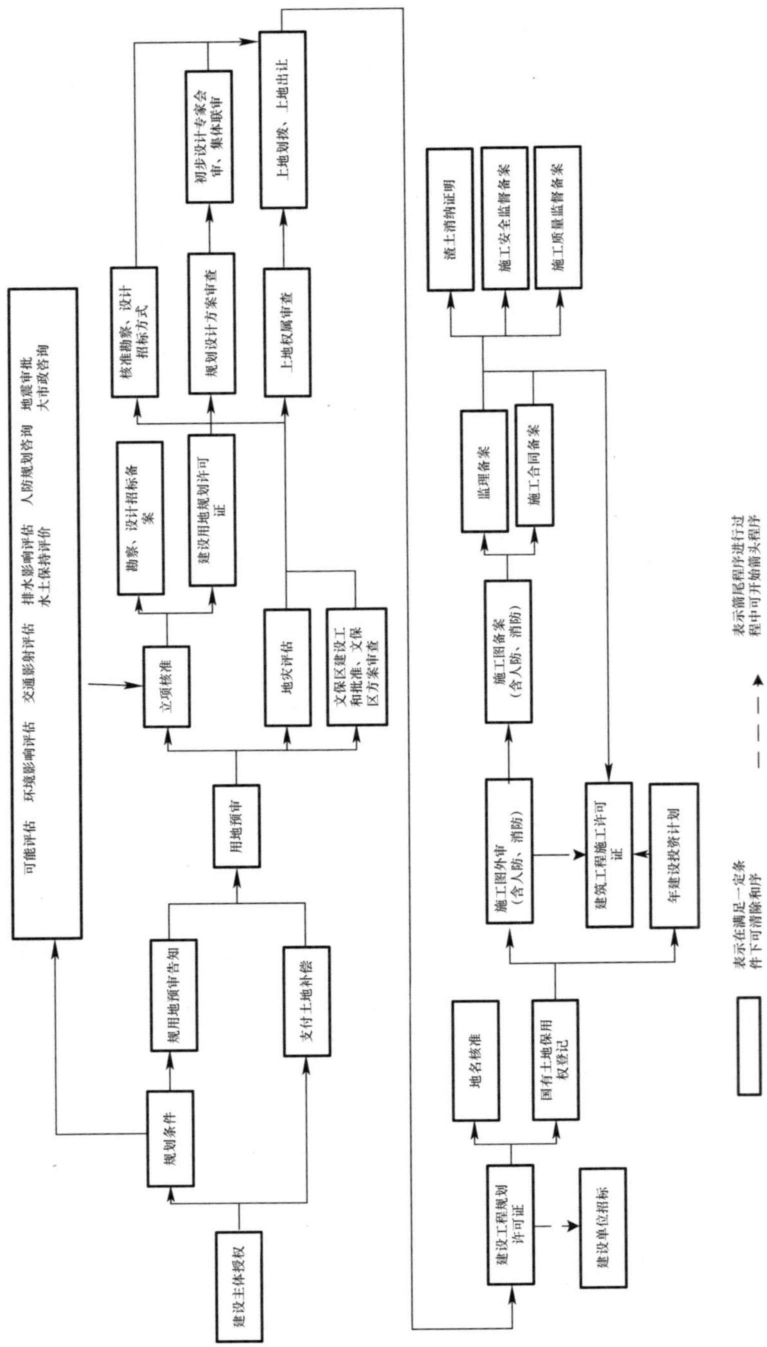

图 3-2 保障性住房建设项目前期审批流程-优化后

3.3 推进北京市保障性住房建设前期审批流程优化的建议

（1）推进标准建设，提速实施步伐

在保障性住房前期审批中，制定审批标准、实施标准，并及时进行检查反馈。首先，北京市政府应依据本地区保障性住房前期审批程序的具体情况，重点梳理每一审批程序事项的前置条件和具体要求，同时邀请标准化专家进行技术指导，制定行政审批标准，将审批流程、需提供的审批资料、审批时限均纳入标准化的制定内容中，建立详尽的标准体系；其次，应建立管理信息系统，按照相应标准进行分步实施，加速标准实施的步伐；最后，针对标准执行情况，应加强监督考评工作，建立健全标准化检查和保障性住房建设单位的评价与改进机制，对保障性住房建设项目前期审批标准工作从输入到输出各环节进行监控，及时发现问题、改进标准，促进审批标准体系的逐步完善。

（2）加快修法立规，提供法制保障

运用法治方式为保障性住房建设项目前期流程优化提供法律支撑。首先，国家层面制定有关保障性住房建设项目前期审批的法律法规，对具体审批流程与审批时限提出要求；其次，北京市政府应依据国家制定的法律法规结合本地区具体情况，“因地制宜”出台有关规定和条例，规范本地区保障性住房建设项目前期审批流程；同时，政府在提出建立保障性住房审批“绿色通道”时，也应出台相应政策，为保障性住房建设单位申请通过“绿色通道”办理提供制度引领和保障。例如湖北省开辟保障性住房建设项目审批“绿色通道”，并按照“绿色通道”要求具体规定出各项审批程序的办理时间，其中要求建设用地规划许可证核发5天、城市排水许可证核发7天等。

（3）完善监管体制，创新监管方式

从全局上改进监督管理体制。首先，应在保障性住房建设项目前期审批所涉及的各部门中建立跨部门的综合监管体系，把相关部门的监管内容及监管规则进行整合，建立统一的监管平台；同时，应推进各部门各方面信息互联共享，构建协同共治的监管体系，充分发挥监管部门的职能作用，建立以信息监管为核心的监管体制。

从理念上创新监督管理方式。首先，应实施“阳光”监管理念，北京市政府应把保障性住房前期审批过程的监管事项、监管规制、监管依据、监管标准通过网络等渠道进行公开发布；同时，应大力倡导“智能”监管理念，全面开发和整合各种监管信息资源，加强部门与部门内部、各部门之间信息资源共享、互联互通，对优化后的保障性住房前期审批流程实行全覆盖、立体化、实时性监管。

4　北京市保障性住房建设准备阶段的管理

4.1　北京市保障性住房建设模式的选择*

4.1.1　北京市保障性住房建设模式现状

（1）北京市保障性住房建设模式的发展背景

保障性住房的建设是政府为城市中低收入者提供住房的一项政策措施，是我国一项重大的民生工程，也是北京市重点推行的惠民项目。保障性住房建设在北京市的大力支持下稳步推进，保障性住房建设模式也在不断发展变化并取得完善。早期，北京市住房保障市场严重供不应求，市政府通过集中建设模式迅速扩大保障性住房规模。随着保障性住房建设力度的加大和政府财政负担的加重，北京市开始推行集中建设和配建相结合的建设方式，近几年更是着重强调民间资本在保障性住房投资建设中的作用，鼓励和引导民间资本以多种方式参与保障性住房建设，多渠道筹集保障性住房房源。当前，北京市已形成了

---

* 本节部分内容已发表，见郝生跃、卢玉洁、任旭：《“十三五”时期保障性住房建设可持续模式研究》[J]．《经济纵横》，2017.1：46-51.

多种建设模式并存的房源筹集现状，其中配建和集中建设方式应用较为广泛，同时PPP模式作为国家大力推行和鼓励的建设模式，正在逐渐受到市政府的重视并在保障性住房建设领域得到应用。

保障性住房建设模式的选择是保障性住房建设实施准备阶段的基础性和关键工作，关系到北京市政府和企业在保障性住房建设中的角色定位和权责利分配，也是保障性住房建设目标能否达成并从本质上发挥其住房保障作用的重要影响因素。因此，构建契合北京市发展规划和保障性住房市场的保障性住房建设模式尤为重要。

（2）北京市保障性住房建设模式的相关政策梳理

对于现行的几种建设模式，北京市在保障性住房建设发展的不同阶段均出台过相应的支持政策，为保障性住房建设模式或房源筹措方式的选择提供操作层面的指导，现对相关政策文件进行梳理。

在保障性住房需求量巨大阶段，北京市推行配建和集中建设相结合的方式。《关于进一步加强我市廉租住房建设和管理的若干意见》（京住保［2010］36号）提出，新增供应的廉租住房以在各类政策性住房、商品住房项目中配建为主，集中建设、收购、租赁为辅。《北京市人民政府关于加强本市公共租赁住房建设和管理的通知》（京政发［2011］61号）明确指出，新建公共租赁住房采取集中建设和配建相结合的方式，市、区县人民政府所属机构集中建设的公共租赁住房项目，可采取委托代建、项目管理等多种方式组织建设。2012年2月，北京市发布《关于贯彻国务院办公厅保障性安居工程建设和管理指导意见的实施意见》，进一步提出配建方式的具体规定，意见指出，保障性住房建设坚持“大分散、小集中”布局模式，集中建设与配建相结合，适度加强配建比例，普通商品住宅用地中配建保障性住房比例一般不低于30％。

北京市在国家政策的引导下，鼓励民间资本以多种方式参与保障性住房建设。2010 年 5 月 7 日，国务院正式颁布《关于鼓励和引导民间投资健康发展的若干意见》，鼓励、支持和引导民间资本投资建设经济适用住房、公共租赁住房等政策性住房，参与棚户区改造，享受相应的政策性住房建设政策。2010 年 11 月 16 日，北京市政府召开常务会议，研究贯彻落实国务院《关于鼓励和引导民间投资健康发展的若干意见》，提出鼓励和引导民间资本进入北京市社会事业、市政基础设施和建筑工程领域等一系列设想，为民间资本进入北京市保障性住房建设领域打开了政策大门。2015 年 3 月，北京市发布《北京市人民政府关于创新重点领域投融资机制鼓励社会投资的实施意见》（京政发［2015］14 号），首次将棚户区改造纳入鼓励社会资本投入的重点领域。另外，《关于运用政府和社会资本合作模式推进公共租赁住房投资建设和运营管理的通知》（财综［2015］15 号）的出台，进一步规范了公共租赁住房 PPP 模式的运作程序。

（3）北京市保障性住房建设模式及实施情况分析

1）集中建设模式

集中建设模式是指政府在城市中规划专项土地，在特定的区域集中建设保障性住房的模式，其中政府直接建设模式和代建制运用最为广泛。

① 运作方式

A. 政府直接建设模式

政府直接建设模式是指由政府组建专门负责保障性住房建设与运营的平台公司，由该公司负责保障性住房项目的融资、建设和运营管理等一系列具体工作的模式。该模式下，土地来源由政府无偿划拨，资金来源包括两部分：一是政府将项目资本金注入该平台公司，项目资本金筹集渠道包括中央补助资金、市政府公共预算安排的资金、土地出让收益安排的资金、住房公积金增值收益安排的资金，以及政府债券资金等；二是该平台公司以政府信用担保或其他标的物抵押的形式从商业银行、保险和社保基金等金融机构获得贷款。运营期内，公司通过运营收入（保障性住房租金或出售收入、若配建商业设施则还包括商业设施出售出租收入）及政府的政策补贴资金偿还金融机构贷款和物业管理支出。该模式的运作框架如图 4-1 所示。

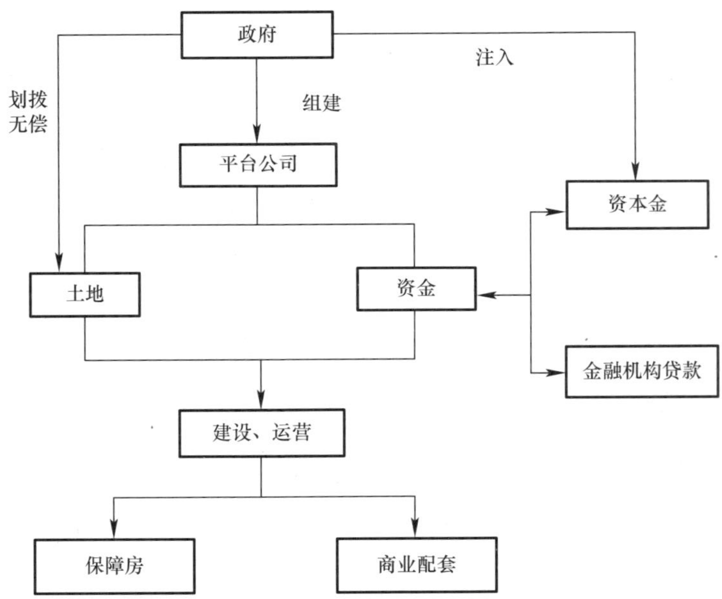

图 4-1　政府直接建设模式运作框架

B. 代建制模式

代建制是指专业的项目管理公司通过投标方式取得业主在建设期间各项活动的代理权，成为业主的代理人，由该项目管理公司代表业主负责代建工程项目建设的全过程管理，并在工程建设完成后将其交付业主单位。在保障性住房代建制模式中，政府指定部门（一般为保障性住房运营管理机构）作为保障性住房项目的发起方，在取得土地使用权后，通过公开招标的方式选择保障性住房项目的代建单位（一般为房地产开发商），双方签订代建合同，确定投资者和建设者之间的权利义务关系，明确由房地产开发商实施保障性住房开发建设过程中的各项工作。项目建成后，房地产开发商将通过竣工验收的保障性住房移交给政府管理机构，由政府出售或出租给符合条件的保障对象。该模式下，由政府为保障性住房项目投入财政性资金，代建单位不需要承担项目的建设费用，其收益来源于代建管理费和项目投资节余奖励[6]。该模式的运作框架如图 4-2 所示。

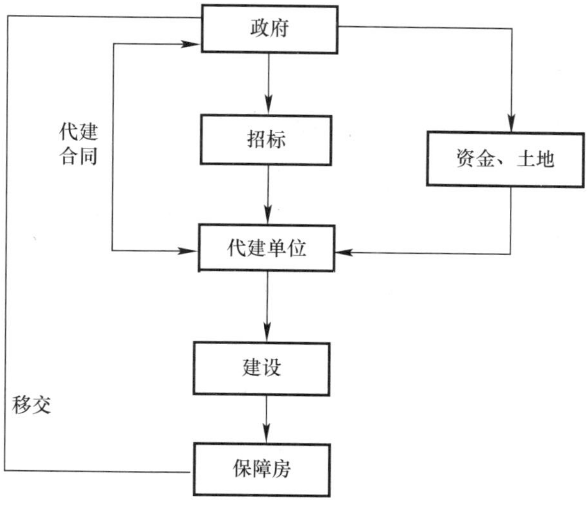

图 4-2 代建制模式运作框架

② 实际应用情况

“十一五”期间，北京市保障性住房建设呈现不断加速趋势。

随着保障性住房体系的逐步完善和政府对保障性住房建设投入的增加，2011 年起北京市保障性住房进入了大规模快速建设时期。在该阶段，集中建设模式被北京市政府大力推行，市政府成立了相关机构或平台公司支持集中建设模式。例如，北京市于 2010 年成立了公共租赁住房发展中心，负责公租房的建设、收购、融资和配租、退出等运营管理工作；2011 年，北京市政府组建了保障性住房建设投资中心，主要承担市级保障性住房投融资、建设收购和运营管理三大平台职能。

③ 优势及存在的问题

集中建设模式受到政府的推崇是因为有其优势所在。在北京市保障性住房严重供不应求时期，保障性住房建设任务异常繁重，北京市政府需要完成中央下达的建设任务，同时中央将保障性住房建设任务列为考核政府工作的重要指标，因此每年保障性住房的开工量和建设指标完成情况成了衡量北京市政府能力的重要标准。在政府面临巨大建设压力的情况下，集中建设模式通过大规模建设保障性住房可以为政府快速筹集房源，破解了保障性住房建设数量大的难题，从而较好地实现了政府职能，为城市更多中低收入家庭解决了住房问题。

但是集中建设模式实施多年也暴露出一些问题。第一，选址边缘化导致空置现象普遍，居民生活不便。政府为节约土地成本，大多在城市边缘地区选址集中建设保障性住房，位置偏僻和配套设施建设滞后导致低收入人群对这类保障性住房的期望不高，因此出现保障性住房大量空置的现象。另外，保障性住房空间布局过于边缘化造成居住者职住空间失衡，生活中存在诸多不便致使生活成本增加，且低收入阶层聚居容易加速“贫民窟”的形成，不利于社会和谐发展。例如，北京市早期的经济适用房（包括部分定向安置房）主要分布在北部回龙观、天通苑一带，居住者可选择的地区单一，同时保障性住房周边基础设施建设不完善，导致天通苑一带瞬间成为“睡城”，给居住者造成极大不便[7]。

第二，保障性住房建设依赖财政拨款导致政府资金压力加重。一方面，集中建设模式下，保障性住房建设资金主要来源于政府财政拨款，随着保障性住房建设的大力推进，中央补助保障性安居工程专项资金也在不断增加，但是城镇化高速发展阶段，基础设施建设领域同样需要政府拨付大量财政资金，因此保障性住房建设可获得的中央补助资金有限。然而在巨大的市场需求面前，保障性住房建设所需投资额巨大，政府在可支配保障性住房专项资金有限的情况下，仍然面临着较大的资金缺口。另一方面，为解决保障性住房建设资金问题，政府还将土地出让净收益、住房公积金增值收益及政府债券资金等用于保障性住房的建设，尽管填补了部分资金缺口，但仍然无法匹配巨大的投资需求，同时还导致了政府债务负担过重、当期资金周转困难等问题。因此，集中建设模式下资金筹集渠道单一，政府资金压力较大，无法为保障性住房的长期发展注入可持续的资金流。

2）配建模式

由于集中建设模式在实施过程中暴露出诸多问题，如导致空置率高和居住者满意度低，政府资金压力过大，单纯依靠该模式无法完成中央政府下达的保障性住房建设任务。在此背景下，北京市政府开始在保障性住房建设中实施配建模式。

① 运作方式

商品房配建保障性住房模式是指政府对开发商做出强制性规定，要求开发商建设商品房时必须配套建设相应比例的保障性住房，并以此作为出让土地的前提条件。对于不适合配建的项目，政府向开发商收取不低于保障性住房建设成本的费用，作为未来实施保障性住房项目规划的专项资金。政府在出让土地时，普遍采用的出让方式是“限地价，竞配建保障性住房面积”，即限定一个合理的土地价格，当出价达到这个价格后，竞地价转为竞配建保障性住房的面积，配建面积最大者将获得土地[8]。在工程建设完成后，商品房由开发商在市场上进行售卖，而保障性住房则按合同约定无偿移交给政府指定部门，或由政府按照约定的价格进行回购，保障性住房产权均归政府所有。根据国家政策规定，在房地产开发项目中配建的公共租赁住房，政府可以通过投资补助、贷款贴息等优惠政策予以支持。该模式的运作框架如图 4-3 所示。

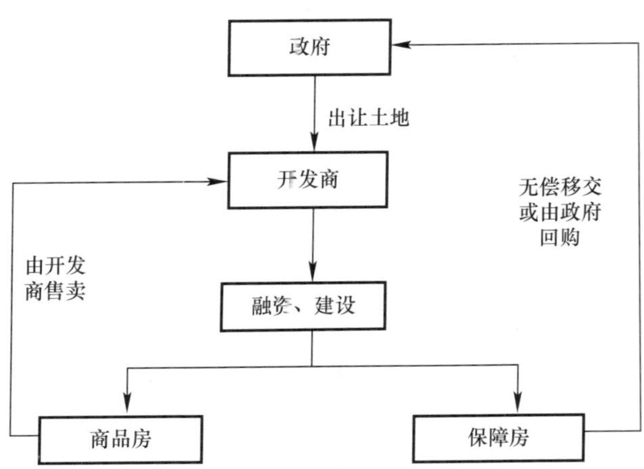

图 4-3 配建模式运作框架

② 实际应用情况

北京市 2010 年之前主要以集中建设模式建设保障性住房，在保障性住房建设任务和政府财政资金的双重压力下，2010 年之后又提出了在商品房中配建的要求[9]，积极探索商品房配建保障性住房模式。2012 年以来，北京市适度加强配建比例，特别是适当提高轨道交通沿线、站点周边以及商业、产业聚集区周边商品住房用地中配建保障性住房比例，配建的保障性住房逐步以公共租赁住房为主。但是，由于配建比例限制了保障性住房建设规模，在“十二五”保障性住房建设硬性指标的压力下，北京市政府仅依靠配建模式短期内筹集不到足够房源，因此政府在积极尝试配建模式的同时，依然大规模集中建设保障性住房。可见，尽管配建模式逐渐受到地方政府的青睐并逐步提高到重要地位，但集中建设模式依然发挥着辅助作用。

③ 优势及存在的问题

相对于集中建设模式，配建模式优越性显著。首先，配建模式有效解决了保障性住房建设的土地和资金问题，政府无需再为保障性住房单独盘整土地，政府财政压力减轻且有效地撬动了社会资金。另外，配建保障性住房用地选址更加合理，在空间布局上符合“小集中、大分散”的原则，保障性住房居民可以享受社区及周边健全的配套设施，生活成本大幅降低，生活质量得到改善。配建模式还有效促进了不同收入阶层人群的融合，有助于减缓居住空间分异和社会分异。

但是配建模式同样存在着一些问题，具体表现为以下三方面。第一，对开发商而言，由于保障性住房建设投入资金量大，且保障性住房建设利润率较低，配套建设短期内很难产生可观的收益，因此开发企业面临着较大的经济压力且获利空间受限。第二，由于开发企业的盈利空间被压缩，因此可能出现企业以牺牲工程质量为代价来获取不法利润，导致房屋质量隐患。第三，配建模式下，不同社会阶层的人群融合形成“贫富混居”社区，双边居民的融合情况具有很大的不确定性，容易造成混居后物业管理困难等问题。

3）PPP 模式

近几年其他类型的保障性住房，如经济适用房、限价商品房等不断暴露出一些问题，不符合政府建设保障性住房的初衷，在保障性住房建设体系中所占比重较低并有逐步退出的趋势。而公共租赁住房实现了由“售”向“租”的转变，更能体现政府为住房困难家庭提供住房保障的本意，是保障性住房的主要建设类型和未来建设趋势。因此有必要在公共租赁住房建设领域推行 PPP 模式，且社会资本投资建设公租房也得到了国家的政策支持，尤其是《关于运用政府和社会资本合作模式推进公共租赁住房投资建设和运营管理的通知》的出台，为公共租赁住房 PPP 模式的开展提供了操作层面的指导。

① 运作方式

公共租赁住房 PPP 模式是指由政府机构作为公租房项目的发起人，采用公开招标的方式择优选择社会资本方作为项目合作伙伴。由政府和社会资本双方共同出资成立公共租赁住房项目公司，政府可以土地作价入股方式注入项目公司，双方出资比例协商确定。由政府与项目公司签订公共租赁住房项目合同，明确项目公司负责公租房项目的设计、投资、建设、运营和维护管理等工作。项目公司作为融资主体进行融资，可通过向银行业金融机构贷款、吸收社保基金、保险资金等公共基金、发行企业债券、发行房地产投资信托基金等方式筹集资金，政府通过贷款贴息方式给予支持。

在项目运营期，政府为项目公司提供政策支持，负责定期调整公共租赁住房的租金价格，根据公共租赁住房保障对象的支付能力给予分档补贴，配合同级住房保障部门督促保障对象按照合同约定的市场租金水平向项目公司缴纳住房租金。项目公司通过租金收入和政府财政补贴获得合理投资回报，利用这些收入来负担公共租赁住房的运营成本、偿还项目公司贷款，并提供给项目投资者相应的投资回报。政府不参与公共租赁住房经营期间的收益分享，但拥有对资产的处置收益权。合作期满后，项目公司负责将项目移交给政府公共部门，项目公司终结，社会资本退出 PPP 项目。

公共租赁住房 PPP 项目涉及多方参与主体，该模式下，项目的利益相关者包括政府公共部门、社会资本、项目公司、金融机构、保险机构及相关的设计、建设和运营等单位，其具体运作流程如图 4-4 所示。

② 实际应用情况

资金一直是制约保障性住房建设发展的重大问题，政府在资金压力过大的情况下开始创新投融资机制，为保障性住房建设寻求长期稳定的融资渠道。在国家政策的引导下，从 2010 年底开始，北京市开始鼓励民间资本进入保障性住房建设领域，自 2011 年北京市保障性住房建设投资中心成立，PPP 模式开始在保障性住房建设领域试水。然而，目前 PPP 模式在北京市保障性住房建设领域还处于探索阶段，相对于其他建设模式而言应用不太广泛，但是该模式在国家政策的支持和鼓励下逐渐获得更多应用和创新。

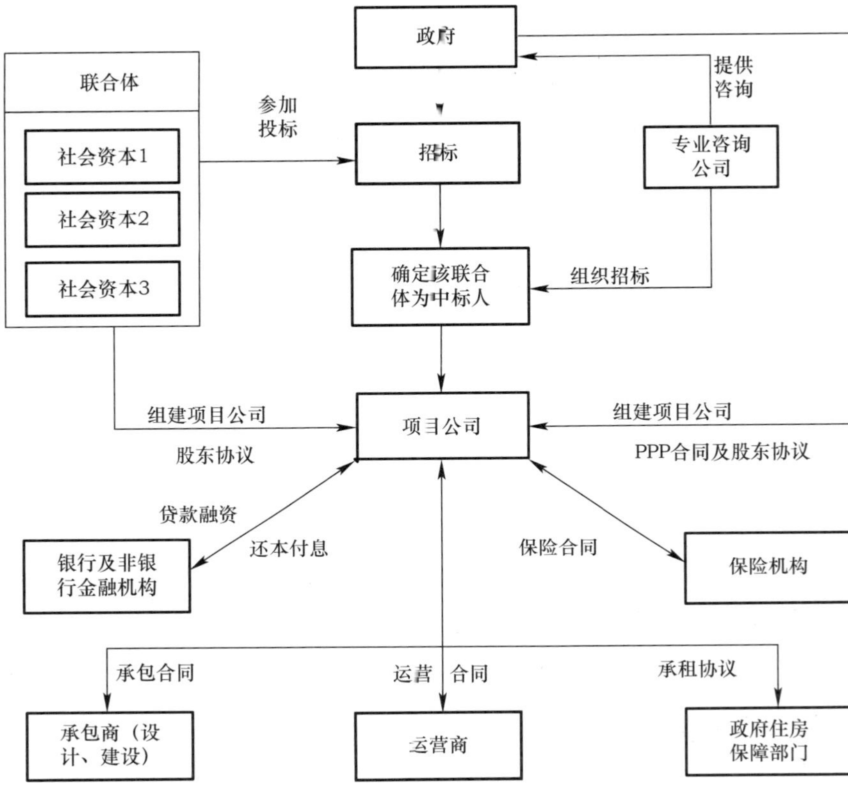

图 4-4　公租房 PPP 模式运作框架

③ 优势及存在的问题

PPP 模式之所以受到政府的大力支持是因为其存在诸多方面的优势。首先，PPP 模式发挥了政府财政资金的“杠杆”作用，以较少的财政资金撬动庞大的社会资金，既缓解了政府财政压力又拓宽了保障性住房建设的融资渠道。其次，社会资本方可凭借其专业技术和先进的管理经验，提高保障性住房项目的管理水平和运作效率，并提高房屋质量，政府部门也可将工作重点转移到对保障性住房的监管上，有利于转变政府职能。再次，PPP 模式扩大了社会资本的投资领域，社会资本方可通过投资公租房获得长期稳定的租金收入，还可从政府提供的多方面优惠政策中获得其他衍生价值。最后，PPP模式建立了风险分担机制，双方均承担各自较善于应对的风险，提高了保障性住房建设的整体风险控制能力，有效分散和降低了项目风险。

尽管PPP模式优势明显，但仍然存在一些问题。PPP模式下，社会资本投入资金量大，投资回收期长，且保障性住房的公益性质决定了其利润率较低，因此社会资本面临着较大的资金压力，仅依靠项目本身收益难以实现合理的投资回报。另外，社会资本还面临着经营管理不善带来的风险，且运营期间存在一些不确定性因素，导致社会资本取得投资回报有一定风险。

4.1.2　北京市保障性住房建设模式的选择建议

（1）由集中建设为主的模式向其他建设模式转变

从上述保障性住房建设模式的发展变化来看，企业在保障性住房建设中的参与程度逐步加深，从完全由政府出资建设到企业以多种方式参与保障性住房的投资建设，这种改变符合北京市在各阶段的财政承受能力和企业发展情况。早期保障性住房需求量大，政府以集中建设方式大规模供应保障性住房，且由于保障性住房建设市场的不成熟和政府优惠或补贴政策的不健全，开发商参与到保障性住房建设中的积极性低，因此在该阶段集中建设模式应用广泛。随着集中建设模式的大力推行，政府无法负担该模式带来的巨大财政压力，居住人群也没有享受到优质生活保障，因此政府开始引入社会资本参与到保障性住房的投资建设中，充分利用社会资本的资金优势和管理经验，增加保障性住房的有效供给。可见社会资本参与保障性住房建设有其必要性。

未来保障性住房建设依然任重道远，因此有必要选取可持续的保障性住房建设模式。近年来社会资本方逐步具备雄厚的资金实力和经营管理能力，不仅能够为保障性住房建设注入多元化、可持续的资金，还可以将先进技术和管理经验应用到保障性住房的运营管理中，从而为公众提供更为优质的保障服务，实现政府、企业、保障对象三方利益的最大化。因此引入社会资本参与保障性住房的投资建设具备可行性。综合考虑各方面因素，当前大规模集中建设方式应该有所调整，未来应逐步舍弃集中建设模式，从单纯地追求保障性住房数量向注重保障性住房质量转变，建议在保障性住房建设中推行配建模式和PPP模式。

（2）加大配建模式在保障性住房建设中的应用力度

配建模式将保障性住房居民的后续发展因素考虑在内，实现了不同收入阶层的融合，未来北京市应继续大力推行以配建方式建设保障性住房。然而，配建模式在实施过程中仍有一些值得关注的问题，应当引起重视并积极改进。

第一，规划合理的配建比例，保证开发商盈利空间。由于开发商建设保障性住房的收益率明显低于商品房，若配建比例过高，保障性住房的大规模建设将会挤占商品房利润空间，开发商无法从保障性住房建设中获取预期收益，导致其参与配建模式的积极性不高，而配建比例过低无法形成规模数量时，又将导致政府难以实现预期建设目标。因此，政府应该逐年细分保障性住房建设任务指标，确定每年度保障性住房建设总量，在此基础上明确适宜进行配建的项目（开发项目达到一定规模），并确定合理的配建比例范围，使得开发商从中获取合理的利润，进而确保开发商以积极的态度提供优质保障性住房工程。

第二，合理选择配建项目，融合相邻收入阶层。配建模式形成的混合社区面临着不同收入阶层人群的融合问题，若强制融合收入水平差异过大的两类人群，极有可能导致双边居民的冲突进而影响社区和谐。因此，政府在对商品房项目实施配建时需要注意，并不是所有的项目都适合配建保障性住房，原则上高档住宅项目不适宜进行配建，但需要缴纳异地建设费。另外，政府需要控制混合社区内不同收入阶层的差异程度，根据社区内商品房住宅档次来确定配建的保障性住房的供应对象，要求保障性住房申请对象的收入水平必须达到某一标准，尽可能将相邻收入阶层的人群融合到同一社区，最大限度地减小不同阶层的差异和由此可能引发的矛盾。

第三，针对商品房和保障性住房，制定合理物业管理办法。配建模式使得商品房和保障性住房两种性质的房屋存在于同一社区内，由于收入水平不同导致保障性住房居民和商品房居民不能执行统一的物业收费标准，由此加大了物业管理难度。因此有必要针对保障性住房和商品房制定不同的物业管理办法和收费标准，保障性住房的建设标准不同于商品房致使保障性住房居民的生活品质低于商品房居民，因此保障性住房的物业收费标准应该低于商品房的收费标准。同时，政府应该对保障性住房居民的物业费用给予一定的财政补贴，尽量降低受保障群体的生活成本。

（3）大力支持并积极推行公共租赁住房 PPP 模式

未来北京市在继续推行配建模式的同时，还应加大力度推广公共租赁住房 PPP 模式。为了保证公租房 PPP 项目的顺利运行，打造中低收入阶层宜居的保障性住房社区，在项目规划和实施过程中应重点关注几方面问题。

第一，多方面提供政策支持，确保社会资本合理盈利。PPP 模式下社会资本参与公租房的投资建设和运营管理的全过程，投资回收期过长和投资回报风险较高导致社会资本参与的积极性不高。为了吸引社会资本参与公租房 PPP 项目，政府应该从法律、金融和税收等方面给予政策支持，充分运用土地供应、财政贴息、投资补助和税收优惠等激励措施，为社会资本创造良好的投资和运营环境。同时，政府应确保承租公共租赁住房的保障对象数量稳定，确保一定标准的入住率，以分担社会资本面临的公租房需求风险。另外，政府可以允许社会资本建设一定比例的配套商业服务设施用于出租和经营，以达到资金平衡的要求并实现合理盈利，但不得用于销售和转让。

第二，建立 PPP 项目运营协调机制。一方面，公租房 PPP 模式下，项目参与主体众多且各方利益诉求不同，尽管各参与方的利益关系在合同中已经得以明确，但随着项目的开展仍有可能出现利益冲突，因此必须协调好各参与主体的利益关系，推动项目顺利运行。另一方面，PPP 项目合作期限较长，且在合作期间涉及一系列交易或合作项目，导致了 PPP 组织结构的复杂性，需要专门的协调管理机构来保证合作目标的实现。综合考虑以上两方面因素，建议由政府部门成立一个专门的 PPP 管理机构，建立 PPP 项目运营协调机制，统筹协调各利益相关者的关系及项目运作过程中的交易行为，进而确保公共租赁住房项目的顺利开展。

第三，项目选址合理，促进职住平衡。为了避免公租房在城市中的边缘化，应加大轨道交通、城市主要干道和城市快速路沿线周边地块的公租房布局，包括在地铁沿线或以地铁上盖方式建设公租房，增加公共交通的可达性，同时对保障性住房小区同步规划建设配套设施。轨道交通沿线的物业开发和保障性住房配套商业设施及其他公共服务设施的建设，将不仅为保障性住房居民打造更加宜居便捷的生活环境，还为社会资本创造更多衍生价值，有助于其获取多重利润空间。此外，为了最大限度地发挥公租房的资源优势，公租房房源在分配时应统筹考虑保障对象的工作需求，实现公租房供应与需求的高效精准对接，促进就业人员就近居住，进而实现保障对象的职住均衡发展。

4.2 北京市保障性住房设计标准化体系设计

4.2.1 北京市保障性住房设计标准化现状

(1) 北京市保障性住房设计标准化的相关政策梳理

从保障性住房政策体系来看，目前北京市针对保障性住房实施设计标准化的相关政策较为欠缺，为此将保障性住房设计标准化置于保障性住房实施住宅产业化的背景中，来梳理北京市近年来相关政策的颁布情况。

在推动住宅产业化发展方面，北京市近年来为促进建筑业产业结构调整、实现节能减排、推动绿色安全施工、提升住宅品质，通过发布实施一系列引导政策与奖励措施，着力发展绿色建筑和实施住宅产业化。2010 年，北京市颁布的《关于推进本市住宅产业化的指导意见》（京建发［2010］125 号）标志着住宅产业化工作全面启动。2011 年发布《北京市“十二五”时期民用建筑节能规划》（京建发［2011］408 号），首次将住宅产业化目标任务纳入建筑节能约束性指标。2013 年，北京市又陆续颁发《北京市发展绿色建筑推动生态城市建设实施方案》（京政办发［2013］25 号）和《北京市绿色建筑行动实施方案》（京政办发［2013］32 号），全面开展绿色建筑行动，并将推动住宅产业化列为其中一项重要任务[10]。2014 年，《北京市民用建筑节能管理办法》（北京市人民政府令第 256 号）出台，创新提出全面推行绿色建筑和住宅产业化发展的要求。

在推动保障性住房实施住宅产业化发展方面，北京市以保障性住房为重点逐步推进住房标准化制度，助力住宅产业化工作。2011 年，北京市发布《全面规范本市建筑市场进一步强化建设工程质量安全管理工作的意见》（京政办发［2011］46 号），明确提出要建立保障性住房标准化制度，并率先在公共租赁住房中试点推行。2012 年又陆续出台《关于在保障性住房建设中推进住宅产业化工作任务的通知》（京建发［2012］359 号）和《关于 2012 年在保障性住房建设中推进住宅产业化工作的实施方案》（京建发［2012］407 号），明确“以保障性住房为重点，全面推进住宅产业化”的宗旨，正式将保障性住房纳入住宅产业化建设的道路。2013 年，北京市建立住宅产业化工作联席会议制度，成立保障性住房实施住宅产业化领导小组，负责在保障性住房建设中推进产业化的领导、组织与协调工作。2014 年颁布的《关于在本市保障性住房中实施绿色建筑行动的若干指导意见》（京建发［2014］315 号）指出保障性住房实施住宅产业化是绿色建筑行动的重要组成部分。2015 年，北京市继续加大产业化实施力度，相继颁发《关于在本市保障性住房中实施全装修成品交房有关意见的通知》（京建发［2015］17 号）和《关于实施保障性住房全装修成品交房若干规定的通知》（京建发［2015］18 号），在全国率先推行保障性住房全装修成品交房，促进住宅产业升级改造。

（2）北京市保障性住房设计标准化的相关技术标准

标准化是推进住宅产业化工作的基础。“十二五”期间，北京市初步建立了保障性住房建设管理标准化体系框架，即从全寿命周期的视角来考虑标准化设计、建造、评价、运营维护等工作，形成较为完整的标准化体系的顶层设计。自 2008 年启动住宅产业化试点示范工作开始，经过多年工程实践与反复总结，北京市已基本确立了“以内装工业化为支撑体，以结构产业化为填充体，以绿色节能环保技术应用为核心”的住宅产业化实施路径，并形成了以装配整体式剪力墙为主的结构技术体系，为全面推进保障性住房设计标准化提供了经验借鉴与技术指导。

北京市强调科技助力住宅产业化的发展，为加快健全和完善相关技术标准体系，自 2008 年起便陆续开展了“住宅建设工业化关键技术及相关技术研究与示范”、“钢筋混凝土结构产业化住宅技术标准、质量检测与控制研究”、“公租房产业化实施细则研究”等 20 余项住宅产业化相关核心技术的研发工作。北京市目前已发布实施了《预制混凝土构件质量检验标准》DB11/T 968—2013、《装配式剪力墙住宅建筑设计规程》DB11/T 970—2013、《装配式剪力墙结构设计规程》DB11/1003—2013 和《装配式混凝土结构工程施工与质量验收规程》DB11/T 1030—2013 四项地方标准，并出台了《北京市产业化住宅部品使用管理办法（试行）》（京建发［2010］566号）、《北京市混凝土结构产业化住宅项目技术管理要点》（京建发［2010］740号）和《北京市产业化住宅部品评审细则（试行）》（京建发［2011］286号）等成套管理导则与技术要点，为住宅产业化的全过程建设管理提供了有效的技术支撑，也对保障性住房设计标准化工作起到了很好的推进作用。2012年，北京市在全国率先颁布《北京市公共租赁住房标准设计图集（一）》BJ-GZF/BS TJ1—2012，对公租房的标准户型、标准户型厨房/卫生间和标准户型组合三部分内容进行了精确规定，为保障性住房全面实施设计标准化提供了良好的经验与借鉴。

（3）北京市保障性住房设计标准化的实施成果

“十二五”期间，北京市以保障性住房为重点，全面推进住宅产业化的实施落实，实现了保障性住房小区产业化建设的整体推进。2012年11月底，通州区梨园镇公租房项目封顶，总建筑面积47890m^2，共计公租房854套，是北京市首个保障性住房实施住宅产业化项目，由于只有9种户型，构件差异度不高，因此建造过程中基本实现了标准化生产。2014年11月底，通州马驹桥公租房项目完工，总建筑面积21万m^2，其中包括产业化面积16.18万m^2，可提供公租房3004套，综合应用了集装饰、保温、承重等功能于一体的预制外墙板、楼梯板、叠合楼板、空调板、阳台板等，在目前已经建成的以装配整体式剪力墙为结构的保障性住房实施产业化项目中规模最大。截至2015年12月底，北京市已纳入实施住宅产业化计划项目255个，累计规模超过1800万m^2，超额完成“十二五”期间1500万m^{2}的计划任务，全装配式住宅规模达到146万m^2，居全国首位。

此外，北京市还大力建设国家级住宅产业化基地。2014 年 5 月，住房和城乡建设部将北京市列入“国家住宅产业现代化综合试点城市”，此后北京市住宅产业化工作进入全新阶段。北京首个具备全自动化生产线的国家住宅产业化基地同年在顺义落地，该基地由北京住总实业、北京市住宅建筑设计研究院与北京万科三方签订协议，共同发展，可生产楼梯、顶板、墙板等所有产业化住宅所需预制构件，可满足 100 万 m^2 装配式住宅构件需求，相比以往半自动化住宅产业化生产线，全自动生产线的产品尺寸误差更小，人工成本投入将比传统生产线降低 50%。2015 年 3 月，住房和城乡建设部住宅产业化促进中心会同北京市住房和城乡建设委员会组织专家组，论证通过了北京市建筑设计研究院有限公司设立“国家住宅产业化基地”的申请，这使得该公司成为首批通过“国家住宅产业化基地”论证的设计企业之一。

总的来说，设计标准化是实现住宅产业化的重要基础与内容，北京市近几年通过以保障性住房为重点大力推进住宅产业化的发展，有效推动了保障性住房设计标准化工作，促使相关的制度、技术标准、图集等出台并得到进一步的推广应用，这也在一定程度上说明了北京市保障性住房设计标准化工作取得了较大的进步与成绩。

（4）北京市保障性住房设计标准化存在的问题

1）标准化体系尚未全面建立

一方面，从技术标准角度来看，北京市目前出台的技术标准虽然对设计过程进行了规范，但并没有突出强调“标准化”这一住宅产业化的关键词。这些技术标准更多的是针对目前实践经验较为丰富的装配式剪力墙结构，而对产业化其他方面的设计规程的探索还比较欠缺。此外，虽然有针对公共租赁住房的标准图集，但保障性住房其他类型的标准图集也是设计标准化体系中有待补充的部分。同时，目前北京市的标准化图集仅仅从户型设计、户型的平面组合设计以及厨房、卫生间设计三方面做出了标准化的规定，但从住宅设计本身与产业化发展而言，为了更好地实现装配式施工，优良部品的图集仍需进一步编制。只有将纳入优良部品库中的优良部品如梁、板、柱等结构部件以及建筑设备、装修部件等编入标准化图集，设计人员在进行保障性住房标准化设计时才能更加方便地取用，从而更好地与预制生产、现场装配式施工这一住宅产业化建设链条进行对接与协调。

另一方面，从技术管理角度来看，目前北京市保障性住房标准化体系涉及更多的是关于部品标准化的相关评审内容与要求，而对设计标准化要求的设计深度及广度等并没有相应的技术管理规定，由此可见现有的保障性住房标准化体系中的技术管理内容还有相当大的拓展余地。

2）缺乏专门政策引导支持

北京市目前出台的关于保障性住房实施住宅产业化的相关政策发展脉络清晰，具有较强的结构性与完整性，然而现有政策在保障性住房实施设计标准化方面的推动作用依然欠缺，对于倡导设计标准化的针对力度仍然不足。

自发展保障性住房实施住宅产业化建设以来，设计标准化作为产业链条的前端工作，对产业链中预制构件生产、整体装配式施工等环节都具有重要影响，然而政府却没有出台专门的政策文件表示支持，仅仅在一些意见与通知中简单提及。现有政策文件大多从总体角度出发且涵盖内容较多，许多具体实施内容不够细化，同时多数政策更倾向于对装配式施工和预制部品提出新的要求，并且出台相关管理办法与制度予以支持，但对设计标准化提及的内容相对较少。因此北京市需要从政策层面加强对保障性住房设计标准化的重视程度，进一步完善相关政策以保证设计标准化工作的持续推进。

3）推动措施亟待健全

为了推动保障性住房的标准化与产业化发展，北京市成立了保障性住房实施住宅产业化领导小组负责相关领导、组织与协调工作，但是推动措施还不够健全。对于标准化设计建造的保障性住房项目，激励机制仅包括面积奖励等措施，缺乏更多、更直接的激励措施，从而使得设计标准化工作欠缺足够的长效推动力。事实上，在推动保障性住房设计标准化的进程中，需要从政策层面明确开发商才是市场中的牵头单位，只有在开发商的积极配合下才能更好地推动保障性住房实施住宅产业化的进程。

此外，除激励机制外，北京市保障性住房市场的惩罚与退出机制也不够完善。针对一些违背市场规律的企业，只有通过设定相应的惩罚措施才能更好地约束其行为，进而推动保障性住房设计标准化工作的顺利进行。

4.2.2 北京市保障性住房设计标准化体系构建

北京市现有的保障性住房体系包含公共租赁住房、经济适用房、限价房、棚改房、自住型商品房、合作型保障性住房 6 种类型，其特点整理见表 4-1。

北京市保障性住房类别及特点汇总　　表 4-1

序号	类别	保障对象	保障方式	产权有无	面积	土地供给
1	公共租赁住房	中低收入者	货币补贴或实物配租	无产权	$60m^2$ 以内	划拨或出让
2	经济适用房	中低收入者	出售	有限产权	$90m^2$ 以内	划拨
3	限价房	中等收入者	出售	有限产权	$90m^2$ 以内	招拍挂出让
4	棚改房	拆迁对象	实物安置或货币补偿	全部产权	不等	招拍挂出让
5	自住型商品房	中等偏上收入者	出售	有限产权	$90m^2$ 以内	招拍挂出让
6	合作型保障性住房	中低收入者	出售	无产权	$60m^2$ 以内	招拍挂出让

纵观世界各国的住宅标准化体系，可以得出标准化设计只有应用于大规模建设的建筑类型才能实现产业化的体量要求，达到以规模效应来降低全寿命周期成本的目标，而且小面积的户型相比大面积户型更加适合实施标准化设计。由于北京市保障性住房体系中的棚改房在面积上没有进行较为明确的限定，在实际建设过程中也会有超过 $100m^2$ 的大面积户型，因此仅将北京市保障性住房体系中其他五种小面积（$80m^2$ 左右）住房类型纳入北京市保障性住房设计标准化体系中，如图 4-5 所示。

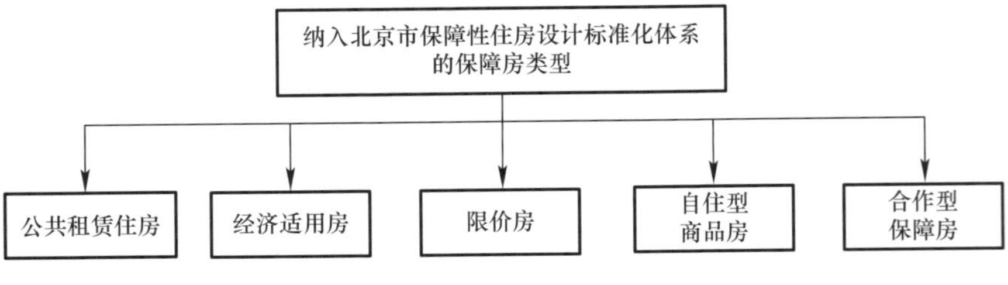

图 4-5　纳入北京市保障性住房设计标准化体系的保障性住房类型

由于住宅设计是一门专门的学科，因此依据住宅设计所包含的内容将北京市设计标准化体系分为标准化结构设计、标准化户型设计、标准化部品设计与设计标准化体系的其他内容共四部分，如图 4-6 所示。

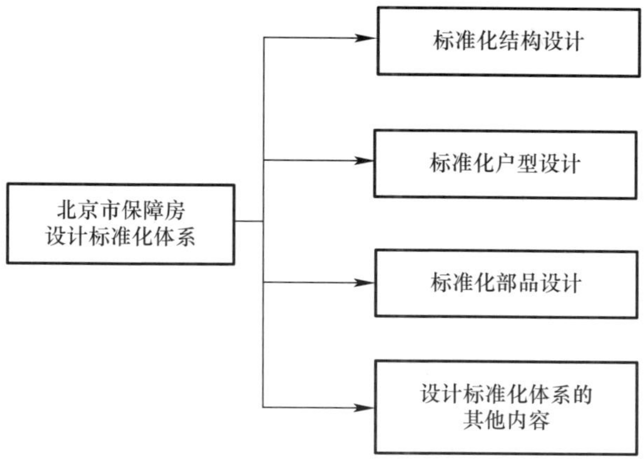

图 4-6 北京市保障性住房设计标准化体系

（1）北京市保障性住房标准化结构设计

目前，不论是国外还是国内，对于标准化结构设计大都基于预制装配式技术，其中又以 PC 技术运用最为广泛。PC 技术，即预制混凝土装配式技术（Precast Concrete Element），是一种先通过钢筋等连接件或施加预应力将预制构件或部件连接起来，再运往现场浇筑混凝土从而形成整体结构的技术，具有模数化设计、标准化生产、一体化装配等特点。当前的 PC 装配式结构大致可分为剪力墙结构、框架剪力墙结构和框架结构三种类型，其代表工法种类整理见表 4-2。

当前我国 PC 装配式主要结构及工法种类　　表 4-2

结构类型	工法种类	适用层数	目前应用种类	代表企业
剪力墙结构	内浇外挂剪力墙	5-33F	住宅、保障性住房	万科集团 远大住工
	全预制装配式剪力墙	3-28F	住宅、别墅、保障性住房	中南集团 哈尔滨宇辉集团
	复合板式剪力墙	3-18F	住宅、地下车库	安徽西伟德 远大住工

续表

结构类型	工法种类	适用层数	目前应用种类	代表企业
框架剪力墙结构	柱梁剪力墙全预制，节点现浇工法	11-23F	住宅	远大住工
	梁、剪力墙预制，柱梁现浇工法	11-23F	住宅	远大住工 中南集团
框架结构	柱梁预制，柱梁节点现浇工法	15F-超高层	住宅、办公楼	万科集团 鹿岛建设
	柱梁预制，梁间节点现浇工法	15F-超高层	住宅、办公楼	万科集团 鹿岛建设

通过表 4-2 可以看出，目前剪力墙结构在保障性住房设计标准化中的应用较为广泛。虽然现今我国规划的保障性住房以多层为主，但结合今后可能进一步提高密度、增强集中性的趋势，未来保障性住房小区的高层住宅数量将逐渐增长。同时，依据现有规划与发展趋势，住宅设计标准化暂未涉及超高层建筑体系。因此初步将保障性住房设计标准化体系的结构设立为较多应用于多层、高层的剪力墙结构与框架剪力墙结构，保障性住房设计标准化体系的结构形式如图 4-7 所示。

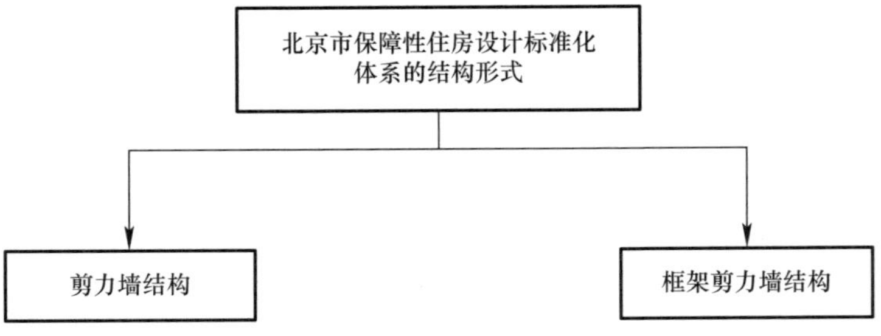

图 4-7　北京市保障性住房设计标准化体系的结构形式

1）标准化剪力墙结构

目前，PC技术在剪力墙结构中的应用主要有三种主流工法，即内浇外挂剪力墙、全预制装配剪力墙和复合板式剪力墙。

① 内浇外挂剪力墙

20世纪九十年代，我国的住宅多为现浇混凝土剪力墙结构，这种结构刚度大、整体性好，广泛适用于高层住宅，由于技术成熟度较高，在住宅产业化的探索中很多企业选择该结构进行改进与标准化尝试。2007年，万科集团开始在一些项目中对现浇剪力墙外墙采用半预制混凝土的形式——PCF（Prefabricated Concrete Form）工法，即预制剪力墙外墙模。当然由于开始时PCF在设计时不作为承重结构，不参与主体结构的受力计算，因此存在空间和成本的浪费问题。此后几年间，万科通过一系列科学研究与试验，得出了PCF可以参与主体结构承重受力计算的结论，这在一方面意味着它能缩小现浇外墙厚度，另一方面由于PCF板内钢筋也是主体外墙钢筋之一，故可以减少现浇部位的竖向钢筋，从而节约了钢筋用量且有效减少钢筋碰撞“打架”现象，降低了PCF的施工难度。在此技术基础上，万科在北京“假日风景”、“长阳半岛”等项目中采用了预制承重的“三明治”型外墙，并熟练应用PC工法与现浇工法结合的复合工法，形成了具有企业特色的外墙承重装配式剪力墙内浇外挂工法。在此基础上，内浇外挂剪力墙工法还尝试内部剪力墙与梁等承重构件的预制等，充分发挥现浇与预制相结合的优势。

② 全预制装配式剪力墙

2009年，中南集团与宇辉集团先后应用全预制装配式剪力墙工法建成了南通“中南世纪城”33-36 栋和哈尔滨“洛克小镇”14 栋。该工法预制率极高，可将建筑全部构件部品如剪力墙、叠合楼板、电梯间、楼梯、阳台等由工厂生产预制，运至现场后只对节点进行现浇，很大程度上提高了施工效率。2010 年，江苏省和黑龙江省分别出台了《预制装配式剪力墙结构体系规程》DGJ32/TJ 125—2011 与《预制装配式房屋混凝土剪力墙结构技术规范》DB23/T 1400—2010 来鼓励与规范预制装配式剪力墙结构体系。目前国内最高的全预制 PC 装配式剪力墙结构住宅是由宇辉集团建设的“新新怡园”4-5 栋（97.8m）。

③ 复合板式剪力墙

2007 年安徽西伟德集团引进德国技术，开始发展复合板式剪力墙工法体系。该工法的优势在于预制墙板是由两块预制混凝土板及连接两板的斜拉钢筋组成，经过叠合定位后便可将混凝土注入两板空隙形成整体结构，使得现浇和预制相结合，并有效消除了构件及装配的误差。目前地上剪力墙结构的建筑和地下车库均可以应用叠合墙板和叠合楼板。

2）标准化框架剪力墙结构

目前，PC 技术在框架剪力墙结构中的应用主要有两种主流工法，即柱梁剪力墙全预制，节点现浇工法和梁、剪力墙预制，柱梁现浇工法。

① 柱梁剪力墙全预制，节点现浇工法

柱梁剪力墙全预制，节点现浇工法具有延性好、自重轻、平面布局灵活、装配化施工、工期短等特点，是能与剪力墙结构工法相媲美的施工技术，同时由于户内没有剪力墙与横梁，可以增加空间使用效率与可变性。该工法的预制率更高，对技术要求也更加严格。

② 梁、剪力墙预制，柱梁现浇工法

梁、剪力墙预制，柱梁现浇工法的优势在于现浇结合部位多集中在柱上，有效减少现浇部位种类，同时增加整体性。2011年，远大住工就运用该工法在长沙建设“花样年华”住宅项目，建筑构件如叠合梁与外墙窗框等集成预制后使用金属挂件将其与预制柱模板连接，再通过现场钢筋绑扎、现浇混凝土等来完成主体结构。该工法将外墙与梁制成一个构件，同时节省了柱子的模板数量，是如今较有创新性的工法之一[11]。

保障性住房标准化结构设计主要依赖有关部门颁布的设计规程等技术性规范、规定等，北京市保障性住房标准化结构设计的现有技术规程与设计内容的对比情况见表4-3。可以看出，北京市保障性住房现有相关标准化结构设计内容仅对剪力墙结构进行了标准化规定，2013年出台的《装配式剪力墙结构设计规程》DB11/1003—2013主要涵盖了装配整体式混凝土剪力墙结构、预制圆孔板剪力墙结构、装配式型钢混凝土剪力墙结构三种工法的剪力墙结构，将其与北京市保障性住房标准化结构设计内容进行对比可以发现，现有规程仅有第①点对应了设计内容的第②点，所以设计内容提及的①内浇外挂剪力墙与③复合板式剪力墙就可以作为目前北京市保障性住房标准化结构设计现有内容的补充。此外，北京市目前没有关于装配式框架剪力墙结构的标准化设计规程，《装配式框架剪力墙结构设计规程》一类的地方标准亟待出台。

北京市保障性住房标准化结构设计的现有规程与设计内容的对比

表 4-3

标准名称	《装配式剪力墙结构设计规程》DB11/ 1003—2013	北京市保障性住房标准化结构设计内容
涵盖内容	① 装配整体式混凝土剪力墙结构	① 内浇外挂剪力墙
	② 预制圆孔板剪力墙结构	② 全预制装配剪力墙
	③ 装配式型钢混凝土剪力墙结构	③ 复合板式剪力墙
	缺乏框架剪力墙结构的相关标准化设计规程	④ 柱梁剪力墙全预制，节点现浇工法式框架剪力墙结构
		⑤ 梁、剪力墙预制，柱梁现浇工法式框架剪力墙结构

因此结合北京市现有的及构建的保障性住房标准化结构设计内容，整合出北京市可行的保障性住房标准化结构设计内容如图 4-8 所示。

（2）北京市保障性住房标准化户型设计

目前北京市保障性住房设计标准化体系中对于户型的规定主要限于标准化设计图集，即《北京市公共租赁住房标准设计图集（一）》。该图集对标准户型、标准户型厨房/卫生间、标准户型组合等内容进行了规定：标准户型图中给出了建筑面积在 30m^2 左右、40m^2 左右、50m^2 左右及 60m^2 以下的“1＋4＋2＋4”共 11 种标准套型设计图；标准户型厨房/卫生间图中给出了 4 种厨房、3 种卫生间及其 3 种相互组合效果的平面图、剖面图及橱柜组合图；标准户型组合平面示例中囊括了四种不同形式的 21 种组合设计图。据此构建的北京市保障性住房标准化户型设计内容分为标准化套型设计、标准化功能区设计、标准化户型组合平面设计三部分。

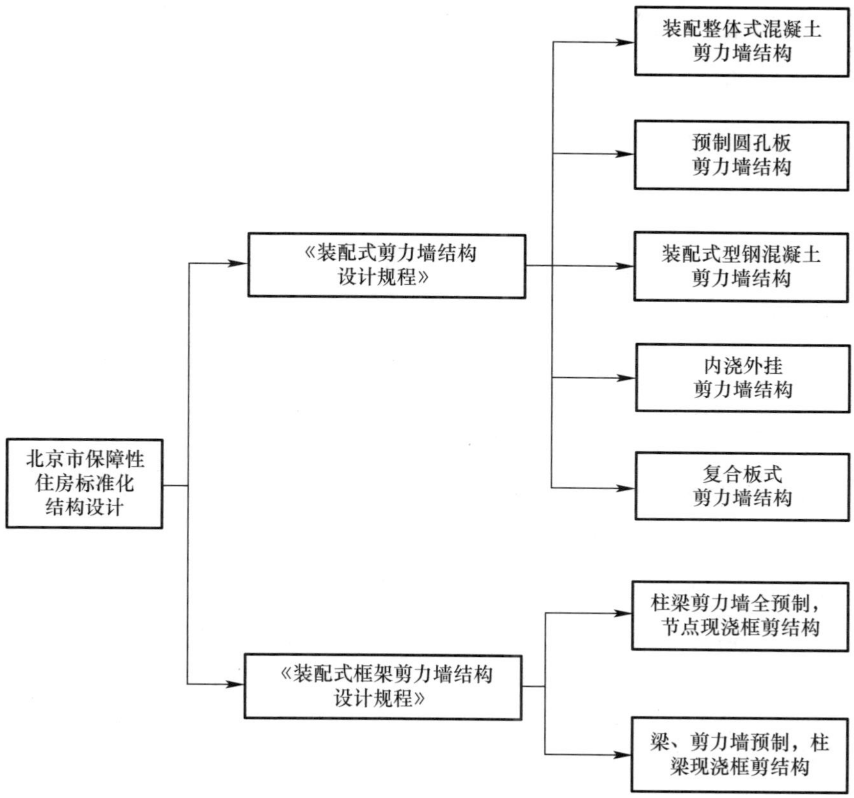

图 4-8　北京市保障性住房标准化结构设计内容

1）标准化套型设计

套型是指按不同使用面积、居住空间组成的成套住宅类型，依据我国的《住宅设计规范》GB 50096—2011，住宅应按套型设计，每套户型应包括卧室、起居室、厨房和卫生间等基本功能空间，并要求将这些空间设置在套型内，不能与其他住户合用。保障性住房面积较小，存在非成套的单居户型，但在设计时也应注重对各个使用功能区进行划分，使其实现更好的居住体验。目前北京市保障性住房现行标准化户型图集仅仅囊括了公共租赁住房这单一类别，也仅有公共租赁住房和合作型保障性住房可以取用现有图集中的设计。因此，在北京市保障性住房标准化户型设计内容中应将面积在60～90m^{2}之间的标准户型设计图纳入其中，为此应出台专门的、适用于所有保障性住房类型的户型设计图集，包括30m^2、40m^2、50m^2、60m^2、75m^{2}左右及90m^{2}以下六种面积的标准户型设计图。由于保障性住房设计研究中越来越多地提及住户参与问题，因此在标准化套型设计中也应为将来的住户参与留出相应的空间，例如可以让住户参与选择套型方案，从而实现标准化基础上的灵活性，这也需要政府出台相关政策法规等来鼓励用户参与户型设计。

2）标准化功能区设计

依据用户使用频率对套型内各个使用功能区进行划分，将厨房、卫生间定义为核心功能区，卧室、客厅、餐厅、阳台等定义为附加功能区。

① 标准化厨卫系统设计

厨房、卫生间是住宅中使用频率最高的功能模块，《北京市公共租赁住房标准设计图集（一）》将厨房和卫生间的标准设计图纸单独成章列出，在各类标准化户型研究中厨卫系统的标准化研究也占了很大的比重，因此，在标准化户型设计中设立标准化厨卫系统是相当必要的。标准化厨卫系统的设计内容包括厨房设计图、卫生间设计图与厨卫系统组合图。在图纸数量方面，现有图集中对上述三种图纸类型仅有“4＋3＋3”种，在数量上的选择较少，应进行适当拓展。此外，由于现有图集仅仅设计了面积在60m^{2}以下户型的厨卫系统，为了适应在标准化户型设计拓展的75m^{2}左右及90m^{2}以下面积的户型，需要适当拓展面积稍大的厨卫系统设计。最后，现行功能区设计中没有对选用厨卫设备的布置尺寸进行详细的规定，为了实现设计标准化与预制构配件生产与安装的完美对接，对标准化厨房、卫生间中的设备应有设备选型说明以及选用的优良部品条目，见表 4-4。

北京市保障性住房标准化功能区设计现状与设计目标对比　　表 4-4

<table>
<tr><td></td><td colspan="3">北京市公共租赁住房标准设计图集（一）</td><td colspan="4">设计目标</td></tr>
<tr><td></td><td>图纸数量</td><td>面积大小</td><td>设计精度</td><td>图纸数量</td><td>面积大小</td><td>设计精度</td><td></td></tr>
<tr><td>标准化厨房</td><td>4（3种“一”型＋1种“L”型）</td><td>1.62～2.22m²</td><td>平面布置图</td><td rowspan="3">在现有数量基础上进行适当拓展</td><td rowspan="3">考虑到 60～90m² 的户型，在现有面积基础上适当拓展面积稍大的厨卫系统</td><td>平面布置图＋剖面图＋橱柜布置图</td><td rowspan="3">厨房、卫生间设备尺寸图及选用的部品名录（与优良部品库相对应）</td></tr>
<tr><td>标准化卫生间</td><td>3</td><td>3.11～3.91m²</td><td>平面布置图</td><td>平面布置图＋剖面图</td></tr>
<tr><td>厨卫系统组合图</td><td>3</td><td>—</td><td>平面布置图＋剖面图＋橱柜布置图</td><td>平面布置图＋剖面图＋橱柜布置图</td></tr>
</table>

② 标准化附加功能区设计

保障性住房标准化附加功能区主要包括餐厅、起居室、卧室、阳台等。由于保障性住房几乎不存在独立封闭的餐厅，因此设计时往往与其他功能区进行复合设计。起居室是住户家庭公共活动的核心空间，是提供团聚、休闲、会客、文娱、试听等居住活动最基本的功能空间，但由于现在多数家庭结构较为简单，一部分起居室的功能被转移到了卧室，所以在保障性住房标准化功能区设计中，起居室不用太大面积，其空间显得灵活可变。卧室应提供住户睡眠、休息、储藏等基本居住空间，并提供学习、工作、梳妆空间，因此卧室设计中应综合分析并确定适宜的面宽、进深和使用面积，保证空间利用紧凑合理，复合利用各组家具的使用空间，提高空间利用的经济性。阳台分为生活阳台和服务阳台两种：生活阳台作为半室外空间，是住宅中享受自然的休闲空间，是室内外空间的过渡，但在现实情况下，中小套型的阳台多被封闭使用；服务阳台是辅助阳台，是其他空间的功能补充，目前北京市标准图集中有些套型没有设计服务阳台，使用过程中也存在住户自行将服务阳台与厨房打通的情况。目前，北京市现有的保障性住房标准图集中尚没有上述附加功能区的设计图纸，这也是北京市保障性住房设计标准化体系中需要增补的部分。

3）标准化户型组合平面设计

组合平面设计，是基于现有的保障性住房标准化套型而进行的多样性模块组合。《北京市公共租赁住房标准设计图集（一）》（下称"图集"）给出的21种设计方案中包括了"Ⅰ"字形、"一"字形、"口"字形、"L"字形等四种基本组合形式，囊括了从一室到三室多种套型的组合方式。而新构建的北京市保障性住房设计标准化体系中，由于保障性住房面积的增加，组合形式将变得更加多样。"图集"给出的平面组合方案可以满足面积在60m^{2}以内户型现在及未来几年间设计师的设计需求，设计时可以对"图集"中的组合方式直接取用；60～90m^{2}之间的户型在设计时也可以遵循四种核心的基本组合形式进行一定的创新。

新构建的北京市保障性住房标准化户型设计内容包括标准化套型设计、标准化功能区设计、标准化组合平面设计三个部分。为了更好实现标准化设计，三个部分都应出台相应的专门图集，配合鼓励用户参与设计的政策文件，北京市保障性住房标准化户型设计的内容如图 4-9 所示。

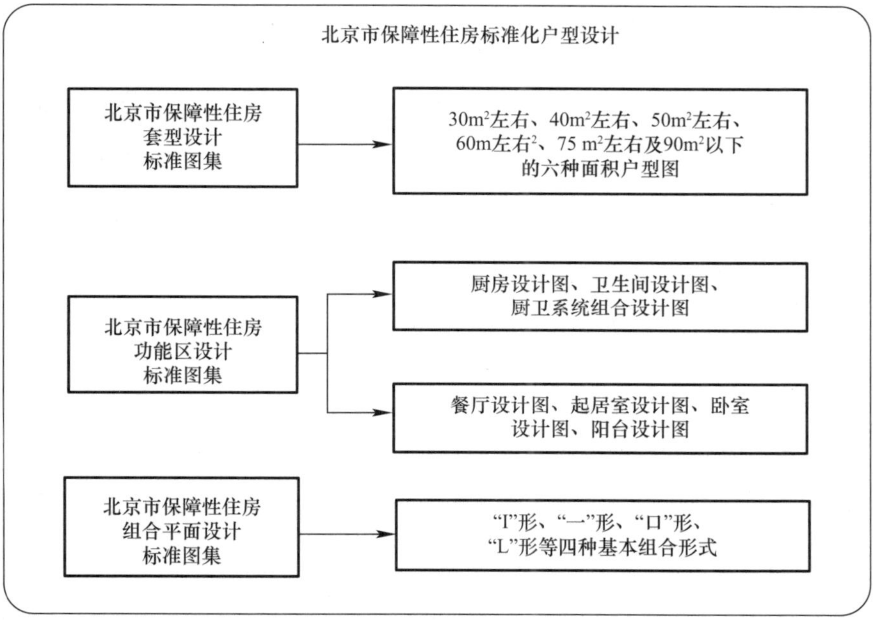

图 4-9　北京市保障性住房标准化户型设计

（3）北京市保障性住房标准化部品设计

住宅部品是具有相对独立功能的建筑产品，是建筑材料、单项产品构成的部件、构件等的总称，住宅部品的标准化是设计标准化的重要基础。根据建设部住宅产业化促进中心明确的住宅部品体系框架，新构建的北京市保障性住房标准化部品体系按照建筑（住宅）部位可分为结构部品、外围护、内装、厨卫、设备、智能化、小区配套七大部品类型，具体见表 4-5[12]。

北京市保障性住房标准化部品体系　　表 4-5

部品类型	具体内容
结构部品	梁柱等支撑结构、楼梯、楼板等
外围护部品	围护墙、门、窗、地面、屋面、防水、保温隔热、外墙装饰等
内装部品	内门、分隔墙、户内楼梯、装饰部件、壁柜等
厨卫部品	厨房、卫生间、换气风道等
设备部品	给排水设备系统、电气与照明系统、燃气设备系统、暖通和空调系统、电梯系统、消防系统、新能源系统、管道系统、分质供水系统等
智能化部品	物业管理与服务、网络与布线、安全消防、家庭智能端等
小区配套部品	室外设施、园林绿化、停车设备、垃圾贮置与处理等

住宅部品的质量直接关系到住宅的品质和性能，北京市保障性住房的部品更是需要通过政府等相关部门的严格认证来规范其产业化发展路径。例如，对各个类型部品的标准性、通用性、耐久性、安全性、经济性、节能性与环保性等性能的评估制定统一的认定标准与办法，淘汰不合格或落后部品，及时更新应用了新技术与新工法的部品，引导通用部品的规模生产，鼓励先进成套技术的推广，加快部品体系的建立和完善，促进住宅部品向产业化方向发展。住宅部品认证制度是美国、法国、德国、瑞典等许多发达国家的通常做法，如日本的住宅优良部品认证制度就是一个很好的范例。

开展住宅部品认证、建立优良部品库有利于设计标准化的贯彻执行，将优良部品库与标准化图集相结合，就会使设计师在设计过程中依据相应标准化设计规范在部品库中直接取用合适的素材，再结合产业化的构件生产，最终实现保障性住房实施住宅产业化生产的目标。

（4）北京市保障性住房设计标准化体系的其他内容

在北京市保障性住房设计标准化体系中，一些重要方面还缺乏深入约束，因此构建的设计标准化体系还需要从图纸编制深度、重点营造部位做法、典型构造节点、公共空间设计、室外工程设计等五个方面进行设计见表 4-6。

北京市保障性住房设计标准化体系的其他内容　　表 4-6

其他方面	设计标准化的具体内容
图纸编制深度	图纸目录、设计说明、总平面图、各层平面图、里面、剖面、户型大样、厨卫大样、楼梯大样、门窗大样及门窗表、外墙大样、其他细部大样与其他专业校对要点等
重点营造部位做法	屋面构造做法：坡屋面、上人平屋面、非上人平屋面、种植屋顶等；卫生间：楼面构造做法、墙面构造做法（墙体材料、导墙做法、墙体防水等）
典型构造节点	地下室通风道出地面、地下室坡道排水沟、地下室侧墙与室外地面交接节点、空调板、凸窗上下口、出屋面台阶、露台出屋面门口节点、屋面防水节点、屋面变形缝等
公共空间设计	单元入口、楼梯、电梯、裙房商铺、地下室、半地下室、会所、墙体、屋面、女儿墙、屋顶栏杆、地下车库及汽车坡道、管道井、设备表箱、垃圾收集、设备选型等
室外工程设计	竖向设计、道路、铺地、游泳池、儿童游戏场地、绿化等

具体而言，在图纸编制深度方面，需要做出标准化规定的如图纸目录、设计说明、总平面图、各层平面图、里面、剖面、户型大样、厨卫大样、楼梯大样、门窗大样及门窗表、外墙大样、其他细部大样与其他专业校对要点等。重点营造部位做法方面，屋面构造做法（坡屋面、上人平屋面、非上人平屋面、种植屋顶）和卫生间的楼面构造做法、墙面构造做法（墙体材料、导墙做法、墙体防水等）需要进一步标准化规定。典型构造节点方面，地下室通风道出地面、地下室坡道排水沟、地下室侧墙与室外地面交接节点、空调

板、凸窗上下口、出屋面台阶、露台出屋面门口节点、屋面防水节点、屋面变形缝等要点的标准化规定有待进一步完善。公共空间设计方面，需要做出标准化规定的有单元入口、楼梯、电梯、裙房商铺、地下室、半地下室、会所、墙体、屋面、女儿墙、屋顶栏杆、地下车库及汽车坡道、管道井、设备表箱、垃圾收集、设备选型等。室外工程设计包括竖向设计、道路、铺地、游泳池、儿童游戏场地、绿化等。在以上这些方面中，北京市保障性住房设计标准化体系还有进一步的拓展空间，可以通过颁布相关技术性规程等进行完善。

4.2.3 进一步推动北京市保障性住房设计标准化实施的建议

关于“标准化”，我国在《标准化法》中明确指出，标准化工作的任务是制定标准、组织实施标准和对标准的实施进行监督。因此新构建的北京市保障性住房设计标准化体系就需要北京市继续着手组织实施标准以及在标准实施过程中进行监督、修订和再实施等工作，进一步推动保障性住房设计标准化工作进程。

(1) 完善保障性住房设计标准化的相关政策与技术标准

保障性住房事业一直是在政府的主导下开展的，其设计标准化体系也需要依靠政府的大力推动才能得以实施。作为社会发展的调控性角色，政府的有效手段体现在颁布的各项政策中，因此北京市政府应该对当前保障性住房设计标准化相关政策的不足之处进行适当完善。2015 年 5 月，为推动我国建筑产业现代化发展，进一步加强建筑产业设计标准化工作，国家住房和城乡建设部发布《建筑产业现代化国家建筑标准设计体系》(建质函〔2015〕121 号)。然而北京市在推进保障性住房设计标准化工作中目前一直没有根本的纲领性政策，因此建议政府尽快出台相关政策，比如以“通知”等形式明确表明要在保障性住房建设中实施设计标准化，以“指导意见”或“行动方案”等形式规定保障性住房设计标准化的具体实施办法、流程，以“管理办法”等形式对保障性住房设计标准化的实施过程进行管理，落实责任等。

新构建的北京市保障性住房设计标准化体系中的每一项内容都需要经由政府口径，以地方标准的形式体现，才会有权威性与良好的实施效果，因此需要北京市政府依据构建的保障性住房设计标准化体系来颁布多项结构设计标准、标准图集、部品管理办法等各类技术性标准。具体来说，在结构设计方面，可以颁布《装配式剪力墙结构设计规程》和《装配式框架剪力墙结构设计规程》两项标准化设计规程，分别对所包含的各类结构设计进行明确规定；标准化户型设计方面，可以颁布《北京市保障性住房套型设计标准图集》、《北京市保障性住房功能区设计标准图集》和《北京市保障性住房平面组合设计标准图集》，分别对住宅户型设计的三方面进行明确规定；标准化部品方面，既要通过《北京市保障性住房标准化部品库管理办法》来完善管理制度，又要编制《北京市保障性住房标准化部品图集》以方便设计人员的设计工作；最后对其他标准化的内容也逐渐通过技术标准进行补充，例如室外工程设计技术标准、公共空间设计技术标准等。

（2）制定保障性住房设计标准化的激励机制与约束办法

在保障性住房实施住宅产业化与设计标准化的实践过程中，项目各参建方是重要的实施主体，因此对其设定激励与约束机制也是政府集中力量需要健全的重要部分。现有的激励办法多集中在建筑面积奖励、明确增量成本标准、提前发销售许可、节能专项基金返还等方面，然而无论是指导意见还是奖励政策大多停滞在条例层面，具体奖励办法如何落实仍旧缺乏具体的操作流程，指导意见也没有明确具体的执行部门。因此，北京市在建设保障性住房设计标准化体系时可以考虑对项目参建各方采取以下激励机制：对建设单位而言，政府可以考虑土地出让价格的进一步优惠、城市基础设施配套费用给予减免等措施，来补偿保障性住房标准化设计与建造探索时期较传统建设方式稍高的工程成本；对设计单位而言，政府可以设立相关保障性住房标准化设计基金，也可以举办保障性住房标准化设计的相关比赛等来鼓励设计单位更多地参与到设计标准化工作中去；对施工单位而言，政府可以采取示范项目优先评选、资质考核加分、经济奖励等方式大力推广实施现场装配式施工，助力保障性住房设计标准化体系的完善；对部品供应单位而言，政府应以优良部品库为出发点，有效引导企业对优良部品进行符合标准化设计要求的研发与供应，对多项部品纳入优良部品库的优秀企业进行科技创新成果奖励等。此外，在实施设计标准化的保障性住房项目中建立相应的数据库，记录项目列表与企业名录，在参与示范项目评比、企业资质等级申请时作为优先考虑的要素，将会有效带动项目各参建单位参与保障性住房设计标准化工作的积极性。

为保证保障性住房建设中能够顺利实施设计标准化，除激励机制外，还必须建立相应的约束办法来规范市场秩序，使得设计标准化体系能够顺利运行。首先，应强化北京市现有的住宅产业化专家委员会职能，比如在专家委员会内部成立特别的保障性住房设计标准化小组，更加有针对性地研究相关制度与技术标准。其次，政府需要设定对建设单位、部品供应单位和施工单位的市场准入条件和要求，明确进入市场需要达到的各项业绩、科研等指标，还要制定统一的评价体系与方案，并将工作落实到具体部门，组织专业人员负责市场准入的把关工作。最后，政府要明确企业的退出流程，协调参与各方工作，将各个环节的责任落到实处；对于违背市场规则，没有正确认识到社会公共产品和服务意义所在的企业，要实行严格的惩罚措施，例如明确企业在几年内不得参与类似项目，同时缴纳罚款等。

（3）建立保障性住房设计标准化的长效发展机制

北京市政府应在保障性住房中率先推广设计标准化，加大示范工程力度，制定长效化的发展机制，通过建立保障性住房设计标准化工作会议、培育龙头企业、加大科研力度、培育产业化技术人才等一系列举措，为保障性住房实施住宅产业化涉及的相关企业创造市场和树立信心。

首先，北京市为推动保障性住房实施住宅产业化建设已经建立了保障性住房住宅产业化工作联席会议制度，在此基础上，可以进一步建立保障性住房设计标准化工作会议，来逐步制定保障性住房设计标准化全面发展的规划和实施路线，并将工作逐一细化，加强标准化工作沟通，保证保障性住房实施住宅产业化工作的有效管理，从而推动设计标准化体系的逐步构建。其次，在保障性住房设计标准化工作的推广时期，政府应对龙头企业进行重点培育，在市场、政策、税收等方面扶持龙头企业使其迅速做大做强，积累经验并带动相关配套企业联动发展，从而带动整个保障性住房设计标准化行业的健康快速发展。再次，有效利用众多高校优秀科研力量以促进保障性住房设计标准化体系的科学发展，例如北京市在今后发展设计标准化体系、出版更多相关的保障性住房标准化图集时应考虑与本市众多高校合作，加大科研力度，推动保障性住房设计标准化相关工作又好又快发展。最后，由于现阶段产业化市场还未发展至较大规模，产业化人才比较匮乏，因此需加快设计行业的产业化人才培养。比如组织相关企业的产业化人才对设计人员进行实践培训，实现企业和设计院的强强联合；也可利用北京市已初步建设的产学研平台进行高等院校和产业化企业联合办学，创新施行企业高级人才到学校任职讲课，学生部分实习课程设在企业等教学培养模式，加快培育专业技术与管理人才的步伐，以保证保障性住房设计标准化工作的长效发展。

5 北京市保障性住房建设实施阶段的管理

5.1 北京市保障性住房部品工业化生产及部品库管理制度的建立*

5.1.1 北京市保障性住房部品工业化生产及部品库管理现状

（1）我国建筑部品工业化生产发展历程

我国建筑部品工业化生产行业兴起于20世纪50年代中期，1953年在长春兴建了第一个附属企业性质的预制混凝土构件厂，1956年在北京建成了中国第一个规模较大的专业化工厂——北京市第一建筑构件厂，随后全国各地也普遍建立了这类工厂。纵观我国建筑部品工业化生产行业，可以将其发展分为萌芽、高速发展、萎缩和二次发展这四个时期。

20世纪50年代中到60年代初为建筑部品生产行业的萌芽阶段，在此期间，我国生产力水平和科技水平较低，建筑部品生产行业处

* 本节内容由赵媛和任旭共同撰写。

于初步发展阶段。为发展国民经济，政府在第一个五年计划中提出，借鉴前苏联和发达国家的发展经验，发展具有中国特色社会主义的建筑工业化。

20 世纪 60 年代中到 80 年代中为建筑部品生产行业的飞速发展阶段，其中在计划经济期间，建筑部品生产企业主要由大型国有施工企业建立，并为本系统的建设工程服务，而政府则统一负责建筑项目的设计、施工和研究，安排和管理建设项目的所有资源和费用，协调开发商、施工单位、监理单位和部品生产企业等参与方之间的关系。改革开放以后，伴随着城乡建设规模的扩张和建筑市场、建材市场的全面放开，建筑部品生产企业数量和生产能力大幅度增长，国有、集体、股份、民营等多种经济成分和不同规模、不同技术水平的企业相继加入建筑部品生产行业，行业整体发展迅速。

20 世纪 80 年代末到 20 世纪 90 年代末是建筑部品生产行业的萎缩阶段，在此期间，部品生产企业开始由原来的工业企业向施工企业转变，工厂不再生产没有具体工程要求的标准构件，而是以承包具体工程任务中的非标准部品构件为主。与此同时，市场经济开始取代计划经济，市场需要更多的资源进行配置，然而当时的部品生产技术要求较低，一大批乡镇和个体企业也开始从事建筑部品生产，不同规模、技术水平、经济成分的企业共同存在于建筑市场上。建筑部品的品种也由简单的房屋构件和水泥混凝土管，扩大到桥梁、大口径给水排水管、盾构管片等。然而，由于缺乏完善的建筑市场管理制度和法律法规，大部分部品生产企业的产品存在偷工减料现象，这严重影响了建筑部品生产行业的发展；加之唐山大地震中使用预制板的砖混结构房屋和预制装配式单层工业厂房严重受损，使得人们对于装配式建筑的抗震性能感到担忧，市场更偏向个性化、多样化的传统现浇体系，造成了一大批建筑部品生产企业的转产或者倒闭。

2000年以后是建筑部品生产行业的二次发展阶段，在此期间，装配式建筑的优势逐渐显现，国家政策的扶持力度逐渐加强。2006年6月，建设部下发《国家住宅产业化基地试行办法》，产业化基地主要分为开发企业联盟型（集团型）、部品生产企业型、综合试点城市型这三类，旨在通过培育一批领军企业，利用它们产业关联度大、带动能力强的特点，充分发挥它们的产业优势和企业实力去改进住宅产业化的生产方式，开发研究对应的住宅和通用部品体系，从而促进住宅建设、消费方式的根本性转变；2016年，国务院办公厅发布了《关于大力发展装配式建筑的指导意见》，文件提出优化建筑部品部件生产，通过"引导建筑行业部品部件生产企业合理布局，提高产业聚集度，培育一批技术先进、专业配套、管理规范的骨干企业和生产基地。支持部品部件生产企业完善产品品种和规格，促进专业化、标准化、规模化、信息化生产，优化物流管理，合理组织配送。积极引导设备制造企业研发部品部件生产装备机具，提高自动化和柔性加工技术水平。建立部品部件质量验收机制，确保产品质量。"此外，随着国外先进的设备和施工技术的逐步引进，我国部品生产技术水平有了跨越性提高，行业发展态势较好。

（2）保障性住房部品工业化生产的发展背景

建筑工业化是指以设计标准化、构件部品化、施工装配化、装修一体化等为主要特征的生产方式，在设计、生产、施工、开发等环节形成完整的、有机的产业链，实现房屋建造全过程的工业化、集约化和社会化，从而提高建筑工程质量和效益，实现节能减排与资源节约。保障性住房多为小面积户型，并且由政府主导建设，其在资金调配、资源管理、建设执行等方面有着巨大优势，非常适宜产业化建造，而保障性住房建设所需部品也利于标准化设计应用与工业化生产的实施。因此可以说，保障性住房工业化建设是以市场需求为导向，以成型的保障性住房体系和与之相配套的住宅部品为基础，以科学的组织和现代化的管理为手段，将保障性住房的开发、设计、部品及构配件生产和供应、建造安装、销售和售后服务等诸多环节联结为一个完整的产业系统，从而实现保障性住房的生产、供给、销售和服务一体化的社会化大生产组织形式。

要满足以工业化方式又好又快地进行保障性住房建设的要求，作为建筑工业化四大体系之一的构件部品化承担着为保障性住房建设提供优质的部品、部件和设备以确保建筑材料品质，进而保证保障性住房的建设品质能满足大众需求的重要职责。保障性住房部品工业化是指在其设计标准化的基础上按照一定的模数指导原则、尺寸接口标准、材料和功能要求等进行工厂化生产，同时符合使用性能要求和厂家供给要求的部品才可以参与到保障性住房工业化建设中。这就有必要对参与保障性住房工业化建设中的部品进行以政府为主导的从设计生产标准、质量管理、部品推广等方面的全过程管理，并且需要有对部品的准入准用制度，方便部品供应企业按标准进行生产，建设单位按需采购选用，以提高部品的使用率，加快部品工业化生产发展，从而有利于提高保障性住房工业化建设效率及其品质与功能。

（3）北京市建筑部品工业化生产现状

根据装配式建筑目录部品生产企业申报数据，随着部分装配式建筑部品生产企业新生产设备安装到位和原设备升级改造完成，总产能已由2017年上半年的104万m^3增长到2018年初的113万m^3，可有效保障未来一定时期的部品供应，另有部分企业仍在拓展扩产空间，预计未来总产能还将有一定幅度提高。

北京市建筑部品工业化生产呈现以下几个特点：

一是市场是调控建筑部品生产行业发展的决定因素。北京市最初的部品生产企业是由大型国有施工企业建立的，并为本系统的建设工程服务。改革开放以后，出现了集体、民营建筑部品生产企业，各建设工程面向市场选择建筑部品的供应单位，市场在对建筑部品生产企业的数量和生产能力的增减、产品结构的调整中发挥基础和直接的作用。同时，北京地区建设规模的增长和建筑部品使用量的增加，极大地拉动了建筑部品生产企业数量和生产能力的增加。进入新世纪后，政府大力推广保障性住房建设的预制装配式施工，建筑部品部件生产集中度逐步提高，推动了装配式建筑部品的品种结构发生变化。

二是持续向好的政策为建筑部品生产行业提供有力保障。为做好北京市装配式建筑部品的使用管理工作，缓解建筑部品采购单位和生产企业由于信息不对称带来的供需矛盾，北京市政府先后出台建筑部品生产相关政策予以扶持。2010年北京市八部门出台《关于推进本市住宅产业化的指导意见》，提出在“北京市东、南、西、北4个区域扶持建设若干家预制部品生产企业，使生产能力适应产业化住宅建设需要。鼓励规模较大、技术能力较强的建筑部品部件生产企业调整产品结构，更新生产线；扶持大型商品混凝土生产企业转型为建筑部品生产企业；支持与建筑工程相关的大型企业投资预制部品生产。同时鼓励传统建材企业向以住宅产业化为特点的部品生产企业转型，形成3至4家大型骨干企业。”2017年北京市人民政府办公厅颁布《关于加快发展装配式建筑的实施意见》，明确指出“到2020年，实现装配式建筑占新建建筑面积的比例达到30％以上，推动形成一批设计、施工、部品部件生产规模化企业，具有现代装配建造水平的工程总承包企业以及与之相适应的专业化技能队伍。”

三是大型企业、国有企业、引进生产线是高端产品市场的主角。大型企业、国有企业具有投资和研发能力，拥有从事装配式建筑部品生产应用的经验和人才，可以开发或引进现代化的生产工艺装备，建立完善的质量管理保证体系。保障房建设工程在采用装配式建筑建造方式时对建筑部品生产企业的工艺、装备、技术人员、管理等条件的要求非常严格，大型企业、国有企业特别是引进生产线中标的供应量占到市场需求量的80％以上。

四是企业管理、用户监督和政府监管相结合的建筑部品质量管理体系。装配式建筑部品生产企业依据有关法律法规和标准的规定，完善生产工艺与质量条件，完善质量管理制度，建立企业的质量保证体系。建设工程质量和质量技术监督部门对装配式建筑部品的质量进行监督。此外，建设施工单位的工程质量管理向前延伸，派人到装配式建筑部品的生产现场，对建筑部品的质量进行使用监督管理，对保证预制构件的质量发挥了重要的作用。

随着北京市住宅产业化的逐步推进，保障性住房建设的预制装配式施工稳步推广，建筑部品及建筑结构构件的质量、性能将有明显提高，需求量将会稳步增加，从而为其装配式部品生产行业带来发展机遇。

（4）北京市保障性住房部品工业化生产及部品库管理制度的相关政策梳理

2010 年，北京市住房和城乡建设委员会发布《北京市产业化住宅部品使用管理办法（试行）》（京建发［2010］566 号），开始全面着手推进住宅产业化发展与部品工业化生产。此后，北京市以保障性住房为重点，率先着手“北京市公租房建设管理标准化系统优良部品库”的制度建设，随着 2011 年 7 月住房和城乡建设部公布《关于建立保障性住房建设材料、部品采购信息平台的通知》（建办保［2011］44 号），以及国家保障性住房建设材料部品采购信息平台启动后，北京市公租房优良部品库于同年 9 月正式开始运行。

北京市根据自身特点并学习借鉴世界城市在优良部品库制度方面的成熟经验，为确保住宅品质而建立建筑材料产品准入机制，将适合北京市公租房的优良部品、部件、设备等按照国际通行的产品认证、检测和专家评审等方式，本着公开、公平、公正的原则，纳入公租房优良部品库。同时搭建由政府所属机构、项目开发建设运营单位、产品生产制造企业、行业协会、科研院所等多方组成的产业交流与统一集中采购平台，建立各方沟通联系机制，并积极推进新技术、新材料、新工艺、新方法在公租房中的应用，通过规模化、标准化等产业化方式为公租房的建设提供全方位产品和技术服务，进一步降低成本，确保公租房建设品质。随之配套的北京市公租房优良部品库管理部由中国五金制品协会、中国建筑装饰装修材料协会、中国建筑金属结构协会等相关行业协会联合组成，属独立的第三方服务机构。部品管理部设在中国五金制品协会，承担受理、审核、把关优良部品的入库工作，负责协助公租房中心建立入库标准，受理入库申请，指导相关企业按照部品库要求参与北京市保障性住房建设，并负责协助规范入库企业履行入库承诺，做好全寿命过程的维护、跟踪等工作。

2012年，北京市发布的《关于印发全面规范本市建筑市场进一步强化建设工程质量安全管理工作意见的通知》（京政办发［2011］46号）明确指出，北京市要逐步建立健全保障性住房工程优良部品材料库制度，并在公共租赁住房中试点推行，此外还要求北京市住房和城乡建设委员会对《北京市产业化住宅部品使用管理办法》（京建发［2010］566号）规定的住宅结构性部品和功能性部品实行认证制度，获得认证的生产企业在北京市住房和城乡建设委员会发布的《北京市产业化住宅部品认证产品目录》（以下简称产品目录）中公布，并每年更新一次。2016年，北京市结合近年来产业化部品评审过程中的问题和有关专家、企业的意见，发布实施《北京市产业化住宅部品评审细则》（京建发［2016］140号），促进北京市优良部品库管理制度的更好发展。

（5）北京市保障性住房部品库管理现状与问题分析

由于北京市保障性住房项目部品的采购多是通过国家保障性住房建设材料部品采购信息平台来实现，尚没有建立与发展北京市统一的保障性住房部品库，目前只是试点并持续运行着北京市公租房优良部品库，为此将北京市保障性住房部品库置于北京市产业化住宅部品的背景中，来分析其管理现状及存在的问题。

1）部品体系建设管理

《北京市产业化住宅部品使用管理办法》中将部品分为结构性部品和功能性部品两大类，并且分别列明了两大类部品包括的具体种类。结构性部品包括预制钢筋混凝土构件（剪力墙板、保温装饰一体化外墙板、楼板、屋面板和其他用于产业化住宅建设的预制梁、柱等）和预制钢结构构件（普通钢结构构件、轻型钢结构构配件等）两种；功能性部品包括建筑轻板、整体厨卫间、壁柜、干拌砂浆、与建筑一体化的太阳能热水系统五种。部品认定的评审细则是根据两个大类的区分制定的，对于新研发的产业化住宅结构性部品可以由北京市建材办组织专家进行评审，并进行使用。

然而北京市现有的部品认定目录只是简单地按照结构性部品与功能性部品进行了分类，详细的部品目录还不够规范、丰富，而国家建材采购平台的部品设置了按建材和按用途两种分类框架，每类部品体系又分很多个子目，每类子目中又有不同的部品。因此首要问题是，北京市部品分类与现行国家层面公布的部品分类标准不统一，这种不规范如果持续存在就会导致国家标准和地方要求在参照上出现矛盾。一方面是设计生产上的矛盾，没有对部品进行包括构成、名称、功能等方面在内的系统规范，部品设计者便无从参考，生产上也会因为没有标准的外形分割和工种分配的参考范围依据而受到影响；另一方面，选择购买部品时，也会因为部品分类信息的不一致而导致错误采购或者采购目标无法实现等问题。此外，还有一个重要问题是，北京市目前所列部品还没有完全囊括保障性住房强制使用的部品设备，这将导致保障性住房项目建设所需大量部品无法从官方渠道获得有质量和价格保证的部品。往往此类部品在各个项目上的重复使用率很高，如果每次使用都要根据设计规范进行部品接口、尺寸等设计选择工作就会造成项目建设工期的延长和成本的上升。

2）部品入库管理

目前北京市住宅部品生产企业需要通过认定才能加入产品目录。

具体而言，根据结构性部品和功能性部品的不同评审细则，企业提交材料到市建材办进行自主申报。对于结构性部品，在收到材料后由市建材办从市建委的专家库内抽调专家进行材料评审并到企业实地核查，对原材料、生产设备等检查结果进行确认后，专家组提出评审意见，合格的可以列入产品目录；对于功能性部品则在接收材料后进行书面审查，合格后在住建委网站上进行公示，收集社会意见，并对收集到的投诉等进行核查，核查合格后方可加入产品目录。根据《北京市产业化住宅部品使用管理办法》绘制的部品认定流程如图 5-1 所示。

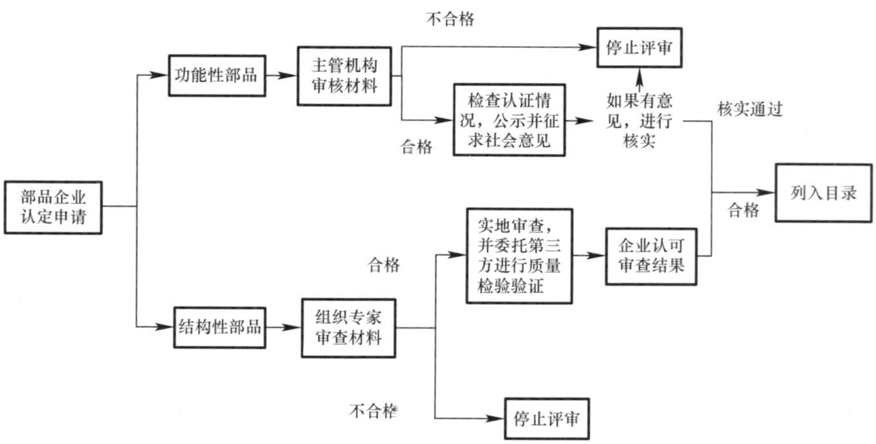

图 5-1　北京市应用于产业化住宅部品认定流程图

结构性部品和功能性部品采用的入库认定流程不同，认定要求和审查内容自然也不同，见表 5-1。对于结构性部品生产企业，要求必须依法设立、诚信经营，产品的生产线、工艺装备及实物质量等达到国内先进水平，并要求具备经市住房城乡建设委员会备案的产品应用与验收技术规程，有能力进行相关产品的研发、创新与完善，且具有综合经营能力保证生产与资金管理的稳定性。对于功能性部品生产企业，要求出具由国务院认证认可监督管理部门批准设立的认证机构出具的产品质量符合该产品的国家标准、行业标准、北京市地方标准或经产地质量技术监督部门备案的企业标准的要求，符合工程建设设计、施工、验收方面的国家标准、行业标准、北京市地方标准或经市住房和城乡建设委员会备案的企业标准的要求和企业的质量管理体系符合 ISO9000 标准要求的认证证书。此外还要求生产企业建立规范、完善的质量管理体系，其部品近两年在北京市的工程项目中有应用，并且没有不诚信的行为。部品被列入产品目录后，仍然需要建设、施工、监理单位按照法律、法规、标准和北京市有关规定，严格对使用的部品进行进场验收、复试和见证检验。

北京市入库认定项目和审查的详细内容　　表 5-1

部品分类	认定项目	审查内容
结构性部品	组织机构、人员	部品生产企业合法性，主要技术、质量的素质水平
	基础设施	通过检查生产设施、生产设备、检测设备，检查部品的生产、堆放、运输及检验等
	质量管理	部品执行的企业标准、生产条件、质量验收（第三方检验机构检测）、原材料使用、资料管理、管理体系
	工程业绩	应用的工程项目、产品设计等生产准备
	违法情况	是否存在违法违规情况
功能性部品	组织机构	部品生产企业合法性
	工程业绩	应用的工程项目
	质量控制	产品认证证书、质量控制体系
	违法情况	是否存在违法违规情况

然而部品入库管理层面仍旧需要补充与完善。首先，部品入库认定内容不够健全。现有的认定项目主要有部品生产企业的资质、

技术人员、生产设备、工程业绩及生产部品的基本性能和质量，但是还缺乏对部品的系统构成、部品组合性能与功能、部品生产企业的售后服务和供配能力等的认定及对相关信息公开的详细评定和检查。其次，缺乏针对保障性住房建设所需部品的统一标准依据。北京市现有的部品标准并非依据保障性住房的特点而制定，其标准可能与保障性住房的建设要求并不匹配，而且各个部品的标准选择并不统一，这样认证出来的部品对解决保障性住房实施住宅产业化要求的部品工业化生产需求来说，指导意义和实用价值并不显著。再次，参与认定的专家人员及其认定工作具有较大的主观性影响。如结构性部品的评审细则中规定由专家审查组负责核查部品的设计大纲、工艺规程和质量内控标准中对部品的原材料、工艺、设备、计量、检验、劳动力素质与培训、劳动组织、规章制度等生产条件的规定是否完善、科学、先进，检查部品生产线、加工设备和工艺装备是否具有国内先进水平等内容。由于专家不是专业的认证人员，其自身的经验和见解不同，认证能力与素质也不同，不可避免地会对认定结果造成主观性影响，从而减弱评定结果的可靠性。最后，在认定结果的采信方面，部品通过认定加入产品目录后，再次使用时仍然需要对其进行进场检验，这在一定程度上会造成前期政府主持的部品认定和后续的入场检验存在重复工作和资源浪费，并且入场复检也耗时耗力，容易影响工程进度。

3）已入库部品的监管

目前在北京市入库部品的监管工作中，要求部品生产企业每半年向市建材办报送产品在北京地区的销售量、销售对象、出厂质量检验情况，结构性部品的生产企业还需要将产品出厂检验数据实时上传至北京市建设工程质量监督管理系统。相关主管机构还会对部品企业的违法违规情况进行监测，如果发生违规情况则依据相关法规进行处理。

但是北京市对已入库部品的监管内容还不够全面。首要问题是，关注了部品价格和质量，还缺少对部品供应保障、售后服务及施工技术服务等方面的管理。单凭企业销量和交易额还不足以完全了解部品的市场接受情况，现有监测指标也不能发现部品供应厂商售后与技术服务等方面的问题。因此，需要增加部品监管项目，对各项监管项目涉及的内容进行指标分析，从而依据各项指标收集信息，完成对部品质量价格情况和生产供应保障等方面的全方位监管。此外，仅有监测指标数据的收集还无法判断部品供应企业的综合水平，还需要利用计算模型进行综合评估分析，以便了解各项监测指标的具体水平层次、部品的生产供应及市场接受的整体水平层次。

4）部品管理其他环节

① 部品的更新与淘汰

目前北京市的部品更新方式为：部品库的部品在超过认定期后要对其进行重新审核认定，满足要求的部品可以继续留在部品库的产品目录里。部品淘汰制度为：如果部品生产企业中止了生产，部品会被退出；产品目录中的结构性部品生产企业如果存在违法违规行为，其生产的部品也会被强制退出产品目录；部品生产企业在诚信评价管理中的不诚信积分达到上限，也会被退出产品目录。

分析可得，北京市现有的部品更新与淘汰范围主要集中在认定期过后和生产企业违规层面，还需要对部品管理中出现的其他问题进行探讨，比如部品生产企业自身的生产条件、质量管理、部品性能等与入库认定时相比发生了较大变化，就需要重新检查认定其生产的部品是否还有资格继续留在部品库内；当与部品设计生产相关的标准要求发生了变动时，也需要调整部品的生产及入库认定工作。

② 部品的保险与推广应用

在部品的保险方面，目前北京市部品管理制度中并没有专门针对部品保险的管理办法，部品入库时也没有相应的投保要求。保障性住房工业化建设项目中必须选用部品库内的结构性部品，如果对部品没有投保，一旦出现质量问题，可能会使楼体外墙出现裂缝、渗水、隔音效果不好等问题，严重的则会造成抗震强度不够甚至导致整栋楼倒塌的后果。如果质量问题是由于厂家生产、运输导致的，那部品生产企业就需要承担严重的赔偿责任，这将会影响产品目录中部品生产企业的持续发展。一旦生产企业承担不起赔偿费用，用户获得赔偿的权益也将失去保障。此外，对于厨卫、太阳能热水系统等功能性部品也没有强制保险的措施，一旦产生质量问题也会存在上述风险与隐患。

在部品的推广方面，目前有资格进入产品目录的部品可以使用“某某年度列入《北京市产业化住宅部品认证产品目录》产品”的标注，目前也仅对北京市产业化住宅项目使用的结构性部品做出规定，要求其必须从产品目录中选用部品，但是对于功能性部品还只是停留在建议优先选用的层面，没有强制使用的措施。

5.1.2 北京市保障性住房部品体系建设

住宅部品体系是使住宅部品形成工业化批量生产并通过标准化、系列化、配套化实现住宅部品互换互补的基础依据，也是部品生产和部品入库管理的框架，不仅对建筑技术集成水平起决定作用，还会影响到住宅品质性能和工业化建造效率，是推进住宅产业现代化的基础和关键。建设部住宅产业化促进中心最新公示的住宅部品体系框架分为支撑结构部品（件）体系、内装部品（件）体系、设备部品（件）体系、小区配套部品（件）体系四大类，见表5-2，对于北京市保障性住房部品体系建设具有较强的参考性和实际指导意义。

建设部住宅产业化促进中心最新公示的住宅部品体系　表5-2

序号	住宅部品子系统	住宅部品主项
1	Z：支撑结构部品（件）体系	Z_{10}：承重结构 Z_{20}：屋面 Z_{30}：墙体围护 Z_{40}：门、窗
2	N：内装部品（件）体系	N_{10}：隔墙 N_{20}：楼梯 N_{30}：装修部件 N_{40}：卫生间 N_{50}：厨房 N_{60}：排烟换气风道 N_{70}：配管系统
3	S：设备部品（件）体系	S_{10}：暖通与空调系统 S_{20}：给水排水设备系统 S_{30}：燃气设备系统 S_{40}：电气与照明系统 S_{50}：消防系统 S_{60}：电梯系统 S_{70}：新能源系统 S_{80}：智能化系统
4	P：小区配套部品（件）体系	P_{10}：室外设施 P_{20}：停车设备 P_{30}：园林浇洒 P_{40}：垃圾贮置

有了国家层面的部品体系作为北京市保障性住房部品入库类别划分的主要依据，还需要将四大类别的部品体系进行细化，严格依据部品相关标准规范，结合建设实践，建立北京市保障性住房规范的部品细分目录，具体做法如下：

选取的对象应该是能发挥独立功能的部品。部品的划分可以参考《住宅部品术语》GB/T 22633-2008 中对于不同部品的界定，如构成屋面的防水层、保温层、饰面层、保护层、隔热层、屋架等单独存在时都不是部品，由其中两种或两种以上产品按一定的构造方法组合成满足一种或几种功能要求的产品才能称之为部品。

《保障性住房建设技术导则》或者《示范性保障性住房设计图集》中提倡采用的部品如太阳能热水系统、整体厨卫等可以优先纳入部品库的细分目录。《北京市廉租房、经济适用房及两限房建设技术导则》和《北京市公共租赁住房建设技术导则（试行）》提出了对保障性住房建筑设计、装修设备设计以及整体规划设计的要求。如要求设备部品（件）体系相关：应配备雨水收集利用设施和节水设施，采取集中供热方式供暖并应采用热量计量装置、温控装置、分户热量计量或分配装置，具备条件的应优先使用清洁能源，应采用太阳能热水系统，水、电、气等应使用 IC 卡技术；小区配套部品（件）体系相关：应设老年人及儿童活动场所、运动健身器械区，宜采用花台式绿地，建设项目绿化率应达到 30%，推广垃圾分类和有机垃圾生化处理；支撑结构部品（件）体系相关：推广应用装配式混凝土剪力墙结构体系、装配整体式钢筋混凝土框架结构体系、装配整体式钢筋混凝土框架剪力墙结构体系，并提出了必须使用的部品；内装部品（件）体系相关：热水供应循环系统应采用支管或立管循环方式，装修项目有卫厕洁具、水暖五金件、厨房灶台、厨房橱柜、空调、散热器、灯具等。因为此类部品有统一规定的建设要求，重复应用率比较高，所以建议列入部品库的细分目录。

许多应用成熟的部品可以优先加入部品库细分目录。如马驹桥物流基地B东地块公租房项目采用装配式混凝土剪力墙结构，主要构件有叠合板、内墙、外墙复合保温板、楼梯梯段、阳台、空调板和PCF板，项目住宅部分精装修采用产业化装修，涵盖整体厨卫、给排水、防水、强弱电、地暖、内门、照明等全部内装部品；海淀区温泉C03公租房项目共计4栋楼全部采用产业化PC构件，包括内外墙、阳台、空调板、装饰板、叠合板、楼梯、PCF构件合计5087件，还成功运用了外墙玻璃幕墙、外墙断桥铝合金窗、散热器、入户门、单元门等部品；海淀区苏家坨C02、C03地块公租房项目的热水系统全部使用太阳能，厨房内配备使用灶台、洗菜盆和操作台，卫生间使用了洗面盆、盥洗镜、坐便器、淋浴喷头、排风扇等部品。这些保障性住房项目对结构性部品、规范要求配备的内装部品以及全装修涉及的其他部品的使用已经比较成熟，可以先行加入北京市保障性住房部品库的细分目录中。

部品的实际应用和部品体系的子目细分是一个不断改进与完善的过程，伴随着工业化方式建设保障性住房的技术不断发展，过程中会出现新的部品，因此部品体系应该在现有基础上作为一个开放性的体系不断纳入适用建设需要的新部品进行自我完善与补充。

综上所述，新构建的北京市保障性住房部品体系沿用住房和城乡建设部住宅产业化促进中心最新公示的国家层面的标准部品体系框架，便于执行国家标准。在部品的具体细分上尤其是功能性部品的细分上，参考国家建材采购平台和相关保障性住房技术规范、成功的保障性住房项目等对部品的详细分类，整理归纳列出北京市保障性住房部品体系及部品细分表，见表5-3，以利于部品生产企业统一调整生产设备、生产技术进行部品生产，也便于北京市保障性住房建设单位与部品供应单位的采购沟通。由于北京市保障性住房的结构体系和装修设计在不断地发展进步中，所以部品体系也应该随之变化发展，对于新出现的部品可以通过评定加入细分表，以便指导后续的部品认定工作。

北京市保障性住房部品体系及部品细分表 **表5-3**

部品子系统	部品主项	部品细分
Z：支撑结构部品（件）体系	Z_{10}：承重结构	预制装饰外墙板、预制复合保温外墙板、复合型承重外墙板、预制楼梯、预制阳台、预制叠合板、预制空调板、预制混凝土框架梁、预制混凝土框架柱、雨棚
	Z_{20}：屋面	屋面系统、屋面配套产品、其他
	Z_{30}：墙体围护	轻质内隔墙板、外墙保温系统、外墙内保温系统、自保温墙体、其他
	Z_{40}：门、窗	窗、户门、防火门窗、特种门、屋顶窗、其他
N：内装部品（件）体系	N_{10}：隔墙	非承重隔墙、隔断
	N_{20}：楼梯	楼梯栏杆（栏板）及扶手、楼梯配件
	N_{30}：装修部件	矿物质棉及石膏类装饰材料
	N_{40}：卫生间	预制整体式卫生间、坐便器、洗面器、淋浴房、面盆龙头、花洒、排风扇、卫生间排气道等
	N_{50}：厨房	整体橱柜、灶台、洗菜盆、燃气灶、烟机、排烟道等
	N_{60}：排烟换气风道	通风机、室内换气设备、消防专用通风设备、消音设备、室内环境空气净化装置、风管风口、风阀等
	N_{70}：配管系统	金属给水管、塑料给水管、塑料排水管、金属排水管、复合管等

续表

部品子系统	部品主项	部品细分
S：设备部品（件）体系	S_{10}：暖通与空调系统	室内散热设备、地面辐射供暖系统、房间空气调节器
	S_{20}：给水排水设备系统	水泵、集水箱、建筑给水处理设备、增压给水设备、排水泵、雨水收集及利用设备
	S_{30}：燃气设备系统	室内燃气管道、燃气计量仪表、安全装置、燃气用具等
	S_{40}：电气与照明系统	配电变压器、电源装置、高压电器、输配电器材、照明灯具、照明开关、插座等
	S_{50}：消防系统	室内外消火栓、消火水泵、火警自动报警系统、消防专用电话系统、应急照明和疏散指示系统、应急广播系统
	S_{60}：电梯系统	客梯、电梯配件
	S_{70}：新能源系统	太阳能照明系统、土壤源热泵、污水源热泵、地下水源热泵
	S_{80}：智能化系统	智能化停车管理系统、建筑管理设备、电视监视系统、楼宇对讲系统、计量收费系统等
P：小区配套部品（件）体系	P_{10}：室外设施	室外座椅、健身设施、灯杆、坐凳
	P_{20}：停车设备	机械停车设备、人工停车设备
	P_{30}：园林浇洒	人工草坪、景观雕塑等
	P_{40}：垃圾贮置	小型果皮箱、分类垃圾桶、环卫垃圾桶

5.1.3　进一步完善北京市保障性住房部品库管理制度的策略

（1）北京市保障性住房部品入库管理

1）部品入库途径

为了逐步提高工业化建设保障性住房的部品化率、减少现场加工材料所造成的浪费和污染，在部品体系建设比较健全的前提下，应尽快吸引满足要求的部品入库。具体途径可以通过保障性住房相关管理部门和行业协会推荐、国家建材采购平台部品库借鉴、将成功试点的保障性住房实施住宅产业化项目及优良部品库中已经成熟应用的部品纳入部品库等几种途径来逐步建立较为完善的部品认定目录，并建议采用部品生产企业自愿申报的方式引导部品入库。北京市保障性住房部品库和相关主管部门应当通过举办建材技术交流会、部品展销会等加强宣传，扩展部品库的影响力和知名度，吸引更多企业自主申请入库。部品体系框架覆盖的保障性住房生产建设和装饰装修过程中全部设备、材料和部品的生产企业都可以自愿申请，根据入库要求将资料提交至入库管理审核部门，通过审查后入库。

2）部品入库认定内容

日本运作成熟的 BL（Better Living）认定制度是我国部品认定内容与方法的主要借鉴模式。BL 认定制度包括认定基准、评价基准、试验方法三项内容。其中认定基准是导则，评价基准是细则，两者的构成基本相同但深度不同。BL 部品库入库认定基准内容如图 5-2 所示。因此结合北京市住宅部品特征、部品技术支持体系和保障性住房工业化建设对部品管理的要求，建议可行的北京市保障性住房部品入库认定内容应包括以下几个方面：

住宅部品所应具有的功能包括使用功能、防火安全、卫生和环保、使用安全、防噪声、节能、耐久性等。其中根据保障性住房使用时间比较久的特点，对于支撑结构部品应重视其强度、稳定性、防火安全和耐久性功能。在新型工业化的大环境下，工业化建设的保障性住房也应是节能绿色建筑的先行者，所以在设备部品的认定

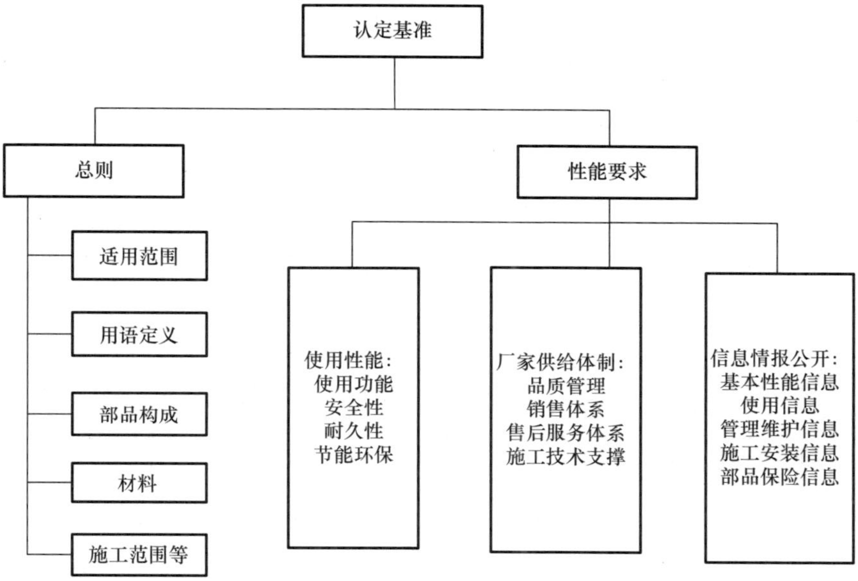

图 5-2　日本 BL 部品库入库认定基准

上应特别注意卫生、环保和节能，尽量减少采暖照明等公共物业费用的支出，为住户节省开支。

部品的系统构成、部品的组合性能与功能、部品的适用性、质量控制与保证、施工安装的可实施性以及技术经济性、部品生产厂家的售后服务、供配能力。因为目前保障性住房多采用全装修的模式，受开发建设资金的限制，所以应该重视部品的经济性评审认定。

部品基本性能信息、使用信息、施工安装信息、管理维护信息的说明与公开情况。部品生产企业对部品这些信息进行详细的说明，在一定程度上可以证明部品的适用性，便于后续部品的推介使用。

综合上述几个方面的概括性内容，整理得出北京市保障性住房部品入库具体细化的认定项目及具体内容见表 5-4：

部品入库认定项目及内容　　表 5-4

认定项目	项目内容
部品基本性能功能	对部品试样的材料、强度、传热系数、隔声性等进行检测，判定各项基本功能是否满足要求
施工安装的可实施性	检查与其他部品或建筑的连接方式、部品的尺寸与建筑模数协调、装运起吊方式、可拆卸性等
质量控制与保证	可以通过检查生产条件、质量控制体系、组织机构等确认
部品生产厂家售后服务	可以通过用户反馈，参建工程项目反馈、厂家售后服务材料记录等反映
供配能力	生产能力、根据部品特点选择的配送方式和配送系统的建设情况
技术经济性	指技术的可行性和先进性以及经济的合理性，可以通过单位成本、性能价格比、技术先进性等反映
适用性	部品所具备的功能是否适宜保障性住房住户的需要
组合性能与功能	部品通过连接方式组合在一起后的整体性能与功能水平
系统构成	部品的组成材料、组成方式
信息公开	对部品基本性能信息、使用信息、施工安装信息、管理维护信息的说明与公开情况

3）部品入库认定依据

部品入库认定依据需要符合国家和行业关于部品的法规和标准。由于不同部品有不一样的技术产业政策、工程效果以及生产条件，在工程项目中对工程质量、安全和建筑整体性能的影响也不一样，因此建议结合不同部品生产企业的组织机构、人员配备、基础设施、质量管理、工程业绩等情况，根据部品体系框架中不同部品所属行业，从而制定相应的入库认定依据，对部品本身构成、使用范围等进行定义，综合审查部品的使用性能、厂家供给能力以及相关的信息公开情况。

此外，在保障性住房工业化建设发展初期，国家层面的部品认定依据还处于研究阶段，北京市可以先对使用较多标准化设计及工厂加工条件成熟的部品，组织专家和相关领域的工作者制定入库认定依据，进行部品的认定入库，从而用于保障性住房的建设。随着住宅产业化部品的标准完善和新部品的生产使用增多再完善其他入库基准。对于没有国家标准，但是北京市保障性住房建设需要的部品，需要根据相应的企业标准和地方标准形成北京市对此类部品的认定依据并完成认定入库的工作。

北京市保障性住房部品入库认定依据应分为综合评定标准、认证标准、试验方法三个层面，以完成对部品的功能、性能检测、生产保障、质量控制保障以及综合的技术经济性、适用性、信息说明等是否满足建设要求的认定，具体见表 5-5。对于产品目录中没有的部品，可以组织专家从其构成内容、功能范围、生产标准、试验方法等方面入手，形成针对该部品的综合认定依据，供后续同种部品的认定使用。

入库认定依据组成与具体内容　　表 5-5

总项	分项	具体内容
认定依据	综合评定标准	认定专家小组根据促进技术进步、满足建设需求的原则，根据北京市保障性住房建设的实际需求制定总体的评定标准
	认证标准	依据国家强制标准、行业标准、北京市地方标准、地方备案的企业标准选择补充制定
	试验方法	根据不同部品的特性选择试验样品的种类数量和取样方式以及试验检验方法

4）部品入库认证机构

依据现行的技术标准和部品入库的认证内容与依据，由认证机构来证明产品或服务符合相关技术规范的强制性要求或者标准，才能最终完成部品认证入库工作。其中的认证机构作为具有专业技术背景和独立法人地位的第三方机构，不参与认证产品设计、开发、生产、安装、服务等活动，且不为任何申请认证的企业提供认证咨询，这样可以确保认证工作的客观性、公正性、规范性和权威性。所以应该将专业性要求较高的部品的系统构成、组合性能与功能、适用性、质量控制与保证以及部品施工安装的可实施性等的认证工作，交由有资质的认证机构负责，对于企业生产质量控制体系、生产现场的有关检查也可以交给第三方认证机构。第三方认证机构对产品质量、性能等的认证能够解决供需双方关于产品质量信息不对称的问题，并且保证认证结果的可信度，减少后续的入场检验管理工作。

5）部品入库流程

部品入库需要经历部品生产企业提出入库申请、部品库管理机构根据情况指导部品进行认证、通过认证后对部品进行综合认定三个基本环节才能完成对部品是否满足入库要求的检验。

① 部品生产企业提出入库申请

部品生产企业根据部品库管理机构公布的申请办法提交材料，进行入库申请。企业自身提交的材料作为入库评定的初步依据，这些材料应该能反映企业生产的部品加入部品库的承诺和意愿，企业自身的整体生产经营情况，部品使用、施工、维护的信息，部品的设计情况，部品的性能情况等。根据这些材料可以检查部品生产是否合乎规范、部品应用范围是否满足保障性住房的建设要求等。

② 部品认证

部品认证需要有认证标准，还需要有相应的试验检验方法，这就涉及认证标准的选择与建立问题。因此对已经有认定标准的部品可以由第三方认证机构根据公布的相应标准和认证范围进行认证。对于暂时没有统一认证标准的部品，部品库管理机构需要进行认证标准的选择与制定。为了保证标准选择和制定的科学性，制定认定标准的人员应该多元化，可以从相关的行业协会专家、生产制造商、住宅工业化建设领域包括设计、施工、建造、运营等方面的专家以及消费者里选择成员。工作小组可以依据现行相关标准和法规等选择与制定认证标准和检验方法。有了认证标准，第三方认证机构就可以进行部品认证工作了。

③ 部品综合认定

在部品经过认证后，还需要由部品认定机构的工作人员对部品的基本使用功能、部品系统构成、组合性能与功能、适用性、质量控制与保证、部品的施工安装可实施性等综合性能以及部品信息说明进行综合认定。通过认定后，部品满足了入库的各项要求，就可以进入部品库的产品目录了。部品库的管理机构可以对通过认定的部品颁发标识，表明部品满足要求，可以在保障性住房工业化建设中应用。

根据以上三项基本环节的描述，绘制了既能表现入库步骤又能表明入库过程中各个参与者职责的部品入库流程图，如图 5-3 所示。对于将国家建材采购平台中的部品直接纳入部品库的部品，其入库流程与上述流程基本相同，只是省去上述步骤中的认证环节，但是为了保证部品满足北京市保障性住房的建设要求，还是需要有综合的认定环节。

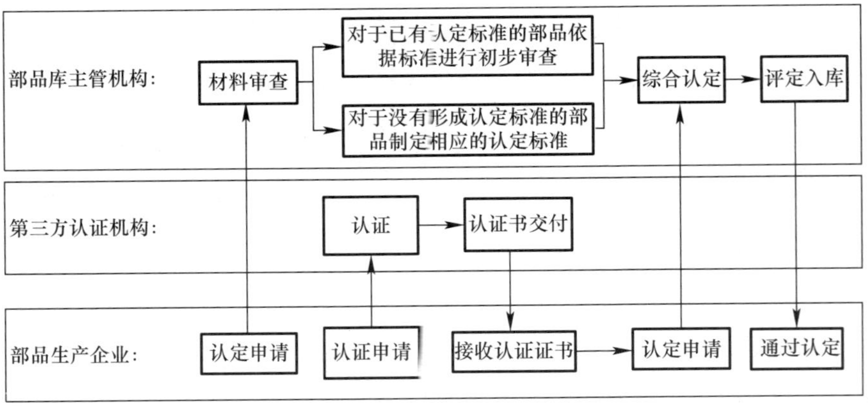

图 5-3　部品入库流程图

（2）北京市保障性住房入库部品监管

1）对已入库部品的监管内容

部品库应该具有对部品质量、价格等方面的监管并且规范约束生产供应企业行为的功能，以此来保障部品在保障性住房工业化建设市场中的应用并促进部品的生产和发展，具体监管内容有以下三点：

① 监管部品质量、价格等方面

部品质量方面，结构性部品质量直接影响建筑的使用寿命和安全性，其余部品如果出现耐久性差、使用性能差、不环保等质量问题会直接影响住户生活，甚至产生安全隐患。因此需要对部品的质量管理水平、产品抽样检验、产品原材料、生产技术保障、退货返修情况等进行监管。部品价格方面，部品入库后作为主要被推荐的部品或者强制使用的部品在部品市场中具有独占性优势，如果部品供应企业将部品定价过高，大多保障性住房的建设单位只能被动承受，所以部品库的监管主体需要对部品的价格进行限定与监测。而监控促成的部品性能与价格相匹配可以有效促进部品生产企业配置合理功能的部品来满足保障性住房的需求，防止提供“高配高价”的部品，也在一定程度上能够防止部品库的部品因缺少市场竞争而恶意涨价。

② 部品使用过程中涉及的供货、施工技术支持以及售后服务方面

部品厂商的供货保障能力方面，工程建设施工现场用于存储部品的场地一般会有限制，尤其当建设项目处于市区时，建设场地一般比较狭小，而且施工现场的部品存储管理条件也有限，所以不能一次性存放大量部品物资；工程施工建设施工和装修时间段搭接或并行的安排是根据工程建设工期要求安排的，不能随意提前或拖后；设计变更在工程建设中时有发生，所以相应的部品使用也会发生变化。因此以上三种制约条件都需要生产企业要有对部品及时供应和柔性供应的供货能力保证。施工技术支持方面，部品准时准确运至现场后的安装环节也需要部品供应企业的技术配合，个别部品的安装还需要对施工单位提供节点、安装方法的介绍和安装注意事项等技术服务支持。售后服务方面，部品在使用中一旦出现需要修复或者更换的问题需要部品生产者的售后服务进行满足。

③ 部品企业生产发展方面

部品生产企业是创造生产部品的母体和基础，良好的企业发展运作情况可以为部品的稳定生产提供保障，因此需要关注部品生产企业的企业管理水平、人员素质及企业财务情况来衡量企业是否处于健康平稳发展状态或者是否具有对部品需求者提供部品的基础能力。经过认定的部品是否满足建设需求还需要由市场来检验，需要考评部品的市场接受度，比如部品的销售情况。此外部品在具体使

用中会有对尺寸或者功能的特殊需要，这就要求部品生产企业与设计方合作或者自行对部品进行设计以满足这些个性化需求，因此也就需要对部品生产企业的设计制造水平进行监测管理。

2）对已入库部品的监管实施步骤

监管工作本身是一个覆盖部品应用全过程的多方面管理工作，因此其监管依据是要反映所有管理内容的数据或客户反馈评价信息，即监管的基础工作为对交易额、用户反馈评价、质量合格率等方面进行信息的收集与分析。然而在对管理信息的分析上，单纯的数据排比并不能完整科学地反映出部品生产企业的实际水平，如在企业的市场接受度的考评上，不同厂家受生产规模的限制，销售额和销售量会有所不同，如果只是按照销售额涉及的交易额、交易笔数、成交数量进行排名，就不能反映该类部品不同供应企业的产品市场接受情况。用户主观性的综合评价也会因为没有可参考的评价指标和框架而不完整，从而使监管工作失去科学性。此外，由于部品监管内容比较多样，在科学收集分析数据的基础上还需要将各项考评指标依据重要性程度加权综合进行整体性评价。因此需要建立一种既能实现对监管内容的综合考核，又能科学合理反映实际情况，并对后续监管工作有参考依据意义的考评方式。建议采取的北京市保障性住房部品库的部品监管实施步骤如下：

① 部品库监管部门抽调工作人员和专家库的相关专家组成专业考评小组。

② 根据监管的内容建立考评指标体系，并且其指标信息应该能够通过数据收集、检查问询和资料检查等方式获得。因为监管指标涉及多方面细节性内容，有些信息可以量化如准时交货率，但是也

有很多信息不能量化如企业质量管理水平，所以考评方法应该综合定性与定量指标，实现对多目标层次的综合评价。并且应在保证有效的基础上尽量简单易操作，提高监管工作效率。

③ 考评对象为部品库内相同种类部品的供给企业，借鉴日本每年进行一次部品维持认定资格调查的经验和国家建材采购平台每两年核查部品供应企业销货情况的管理制度，建议每半年让部品供应企业报送一次信息，而监管部门对部品供应企业的审查间隔可以定为每两年一次。

④ 需要提前与被考核的供应商进行沟通，并通知其做好相关数据整理、资料收集等迎接检查的准备工作。考评需要的基础信息可以通过供应商整理提供、部品采购企业访查反馈以及部品库日常对相关部品的合同的交易额、成交笔数、成交数量、成交种类、用户的评价等数据信息的收集来获取。

⑤ 根据步骤②中建立的考评方法和模型对供应商进行考评得出结果。

⑥ 依据结果判断供应商的综合表现，并找出存在的主要问题。依据部品库内的整体情况划定合理的等级合格线，评定结果在制定的合格线以下的部品生产企业说明其部品生产供应上存在较大问题，在进行问题确认后为了不影响用户的选择使用，应该采取相应的惩罚措施如停止该企业此类部品的供应，在限期整改后重新进行考核，满足要求后可以恢复部品供应资格。对于其他满足要求的部品供应企业，应该将考评中存在的问题形成考评说明进行反馈，使得企业可以及时发现自身不足并进行改进。另外，通过考评可以发现做得比较好的标杆企业，应鼓励其他企业借鉴学习其优秀经验。

(3) 北京市保障性住房部品库管理的其他环节

1) 入库部品的更新与淘汰

部品的更新主要涉及两种情况。一是部品认定有效期一般为五年，部品技术、建设要求等在这段时间里都会发生变化，认定期满后为了保证部品能继续服务于建设需求，部品库管理机构需要重新对部品生产企业的部品进行更新认定。二是认定期内部品的名称、规格、性能等与原来入库认定时相比发生较大变化，或者认定期内部品的标准发生了调整与变动，为了验证其发生变化后是否还满足需求，防止在采购或使用上出现偏差，也需要部品生产企业重新提交资料进行该部品的资料更新、生产调整或重新认定。

部品的淘汰主要涉及三种情况。一是当部品认定期满后部品生产企业没有对部品进行更新认定的申请时就应淘汰出库该部品。二是由于自身原因导致部品生产受限不再满足认定要求的部品生产企业，应及时上报部品库管理机构要求其退出，以保证部品库产品目录的有效性。三是监管考评结果在制定的合格线以下的部品生产企业，如果在限期整改后的检查中仍不满足相关要求，应将其退出部品库的产品供应名录。部品淘汰出库可以作为一种惩罚措施以督促部品库内部品生产企业的合规运营。

2) 入库部品的质量保险

当部品在使用中出现问题时，需要追究责任方并且解决赔偿问题。尤其是建筑部品如果出现问题往往会造成比较严重的后果，需要承担比较大的赔偿责任。因此部品库的管理中应将部品保险作为对厂家自身的修理、退换、赔偿等售后服务能力质量保障的补充，并在出现责任问题后向使用者进行有效赔偿。借鉴日本 BL 部品库保险制度管理在参保方式、参保期限上的经验，建议北京市保障性住房部品库的部品投保策略为：

① 保险费率的制定与保险公司的选择。部品库在部品入库时对部品的设计和生产、供给、售后等进行了严格的评价，所以可以对库内同类部品的供应厂商进行统一的投保，这样可以解决投保过程中信息不对称的问题，便于保险公司制定保险费率，实现对住宅部品的投保。由于保障性住房建设部品应用量大，出现问题涉及的赔偿金额一般比较大，所以在保险公司的选择上要选择有工程保险经验、有能力承担较大责任风险的公司。

② 投保部品顺序的选择。在部品库管理的初级阶段，虽然保险制度没有完全落实，但是部品库内的部品已经开始在保障性住房的建设中应用，所以保险制度落地的需求还是非常迫切的。但是部品库内部品种类繁多，投保工作涉及到费率研究确定、投保厂家投保等具体工作，不能实现同时投保。面对这种情况，可以先对通过专家评定和用户意见收集的方式确定出对建筑使用寿命和安全性影响比较大的支撑结构部品和经常使用可能会出现问题的厨卫部品，以及一旦出现问题容易危及生命安全的设备部品进行投保，以解决部品使用者的权益维护和部品生产企业在发生事故需要承担较重索赔负担无法正常发展运营的问题。

③ 投保期限的选择。因为部品的使用不会因为部品的认定期满而终止，而是会在住宅中长久地发挥自己的功能，所以保险期应该涵盖部品使用的全寿命周期。

3）入库部品的推广

在政府出资或主导建设的保障性住房中，可以强制使用部品库中构成建筑主体、对建筑安全使用有较大影响的结构性支撑部品、外部围护部品等；在其他主体出资建设的保障性住房项目中，可以通过规定部品使用率等形式，扩大部品的使用范围。部品库的主管机构可以总结优秀保障性住房项目的规划、节能环保、配套设施、建材部品采购与应用及小区管理等各方面情况和经验并将其向其他建设项目推广，普及部品的使用意识。部品展销会、经验技术交流会等形式也能吸引建设单位更多地了解入库部品的性能价格等方面的优势，从而帮助推广入库部品。对于比较紧缺或者发展相对落后的部品生产企业，可以用技术创新税收补贴、设备使用补贴等形式鼓励此类部品的生产[1]。

5.2 北京市保障性住房建设中预制装配式施工的推广

5.2.1 北京市保障性住房建设中预制装配式施工的推广现状

近年来，为推广保障性住房建设的预制装配式施工，切实做好保障性住房装配式建设工作，北京市进行了多方面的尝试，出台了一系列标准规范和鼓励措施，取得了一定的成绩。

(1) 北京市保障性住房中推广预制装配式施工的相关政策梳理

2010 年 9 月，北京市住房和城乡建设委员会发布《北京市产业化住宅部品使用管理办法（试行）》（京建发［2010］566 号），明确提出在住宅建设项目中推行现场施工装配化。2014 年 8 月颁布的《关于在本市保障性住房中实施绿色建筑行动的若干指导意见》（京建发［2014］315 号），指出公租房项目应全面实施装配式装修，经济适用房、限价商品房等其他类型保障性住房试点实施装配式装修。2014 年 10 月，《关于加强装配式混凝土结构产业化住宅工程质量管理的通知》（京建发〔2014〕16 号）出台，对预制构件的生产、检测、安装进行全过程监管，旨在进一步加强装配式混凝土结构产业化住宅工程质量管理，促进产业化住宅发展。2015 年 10 月，北京市又陆续出台了《关于在本市保障性住房中实施全装修成品交房有关意见的通知》（京建发〔2015〕17 号）和《关于实施保障性住房全装修成品交房若干规定的通知》（京建发〔2015〕18 号），指出从 2015 年 10 月 31 日起，凡新纳入北京市保障性住房年度建设计划的项目（含自住型商品住房）全面推行全装修成品交房。两个通知明确要求，经济适用住房、限价商品住房按照公共租赁住房装修标准统一实施装配式装修；自住型商品住房装修做法参照公共租赁住房，但装修标准不得低于公共租赁住房装修标准。

同时北京市针对发展预制装配式建筑采取了一定的优惠政策。2010 年 3 月，北京市发布的《关于产业化住宅项目实施面积奖励等优惠措施的暂行办法》（京建发〔2010〕141 号）明确指出，开发商建设单位申请采用产业化建造方式的土地采取土地供应倾斜、按成本定价、面积奖励等优惠政策。第一，土地供应倾斜政策：是指土地供应计划中向产业化建造方式倾斜，每年提供土地用于预制装配式施工建设；第二，按成本定售价/租价政策：指对于公共租赁住房、廉租房和经济适用住房这些不需要通过招拍挂出让方式取得土地的政策性住房，由有关主管部门根据实际成本确定销售或租赁价格；第三，面积奖励政策：是指在原规划的建筑面积基础上，对使用预制装配式施工的住宅，奖励一定数量的建筑面积，奖励面积总和不超过实施产业化的各单体规划建筑面积之和的3%。

（2）北京市推广预制装配式施工的相关标准规范

在推广预制装配式施工方面，北京市参考国家标准和行业标准，并结合北京地区的实践经验和需求，制定了一系列北京市地方标准规范来确保预制装配式住宅的推广。为此将北京市地方标准置于国家标准和行业标准的背景中，来梳理预制装配式施工的相关标准规范。

1）国家制定了许多相关技术规范，同时住建部在2015年3月新颁布了9条预制装配式住宅的相关设计施工技术标准规范。目前关于预制装配式施工的国家标准规范[13]见表5-6：

目前我国预制装配式施工相关国家标准规范　　表5-6

标准类别	编号	名称
国家标准	14G443—2014	预制带肋底板混凝土叠合楼板
国家标准	15G365-1—2015	预制混凝土剪力墙外墙板
国家标准	15G365-2—2015	预制混凝土剪力墙内墙板
国家标准	15G367-1—2015	预制钢筋混凝土板式楼梯
国家标准	15G368-1—2015	预制钢筋混凝土阳台板、空调板及女儿墙
国家标准	15G107-1—2015	装配式混凝土结构表示方法及示例（剪力墙结构）
国家标准	15G310-1—2015	装配式混凝土结构连接节点构造（楼盖结构和楼梯）
国家标准	15G310-2—2015	装配式混凝土结构连接节点构造（剪力墙结构）
国家标准	GB/T 22633—2008	住宅部品术语
国家标准	GB/T 16727—2007	叠合板用预应力混凝土底板
国家标准	GB/T 24497—2010	建筑物的性能标准预制混凝土楼板的性能试验在集中荷载下的工况
国家标准	GB/T 24496—2009	钢筋混凝土大板间有连接筋并用混凝土浇灌的键槽式竖向接缝实验室力学试验平面内切向荷载的影响
国家标准	GB/T 24495—2009	承重墙与混凝土楼板间的水平接缝实验室力学试验由楼板传来的垂直荷载和弯矩的影响

2）目前关于预制装配式施工的行业标准规范[14]见表 5-7：

目前我国预制装配式施工相关行业标准规范 表 5-7

标准类别	编号	名称
行业标准	JGJ 1—2014	装配式混凝土结构技术规程
行业标准	JG 3002.1—1993	住宅楼梯预制混凝土梯段
行业标准	JG 3002.2—1993	住宅楼梯预制混凝土中间平台
行业标准	JG/T 3032—1996	预制混凝土构件钢模板
行业标准	08SJ110-08SG333	预制混凝土外墙挂板
行业标准	JGJ/T 197—2011	混凝土预制拼装塔机基础技术规程
行业标准	JGJ 224—2011	预制预应力混凝土装配整体式框架结构技术规程
行业标准	JGJ/T 258—2012	预制带肋底板混凝土叠合楼板技术规程
行业标准	15J939-1—2015	装配式混凝土结构住宅建筑设计示例（剪力墙结构）
行业标准	JGJ/T 262—2012	住宅厨房模数协调标准
行业标准	JGJ/T 263—2012	住宅卫生间模数协调标准
行业标准	JG/T 405—2013	住宅内用成品楼梯
行业标准	JG/T 183—2011	住宅整体卫浴间
行业标准	JG/T 184—2011	住宅整体厨房

3）目前关于预制装配式施工的相关协会及北京地方标准规范[15]见表 5-8：

目前预制装配式施工相关协会及北京地方标准规范 表 5-8

标准类别	编号	名称
中建标协会	CECS52—2011	整体预应力装配式板柱结构技术规程
中建标协会	CECS272—2010	预制塑筋水泥聚苯保温墙板应用技术规程
中建标协会	CECS：4092—1992	混凝土及预制混凝土构件质量控制规程
北京地标	DB11/T698—2010	清水混凝土预制构件生产与质量验收标准

续表

标准类别	编号	名称
北京地标	DB11/T968—2013	预制混凝土构件质量检验标准
北京地标	DB11/1003—2014	装配式剪力墙结构设计规程
北京地标	DB11/T1030—2014	装配式混凝土结构工程施工与质量验收规程
北京地标	DB11/T970—2013	装配式剪力墙住宅建筑设计规程
北京地标	DBJ01-1—2000	预制混凝土构件质量检验评定标准（附条文说明）

（3）北京市保障性住房中推广预制装配式施工取得成绩

2011年底，北京市保障性住房建设投资中心（简称市投资中心）组织国内建筑、装饰和家具专业专家，成立专门课题组，开展了公租房户型设计标准化和装配式装修技术研发工作。2012年9月，市投资中心开展了公共租赁住房装配式装修试点工作，并在北京市西五环京原路七号（燕保·京原家园）设置了北京市公租房体验馆，在体验馆二层推出了全套公共租赁住房标准户型及装配式装修体系；作为落地前的最后一个预装配环节，样板间建设集合了26个厂家，100余种部品和产品。2012年10月，市投资中心联合北京市建筑设计研究院有限公司、北京市政路桥集团有限公司组建联合体并成立了课题组，针对公租房采用装配式剪力墙结构方式建设综合技术开展研究工作并建设了一栋三层的装配式剪力墙结构实验楼，作为实践培训基地，完成了装配式装修，实现了结构产业化与装修产业化的有机结合，为大面积推广提供了技术支撑。2013年3月，市投资中心与北京市政路桥股份有限公司共同出资组建了北京市燕通建筑构件有限公司，在设计、研发、生产、安装等环节基本形成了有效的工作模式。2013年8月，在市投资中心组织下住宅产业化联合体开展了装配式装修系统解决方案技术研究，并相继通过了北京市保障性住房优良部品库入库专家评审、

《装配式装修工程技术规程》企业标准备案和组织实施。预制装配式施工在北京市保障性住房建设中取得了一定的实施成果，如北京通州马驹桥公租房项目实施产业化面积 16.18 万 m^2，共计 3004 套的公租房，综合应用了预制装饰—保温—承重一体化外墙板、阳台板、空调板、叠合楼板、楼梯板等，是截至 2015 年 6 月在建最大规模装配整体式剪力墙结构的保障性住房产业化项目。

另外，北京市在东、南、西、北四个方向分别投资建设了产业化构件生产企业。加快产业纵向合作，形成产业链条，初步形成了北京市保障性住房建设投资中心、北京住总集团有限责任公司、北京市建筑设计研究院有限公司等集建设开发、科技研发、设计、生产、施工和运营管理为一体的住宅产业化体系，其中金隅、北新建材、博洛尼、北京住总、北京市建筑设计研究院五家基地企业的示范效应得到了发挥。北京住总积极推进 EPC 总承包模式，实现了设计、生产施工安装、运营的全产业链技术平台，在产业链整合方面优势凸显。截至 2015 年底，北京住总初步形成了全产业链模式下预制装配式住宅工程成套设计技术体系、预制装配式住宅工程部品制备技术体系、预制装配式住宅工程成套施工技术体系、预制装配式住宅工程仿真建造（BIM）技术体系、多种结构形式住宅产业化建造技术体系五大技术体系。2016 年 3 月 16 日，北京市住宅产业化集团股份有限公司（简称住宅产业化集团）创立，住宅产业化集团由北京市政路桥股份有限公司、北京市燕保投资有限公司（市投资中心全资子公司）、北京市建筑设计研究院有限公司、北京首开资产管理有限公司、北京城乡建设集团有限责任公司共同投资成立，是一家具有完整一体化产业链条的公司。

虽然取得了一定的进展，但北京市保障性住房的预制装配式施工在相关标准规范、管理政策以及技术体系等方面，仍有待进一步完善和提高，具体表现如下。

（1）相关标准规范仍需完善

首先，目前虽然有一些基本的标准规范但还不够细化，例如，尽管相关规范中说明了住宅设计应推行标准化、模数化及多样化，积极采用新技术、新材料、新产品，积极推广工业化设计、建造技术和模数应用技术，但是对具体的模数却没有提出相关的建议。其次，目前的框架结构和框剪结构在室内都有突出的梁柱，对套间内的功能造成了一定的影响，因此应考虑适合保障性住房的建筑体系，或者制定相关规范对现有框架、框剪结构进行设计优化，使其尽量减少对现有空间的影响。再次，目前建筑规范规定要到楼顶封顶后方可进行验收，但是针对当前国际上流行的上下部施工的框架剪力墙结构，通常上部进行结构建造的同时下部已经开始精装修，如日本最快的预制装配式建筑，4 层在建筑结构的同时 1 层已经可以交钥匙入住了。可见目前的规范还不能发挥出预制装配式建筑在工期上的优越性。最后，缺少对已完成项目的相关评价标准规范。目前北京地方虽有《预制混凝土构件质量检验标准》，但没有装配式住宅的质量检验标准，所以相关检查验收无规可循。若依旧按照传统住宅验收标准进行验收，没有针对预制装配式建筑特有的节点工程，显然是不合理的，也给预制装配式建筑的大规模推广带来一定影响。同时在预制装配式建筑建成之后没有完善的后评价制度，目前仅通过预制装配率进行衡量，导致过多建筑单位一味追求更高的预制装配率而引发成本不合理增高的情况。

（2）相关政策亟待健全

1）激励政策不完善导致企业积极性低。第一，建设成本高，激励后积极性仍不大。因为预制装配式建筑在北京市还处于起步阶段，各种配套基础设施、所需条件都无法给予满足，没有成型的技术规范，需要投入大量人力物力进行创新，所以前期成本较高。虽然尽早抢占政策推广的新技术有一定优势，但是成本过高会显的得不偿失，所以很多建筑企业仍然采取观望的态度。第二，激励具有局限性。现有的鼓励政策，不再对出让时已经规定使用装配式技术的地块给予面积奖励，例如一个 20 万 m^2 建筑面积的地块，装配比例要求 25%，目前有 5 万 m^2 需要预制，那么剩下的 15 万 m^2 即使开发商自愿采用预制装配技术进行建造，也不能够享受面积奖励，不利于调动开发企业将预制技术扩大到整个地块的积极性。第三，规定预制率下限发展。目前的激励政策中，虽然明确提出鼓励企业提高预制率，但针对具体措施并没有制定相应的激励政策，因此对于建设单位从成本角度出发，为了降低成本只愿意贴着政策规定的预制率下限进行开发。低预制率的建筑和高预制率的建筑施工工艺完全不同，所以为了促进预制装配式建筑发展，应完善相应激励机制。第四，构件生产税率高。目前对预制构件没有完善的税法政策，预制构件按照 17%的税率征收增值税，由于在进项税额取得存在一定难度，这 17%的税率显得太高。预制构件价格高将直接导致建筑企业成本高，因此企业不愿意使用预制装配式施工。因此应针对预制构件重新更改其税率，鼓励施工企业多采用预制装配式施工工艺。

2）市场准入政策缺失导致房屋质量问题。目前对设计、施工、构件加工厂都没有单独的资质认证制度，导致企业只要有建筑相关资质就能进行设计生产，一些企业预制装配相关技术知识薄弱，能力匮乏。相关资质认证制度的缺失可能引发一系列问题：一是设计出的图纸不能满足模数化、通用化的要求，使得后期构件深化设计成本增加，造成施工复杂、装配率不高、成本提高等情况；二是如果预制的构件质量不合格，直接导致预制装配式建筑质量不达标；三是施工拼装质量不高，节点连接不紧密，会致使出现渗漏问题。

（3）设计、施工技术有待改进

1）设计阶段亟需优化

首先，在建筑设计方面，目前很多建筑设计的图纸只是考虑到了户型尽量一致，却没有考虑构件模数整数倍的问题，于是在构件深度设计时出现很多特殊情况，造成成本增加或预制率降低等情况。并且很多建筑设计是按照现浇结构设计，没有考虑预制装配式住宅的特殊性，没有考虑到目前市场上有的构件尺寸，在构件深度设计时出现很多问题，需较大成本来改进。同时由于没有考虑预制装配式住宅的特殊性，通常会给现场安装带来麻烦。其次，在结构设计方面，目前很多建筑的结构设计承载力验算是同现浇混凝土同种方式进行设计，没有发挥出预制装配式建筑的优势。有些特殊情况关键点若按现浇工业进行设计，将会导致结构失稳。如过度设计则会造成一定资源的浪费。再次，在构件设计方面，目前通常是针对每一个建筑单独设计出专用构件，不满足构件的通用性，不能应用到其他建筑中，导致模具周转次数不多造成浪费，预制装配式建筑的优势难以发挥。

2）技术体系尚未全面建立

第一，技术体系仍不完备。目前北京市在预制装配式建筑中主要发展框架剪力墙结构，并形成了较完善的工艺工法，但是与其同等重要并在国际上广为流行的框架结构和框架筒式结构却几乎没有任何发展，结构发展不均衡，影响预制混凝土行业的健康发展。并且目前剪力墙建筑的连接大多采用底部竖向钢筋套筒灌浆或浆锚搭接，其他边缘构件采用现浇方式处理，其他技术体系研究尚少，应进一步加强研究。

第二，施工现场吊装安装连接等施工工艺工法缺失。当前盛行的装配式剪力墙结构的两个核心应用技术：钢筋竖向连接、夹心墙板连接件发展仍不完善。套筒灌浆连接作为主流的竖向钢筋连接方式，将在很长的一段发展路程中作为连接的主要技术。但是目前在接头受力机理与性能指标要求、施工控制、质量验收等方面对钢筋、灌浆套筒、灌浆料等三种材料的共同作用考虑不周全。作为保证夹心保温墙板内外层共同受力的关键配件的夹心墙板连接件，它的设计不仅要考虑单向抗拉力，还要考虑其承受夹心墙板在重力、风力、地震力、温度等作用下传来的复杂受力，同时还要进一步对其长期老化、热胀冷缩等性能加强研究。并且目前预制装配非承重构件如空调板、外挂板等构件较常见，而针对框架柱、剪力墙预制装配较少，而且相关的工艺工法也比较少。

第三，由于技术不够成熟导致经济成本高。据统计装配式住宅每平米造价较传统住宅高 300～500 元左右（包括前期的研发成本）。由于没有足够大的构件市场规模，以及缺少完善的构件制作体系及技术，相关装配式建筑所需部品构件如钢筋连接套筒、防水胶条和密封胶条等厂家比较少，于是预制装配式建筑构件的选择较单一。同时没有成熟的预制构件厂，供不应求导致构件价格高，构件价格高是导致装配式住宅施工成本高的主要原因。

第四，材料保护体系不完善。构件是影响预制装配式建筑质量的主要原因，而构件运输至现场后一定要合理地进行现场施工平面布置，并对构件采取材料保护策略，否则会造成工程中的诸多质量安全隐患。例如没有多加考虑将重型材料放置到轻型材料上，易造成材料超负荷、损坏严重，损害构件外形，改变结构受力性能。因此，对材料进行有力的保护是控制施工质量、施工进程的标准。对混凝土装配式材料的计算应精确到毫米且注意施工力度不宜过大，才能实现材料坚固不变形，达到建筑住宅设计的具体要求。

第五，各标准体系都包括了预制装配式混凝土结构设计、制作和施工的相关内容，但是却存在着内容较少且分散的问题，导致标准体系针对性不强进而影响其实施效果。例如，尽管各标准在整体抗震性能方面高度重视，但是缺乏对局部抗震性能更为深入具体的研究。另外，在整体结构拆分与设计、构件连接、施工阶段验算等方面，通用标准的相关规定还比较空泛，有待进一步深化研究。

3）预制设计、施工技术人才匮乏

目前北京市在预制装配式建筑技术上还处于探索阶段，当前还没有专门经过培训的设计人员和施工人员。相关领域面临的人才问题比较严重，缺少包括设计、深化设计、构件生产、施工管理以及现场施工人员在内的所有相关人才，同时作为企业的管理者也需要随时更新知识。尽管目前有许多合作院校已经对预制装配式施工的各项新技术与规范做出了贡献，但还没有专业的院校或系别来培养专门的人才，且研究与实际构件生产环节还有所区别，部分实验室能够达到的程度，因为人员、技术生产设备等原因，在构件厂不一定能够达到实验水平，因此构件设计、生产、验算还需要大量人才。

同时现场施工安装更是一个至关重要的环节，最后的成败将直接取决于安装环节。然而，目前企业都处在这项新技术的摸索中，严重缺少相关专业人才，很少有经过专门技术培训的装配式住宅安装工人。人才的缺少导致预制装配式建筑发展缺乏技术性施工，造成节点连接相关质量问题。而且存在一些具有相关施工经验的建筑施工单位，虽然对理论材料以及施工工艺上面的预制装配式建筑的建设进行了探究，并取得了一定的成绩，但由于现场施工人员并不具备专业的技能，并且没有经过专门的技术培训，因此导致了预制装配式建筑无法达到初期设计的成效。因此对人才的正规化培训非常重要，要极力避免由于技术人员的技能不合格、没有标准化培训便来施工的情况。

5.2.2 北京市保障性住房预制装配式施工的技术要点分析

关于现有预制装配式建筑施工安装技术，从预制装配式施工环节和目前能够预制安装的构件两个方面进行分析。

（1）施工安装各环节施工技术

1）预制构件环节

构件设计生产流程[16]如图 5-4 所示：

2）构件的运输和堆放环节

装配式混凝土结构技术规程 JGJ 1—2014 中 11.5.1 中规定预制构件的运输和堆放涉及质量和安全要求，应按工程或产品特点制定运输堆放方案，策划重点控制环节，对于特殊构件还要制定专门质量安全保证措施。构件临时码放场地可合理布置在塔吊机械可覆盖

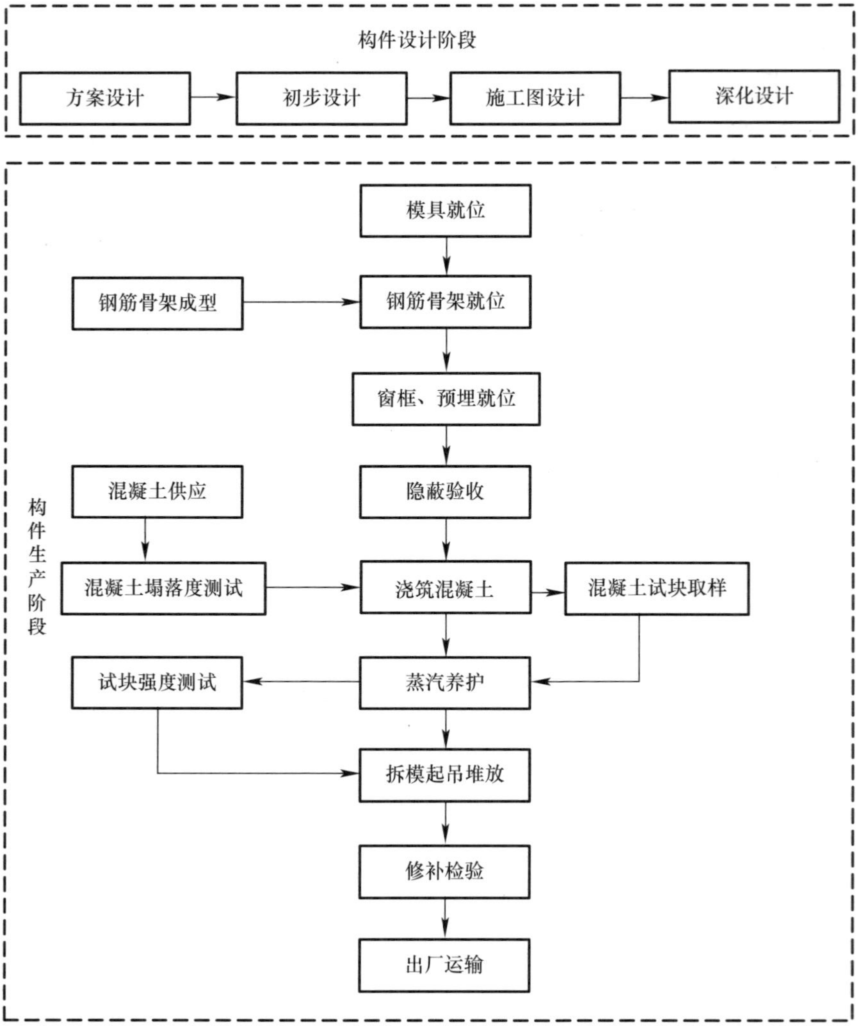

图 5-4　构件生产环节

范围内，避免二次搬运。构件的运输需要考虑很多的细节，包括道路和桥梁的实际条件，并根据构件的实际情况进行选择，大多数构件可采用挂车或平板拖车来运输。对于堆放要堆放在坚实、平整和具有良好排水设施的场地，并且要根据施工要求分类堆放，不受其他施工影响，根据构件和垫块承重能力和堆垛稳定性来确定堆垛的层数。

3）现场管理环节

预制装配式施工现场同传统现浇现场不同，需要对构件堆场进行周密的布置，并考虑构件进场时间及如何摆放，避免二次搬运。同时要结合预制构件的运输，将构件放置在塔吊吊装距离内，对于大构件要留够进场的路。此外预制构件的养护也是非常重要的一个环节，要考虑到构件的堆放及养护，保证构件不被损坏。

4）吊装环节

构件运送到施工现场并进行清点和核对编号后，方可吊装，预制混凝土构件的安全吊运是装配式结构工程施工中最重要的环节之一。首先在每层吊装构件时都应按照一定顺序，并合理选择塔式起重机进行现场吊装，吊装预制混凝土构件需要使用专用吊具。一般来说，过重、过宽、过大的构件宜采用多点起吊的方式，选用钢扁担可以分解、均衡吊车两点起点，应合理设置起吊点以保证构件在起吊过程中不倾斜，避免磕碰构件边角等情况发生。另外，为实现材料的节约、施工的便利，同时避免金属件外露引发材料耐久性等问题，预制构件宜采用内埋式螺母或预留吊装孔等专用预埋吊件。

5）固定校正环节

吊装完毕后需要对构件进行校准。为了保证预制构件的拼装质量，在预制墙板初步安装就位后，要对预制混凝土构件水平、垂直度等进行精度调节，可见预制装配式混凝土结构对施工安装的精度要求非常高。当前，由三个方向的调节设备和许多预埋件组合的高精度调节和固定装置是施工中较为理想的装置。

6）安装连接环节

节点连接是预制装配式混凝土结构的核心工序，其施工质量对结构的整体性发挥着直接作用。按照施工方式来划分，预制装配式混凝土构件的节点连接可分为湿式连接和干式连接。其中湿式连接是一种传统的施工方式，是指通过现浇混凝土的方式将预制构件相连，而干式连接则是通过预埋钢板或其他连接器的方式来实现构件之间的节点连接，无需现场浇筑混凝土从而避免了现场湿作业。

在预制装配式混凝土构件的连接环节，较为关键的是纵向钢筋的连接。在现浇混凝土结构中应用较多的绑扎搭接、机械连接和焊接连接等纵向钢筋的连接方式，在预制装配式混凝土结构中却表现出较差的性能，因此在预制装配式建筑的钢筋连接方式中新研制了钢筋套筒灌浆连接技术。钢筋套筒灌浆连接技术能够有效实现等同现浇的设计要求，性能可靠且安装简便，在目前的新型装配式结构中应用最为广泛。

7）施工质量控制及验收环节

在项目建设的后期，应结合预制装配式住宅的施工特点，组织对预制装配式混凝土构件的工厂化生产、运输和堆放、安装和施工等进行质量控制及验收。具体控制验收指标参考《混凝土结构工程施工质量验收规范（2013年征求意见稿）》GB 50204—2002（2011年修订版）和《混凝土结构工程施工规范》GB 50666—2011。

（2）预制装配式施工的构件安装技术

现场施工除基础和构件节点等部位采用混凝土现浇外，主要为机械化安装，安装顺序为：柱→梁→板→楼梯/阳台→外墙体。同时预制建筑根据预制构件内容不同达到的预制率不同，根据不同的预制率划分了等级，见表5-9。目前C普通级属预制装配式建筑较普遍的情况。

预制装配式建筑等级划分[17]　　表5-9

等级	预制率	预制构件
A高级	50%～80%	主体结构竖向构件：如框架柱、剪力墙等
B中级	30%～50%	主体结构水平构件：如叠合量、叠合板等
C普通级	10%～30%	主体结构局部水平构件或非主体结构：如楼梯板、阳台板、外挂板等

北京市制定了一系列推动政策来强制和激励建筑企业采用工业化生产住宅，并明确各类型住宅的预制装配率。《北京市产业化住宅项目最低技术要求》中规定：楼梯、阳台板、空调板、楼板、轻质内隔墙板以及建筑装饰—保温—墙体一体化的复合型承重外墙板都要采用工业预制产品，并对预制化率做出了详细的要求，其中对于阳台板和空调板的要求最严格，预制化率不得低于70%。北京市产业化住宅项目最低技术[18]要求整理见表5-10。

北京市产业化住宅项目最低技术要求　　表5-10

	建筑高度60m以下	建筑高度60m以上
装配整体式剪力墙结构体系	装饰-保温-墙体一体化的复合型承重外墙板，预制化率≥50%	
	预制楼梯	预制楼梯
	预制（叠合）阳台板和空调板，预制化率≥70%	预制（叠合）楼板、阳台板和空调板，预制化率≥70%
	预制（叠合）楼板和轻质内隔墙板	轻质内隔墙板
		其他各种类型能改善混凝土构件施工质量的预制构配件，如预制混凝土门（窗）套、阳台栏板和分隔板、建筑装饰构件等

续表

	建筑高度 60m 以下	建筑高度 60m 以上
装配整体式钢筋混凝土框架结构体系	装饰-保温-墙体一体化的复合型外挂墙板，预制化率≥50%	装饰-保温-墙体一体化的复合型承重外墙板，预制化率≥50%
	预制框架柱、框架梁	
	预制楼梯	预制楼梯
	预制（叠合）楼板、阳台板和空调板，预制化率≥70%	预制（叠合）阳台板和空调板，预制化率≥70%
	采用轻质内隔墙板	预制（叠合）楼板和轻质内隔墙板
装配整体式钢筋混凝土框架—剪力墙结构体系	装饰-保温-墙体一体化的复合型外挂墙板，预制化率≥50%	装饰-保温-墙体一体化的复合型外挂墙板，预制化率≥50%
	预制框架柱、框架梁	预制框架柱、框架梁
	预制楼梯	预制楼梯
	预制（叠合）楼板、阳台板和空调板，预制化率≥70%	预制（叠合）楼板、阳台板和空调板，预制化率≥70%
	轻质内隔墙板	轻质内隔墙板
现浇钢筋混凝土框架—剪力墙（筒体）结构体系		建筑装饰-保温-墙体一体化的复合型外挂墙板，预制化率≥80%
		预制楼梯
		预制（叠合）楼板、阳台板和空调板，预制化率≥70%
		轻质内隔墙板

1）阳台板、空调板

目前阳台板、空调板以及外挂板比较受建设施工单位青睐，并广泛采用。同时设计难度低，在设计时注意尽量尺寸一致。其不属于主要承重结构，安装要求也较低，安装较容易，目前技术比较成熟。预制阳台板、空调板与传统工艺进行对比见表 5-11。

预制阳台板、空调板与现浇的优缺点对比[19] 表 5-11

优点	缺点
1. 现场施工工艺简单	1. 成品保护工程量较大
2. 外观尺寸以及观感较好	2. 工程造价以及措施费较高需要搭设临时支撑
3. 工程质量容易控制（主控标高、左右尺寸）	3. 阳台端部甩筋过长给运输和吊装带来不便
4. 施工速度快	4. 阳台底部无滴水线
5. 减少湿作业，建筑节能效果明显	5. 端部仅靠锚筋与结构楼板相连，抗剪能力可能不够
6. 真正意义上起到了降污减排的目的	

2）预制外墙板

一般采用预制混凝土外墙墙板和外墙内保温设计。一般采用干式和湿式两种连接模式，墙板上部预留钢筋，插入梁内，与梁一起现浇固定，下部利用预留铁件将上下两块墙板焊接连接。预制外墙板与传统工艺的对比见表 5-12。

预制外墙板与现浇的优缺点对比[20] 表 5-12

优点	缺点
1. 现场施工工艺简单	1. 墙外侧贴面容易受污染且不易清除
2. 外观尺寸以及观感较好	2. 出厂期间及施工期间，产品容易损坏，保护要求比较高
3. 工程质量容易控制（房间进深、开间有保障）	3. 采用夹心保温板在竖向节点钢筋焊接时容易受到破坏
4. 为后期门窗安装提供有利条件（避免剔凿、修补等质量缺陷）	4. 现浇接头混凝土施工时外侧保温及贴面如不采取加固措施就容易发生外鼓
5. 减少湿作业，建筑节能效果明显	
6. 采用的夹心保温板；建筑节能效果明显，减少二次作业	

3）叠合板

相较于传统施工工艺，预制叠合板优势明显，首先预制叠合楼板作为楼板的基层，减少了现场湿作业，同时其作为上部现浇混凝土楼板的模板，可减少模板的使用量，另外，传统施工工艺下，预制楼板装修后容易在接缝处产生裂缝进而影响房屋美观，而在预制技术下，楼板上层部分现浇将多块预制叠合板整合成一个整体，较好地解决了上述问题，此外，叠合板的下表面平整光滑，后期顶棚装修时可免去找平层，实现了材料的节约。北京市推出的《预制带肋底板混凝土叠合板技术规程》JGJ/T 258—2011 和《PK 预应力混凝土叠合板》13BGZ2-1 标准图集，相关审查验收标准也在逐步完善，已经具备了在北京地区实施的条件。

4）楼梯

装配化楼梯板分为板式预制楼梯和梁式预制楼梯。板式预制楼梯结构简单，结构设计施工方便，但是楼梯净高较高，自重较重，运输和现场安装需要大载重量起重机；梁式预制楼梯尽管构造相对复杂，但净高较小，自重较轻，运输安装较为方便。目前多数工程中标准层通常采用预制装配式楼梯，但首层和顶层从经济性成本上考虑采用现浇混凝土结构更好，于是需要两种楼梯外观一致，预制楼梯剖面有美观的弧形，可是现浇很难做出这样的效果，于是需要将预制楼梯修改成直角，并精确控制现浇外观质量，使其经过处理后能够接近预制楼梯的效果，显现了目前构件不够配套带来的矛盾。

5）卫生间

在预制装配式施工技术下，卫生间在工厂实行统一加工，可在一定程度上控制产品质量，保证不同批次产品的稳定性，同时预制产品自带吊顶、墙面防水等结构，使得总体成本略低于中档装修成本。在工厂预制完成后将产品运输至现场进行组装，大大提高了施工的便捷性和施工速度，降低了由于施工水平差异引发的质量隐患。另外，装配整体式卫生间的管线可以铺设在卫生间内墙板的后面，有助于实现不降板的同层排水，对层高较低的建筑尤为有利，整体卫生间的面积利用率较高且使用寿命长，实施效果也较为美观。此外，装配整体式卫生间作为一种工业生产的产品，有自己的模数和洁具搭配排列方式，设计时对空间有一定的要求，同时也有一定的局限性，因此需要针对不同户型进行优化设计，规避现有装配式整体卫生间户型单一导致的问题。

6）梁与柱

由于技术、成本条件的制约，目前只有较少的项目能够采用预制梁和柱。目前预制柱一般用多螺箍筋柱，它的长度同结构净高，底层用钢套筒灌浆和预留钢筋连接，上部预制高度至梁底，并留好连接钢筋。采用多螺箍柱的预制混凝土结构和现浇混凝土梁柱节点的主要抗震性能指标基本接近。

5.2.3 进一步推进北京市保障性住房建设中预制装配式施工的策略

（1）完善保障性住房预制装配式施工的标准规范

首先，补充框架结构和框剪筒式结构体系的相关规范，并对现有标准规范深入细化。目前针对框剪结构体系的法律法规较多，然而针对框架和框剪筒式结构却几乎没有专用规范体系，补充相关标准规范能促使预制装配式建筑行业健康发展，为针对不同建筑特点采取不同的建筑体系提供更大的选择性。另外，尽管目前标准规范的框架非常全面，然而内部的深度细度却不够完全指导现场施工，因此应对目前标准规范进行细化完善。其次，制定完善的后评价体系。目前预制装配率通常是衡量预制装配式住宅完成水平的一个最基础指标，甚至成为很多地方政府实施优惠政策的必备条件。然而当前由于预制装配式施工技术不够成熟，面临着预制率越高成本越高的问题。而像日本等体系发达的国家，预制率越高而成本越低。单纯去追求高预制率而忽略成本显然不是一个明智的做法，所以目前北京市亟待一种更完善的后评价体系，例如简单的可设置价值比，利用预制率和成本进行求商，在一定的比值范围内是合理的，应给予鼓励。

（2）健全保障性住房预制装配式施工的相关政策

1）完善激励政策措施

一方面，完善现有激励政策。例如2010年北京市发布的《关于推进本市住宅产业化的指导意见》中对标准规定以外的预制率或面积，应同时给予鼓励，可通过以下办法进行激励：第一，预制装配量级作为政府项目招投标的重要依据。可以将装配总工程量作为对政府工程评标的一个重要指标，例如公司曾完成过建筑面积10万m^2的保障性住房项目，预制装配率达到50%，则记为装配面积5万m^2，在评标过程中可占一定比例进行参考。第二，针对多出政府要求的装配率进行额外奖励。可以设置每5%为一个奖励点，如政府要求装配率达到70%，而企业达到了75%，则可进行增加建筑面积或减免税金的奖励。

另一方面，制定相关激励政策。第一，加大财政支持力度。设立预制装配设计安装技术基金，对参与研究预制装配式施工发展策略、相关规范规程的科研院，参与研究预制装配式建筑设计、构件设计、连接设计的设计单位和科研院校，以及对预制装配式建筑进行技术开发或引进的施工单位等进行资金支持。第二，提供相关服务和信贷优惠政策。如企业使用预制装配式先进施工手段且方案已通过评审，可提供其更多的贷款；或在项目竣工验收合格并经建设主管部门审核、认定的达到预制率标准的企业，相关部门可对其进行优先优惠房贷。第三，调节预制装配式构件税费。目前预制构件税率高且重复缴税导致预制构件价格高，直接导致预制装配式施工总造价高，因此降低预制构件的税率势在必行。

2）完善市场准入政策

首先，设立相关资质认证制度，提高准入门槛。预制装配式住宅是一项新技术，目前有些小公司对预制装配式施工了解不够深入，技术水平不够标准，而在销售时却打着预制装配式建筑的幌子，出问题后严重干扰民众对预制装配式住宅的信心。因此对预制装配式住宅要增加相关的资质认证，包括设计单位、构件生产工厂以及施工单位，严格控制市场准入，尤其要对预制构件厂进行资质管理，只有质量控制手段完善、构件生产误差控制在一定范围内，才能对其进行认证。北京市政府可以强制规定当地预制装配式施工使用取得资质的工厂构件。其次，对通用构件设计进行产权保护。如果构件深化设计单位（可以是构件生产厂家）设计出的构件能较好地满足通用性要求，既方便施工又具有良好的性能，就可以对其进行知识产权保护，并在其他项目中推荐使用此构件。

3）实施反向激励政策

早在 2013 年北京市为促进城市发展与人口资源环境相协调，大力推进环境污染治理，促进垃圾减量化、资源化、无害化，便发布了《关于调整本市非居民垃圾处理收费有关事项的通知》（京发改［2013］2662号）提出了“建筑垃圾清运费调整为运输距离6km以内6元/t、6km以外1元/t每公里，建筑垃圾处理费调整为30元/t。”文件发布之前的建筑垃圾费为16元/t，这样的政策约束反而会激励采用装配式施工。

2017年北京市出台的《2017-2018年秋冬季建设系统施工现场扬尘治理攻坚行动方案》（京建发［2017］390号）中明确要求“从今年11月15日至2018年3月15日的采暖季期间，东城区、西城区、朝阳区、海淀区、丰台区、石景山区全部区域；通州区、大兴区、房山区、门头沟区、延庆区、昌平区、怀柔区、密云区、平谷区、顺义区、亦庄经济技术开发区城区及建成区要停止各类道路工程、水利工程等土石方作业和房屋拆迁施工等。”并提出了“自发文之日起至10月15日期间，发现扬尘治理不达标的项目，暂停该项目施工企业在北京建筑市场投标资格30天；10月16日至11月15日，发现扬尘治理不达标的项目，暂停该项目施工企业在北京建筑市场投标资格60天；11月16日至12月15日发现扬尘治理不达标的项目，暂停该项目施工企业在北京建筑市场投标资格90天；2017年12月16日至2018年3月15日期间发现扬尘治理不达标的项目，暂停该项目施工企业在北京建筑市场投标资格6个月。一个月内发现同一施工企业有三个及以上项目扬尘治理不达标，该施工企业全市所有在施工程项目停工整改30天，并依法暂停其在北京建筑市场投标6个月；连续三个月发现同一施工企业有三个及以上项目扬尘治理不达标，暂停其在北京建筑市场投标6个月。一个月内发现同一房地产开发企业有三个及以上项目扬尘治理不达标，其下属所有项目停工整改 30 天，同时停止新开工项目审批手续办理，提请市规划国土委等部门，暂停其在北京市土地市场交易资格 3 个月。采暖季期间，发现经市政府批准可进行土石方作业的重大民生工程和重点项目施工现场扬尘治理不达标，除执行以上处罚外，取消其土方工程作业资格。”的相关处罚规定。

2017 年 12 月 18 日，北京市又发布了《北京市住房和城乡建设委员会关于建筑垃圾运输处置费用单独列项计价的通知》（京建法［2017］27 号），通知对建筑垃圾运输处置费用分成了弃土（石）方运输和消纳、渣土运输和消纳、施工垃圾运输和消纳三个类别，并对其内容做出了界定，分别对其内容和计价方法做出了明确的规定。此外，通知还将工程量计量、要素价格和费用税金这三方面对各个阶段的建筑垃圾运输处置费用单独列项计价做出了具体的要求，并规定结算方法，这样能在合同结算时更加方便、轻松。

通过这类政策对施工单位、房地产开发企业实施一定程度的约束，反而会助推建筑业转型升级，激励装配式施工的发展。

4）其他相关政策

为了让预制装配式施工能够更好更快地发展，还可辅助以其他措施对预制装配式施工进行扶持。例如，在土地出让、审图时多考虑采用预制装配式施工的技术方案。在公司进行申请用地时，如果公司明确说明在建设时将采用预制装配式施工技术，可优先对其进行土地出让。此外，还可对传统作业方式加以限制。如采用传统施工工艺要增加其安全文明施工费用、增加扬尘处理费用等进行限制，或借鉴香港模式征收建筑废物处置费等，使得尝试预制装配式施工新工艺与传统施工工艺的成本相齐甚至更少，促使建筑企业主动采用新施工技术。

（3）推动设计、施工技术的改进和优化

1）优化设计

① 建筑设计统一模数。预制装配式建筑的最大优势便在于规模应用下性价比的提升，只有发展规模效益才能取得更好的经济效益，而发挥规模效益的前提是标准化、模块化的广泛应用。当前在传统住宅项目中为满足美观及个性化设计，对模数化要求并不在意。但在预制装配式建筑的设计中，应对模数化设计加以重视，在模数化的要求下进行设计，才能生产出最少的工厂生产构件、部品的种类以及减少构件生产模具的种类。如日本建设省工业技术院在1969年开始实行《关于推进住宅产业标准化的五年计划》，进行集成设备系统的设计，并制定住宅的基准尺寸和模数，进行了制作和组装实验。同时，设计阶段不仅要考虑装配式结构，还要考虑部品的常用模数，根据常用模数的整数倍进行设计，避免后来构件深化设计时的诸多问题。另外，要完善住宅部品体系，保证构件不仅满足本项目的专用化，还要考虑整个市场的通用化，对部品进行分类建立完善的住宅部品体系，并对每个部品设立好通用构件模数，在设计时可以进行参考。从设计源头优化方案可有效减少现场施工措施费、大大提高生产效率。

② 在构件设计阶段优化设计。首先，设计构件时要考虑模具的周转费用，尽量优化到同一模数，争取形成通用构件。现阶段各企业为追求高预制率，构件设计不合理，种类繁多，造成处理构件之间缝隙连接的材料、人工费增高，导致安装成本、运输费及辅料成

本过高，因此不可盲目追求高构件预制率，而是要提高建筑整体的装配化率。其次，构件设计应兼顾生产、运输、施工等各环节。构件设计不能只考虑模数，还要综合现场构件生产条件、运输条件和施工等各个环节因素设计合适的构件尺寸和重量构件。对于构件部品长度一般不超过 6m、高度不大于 3.6m、总重量不超过 6t，能够方便运输吊装，比较经济，而其他更大、更重的构件可考虑在现浇生产或在低层建筑中应用。

2）技术研发

① 激励企业来研究、制定相关工艺工法。鼓励产业链上各大型龙头企业针对市场需求，研发先进工艺工法并推广使用。可以从标准化构件角度出发，慢慢形成自身标准化预制户型体系，加快相关技术规程的修订和编制，促进标准规程与市场需求的统一。针对预制装配式建筑技术，每个企业都应根据自己企业的现状发展适合企业自身的规程，应鼓励各个先行企业将自己的企业标准提升为市级标准。同时，学习引进并改革创新适合北京市的预制装配式施工技术，从预制构件的类型到构件的制作、运输、吊装、安装、连接方式等多个细节考虑创新新技术。在预制装配式住宅起步阶段，企业间也要积极分享先进的工艺工法，互相学习共同促进。另外应对采用先进预制装配式施工工艺工法的企业优先中标，对企业在实际工程中创新的新工艺工法给予补贴奖励。

② 采用先进的信息化技术。第一，使用 BIM 技术建模。在设计阶段住宅楼和水电模型通过 Revit Architecture 和 Revit MEP 建立，结构模型采用 Tekla Structures 建立。在建模时考虑将相关的构件做成参数化的构件，形成标准化的构件库。可直接进行可视化的构件

深化设计，使整个设计更直观，更能清晰地考虑到现场安装情况。设计好的图纸可交给构件厂进行生产加工，在加工前还可进行三维碰撞检查，避免在施工过程中出现构件设计不合理、现场安装修改而延误工期等意外。同时应用 BIM 软件，一般带有自动出设计图纸以及具备工期管理、成本管理的 4D、5D 功能，将工期和成本的控制整合到虚拟现实技术中，达到更高水平的管理。第二，运用 RFID 技术进行实时跟踪。生产过程中在构件中植入 RFID 芯片，并使芯片中存入构件生产、运输、规格、型号、重量、质量状况、运输时间、安装时间、位置等所有信息，建立构件信息化系统。安装建设完成后可以输入相应代码进行查询，同时也可通过扫描构件读取并追溯构件设计、生产信息以及构件的数据模型，为建筑产品质量的可追溯可控制提供保障。另外还可以组合上定位芯片，根据定位芯片可以第一时间找到构件，方便为施工安装做准备，同时也为管理人员进行现场管理提供便利。

3）人才培养

培养更多预制装配式施工相关工程师、技术工人是北京市推广预制装配式建筑的基础。在设计过程中，需要对预制构件和现场施工有一定了解的工程师，才能更好地保证预制建筑的经济性、可行性以及优越性；在预制构件生产过程中，精度的控制非常重要，需要有相关技术人员对模具和生产工艺进行最大的优化，尽量达到实验室设计水平；在施工过程中，专业的施工技术人员更为重要，先进工艺工法的重要性不言而喻，同时若没有经过训练的现场施工人员，不按设计要求进行节点连接，或连接不到位将直接导致建筑质量不合格。所以相关专业人才在预制装配式建筑的推广中起着重要作用，可通过人才引进和人才培养两个方面进行加强。

一方面，加强人才引进。目前国外对预制装配式建筑有着更为完善的技术手段，但有些工艺工法等属于企业的商业机密，很难获得学习借鉴。因此，应制定完备的人才引进计划，可加强引进具有丰富经验的预制装配式建筑公司的人才，学习先进公司的先进工艺，并对整个流程及市场有更深入的了解，来制定企业自身的发展战略，促进企业的快速发展。另一方面，重视人才培养。建议企业多组织对相关管理人员的技术培训，并组织其到先进公司进行交流学习，掌握更多的预制装配式施工相关技术，还应对现场施工人员进行技术培训，并设置考核来加强对施工人员的管理。加强产学研合作，和相关高等院校进行合作，开设相关专业，并聘请具有相关实践经验的高级工程师担任讲师，同时企业可以在公司内设立合作院校的学生实践基地，培养理论和实践相结合的专业技术人才。

（4）完善相关保障措施

1）加快管理模式的创新

保障性住房建设中预制装配式施工的保障要加快管理模式的创新，《国务院办公厅关于大力发展装配式建筑的指导意见》（国发办〔2016〕71号）提出，装配式建筑原则上应采用工程总承包模式。而我们要推进保障性住房建设中预制装配式施工的管理模式创新，实质上是要加快推进EPC五化一体的组织方式。EPC五化一体具体指设计标准化、生产工厂化、现场装配化、主体装饰机电一体化、全过程管理信息化，在坚持设计—生产—施工一体化发展的基础上，不断推进EPC五化一体的创新发展模式极大程度上能促进各方协同发展，达到专业、高效、合作、共赢的目标；充分发挥在经验、管理、资金、组织等方面的优势，在设计的各个阶段全面发挥作用；并可以利用BIM模型信息，进行碰撞检测，加快施工进度的推进；通过整体化设计安装、工厂化集成加工，实现机电装修一体化，最大化利用建筑材料，减少返工浪费。

2）进一步加强行业管理工作

在行业管理机构发展方面，要不断改革完善适应建筑工业化发展的工程建设管理制，发挥工作领导小组、联席会议制度的协调组织的作用，制定年度计划、分解工作任务和监督工作落实，研究解决推进发展装配式建筑工作中的重大事项。要积极培育预制构件和建筑部品施工企业，不断完善成套技术和工法体系，促进适合预制构件安装运输的建筑机械设备租赁市场发展，鼓励企业进行新工法新工艺的研发；充分发挥认证认可等第三方机构的作用，将监管过程可授权委托给第三方机构，提高工厂生产部品部件性能的透明度；针对预制构件和建筑部品的市场供给，建立预制构件生产企业的市场准入认定标准，要创造条件，积极培育技术能力强、节能环保可持续发展好的企业进行相应产品的生产，建立起相应的构件和部品信息系统；要将建筑工业化内容纳入到执业（职业）资格人员的培训、考核和继续教育中，建立工业化生产的一线技术人员和工人认证和培训体系；要建立国家级和省级建筑工业化研究中心，加强对预制装配式工业化住宅的技术标准、管理过程、节能环保等方面的深入研究；要充分借助保障房大规模建设的大好时机，以建筑工业化保障房项目推动建筑工业化示范基地的建设，此外，利用线上及线下相结合的方式加大对住房城乡建设主管部门及相关人员的考核力度，制定相关政策措施，明晰任务目标，更有利于建设出装配式建筑管理发展的长效机制，更有助于其繁荣发展。

5.3 北京市保障性住房建设过程的“四大目标控制”管理

保障性住房建设项目历时较长，从项目建议书直至项目建成交付的全过程，都会历经几年时间。在此期间，既要做好策划、研究、设计、评估、优化等管理工作，又要在实施阶段做好质量、投资、进度、安全等方面的控制，使保障性住房建设项目最终达到预期的投资效益并实现良好的社会效益。

5.3.1 北京市保障性住房建设过程的质量控制

(1) 质量控制对于保障性住房项目的重要性

保障性住房建设是我国的一项重大民生工程，大规模实施保障性住房建设，是党中央、国务院做出的重要战略部署，是转方式、调结构、惠民生的重大举措。随着保障性住房项目的大规模实施，保障性住房的质量安全逐步受到国家的重视，中央和国务院多次强调保障性住房质量管理与控制的重要性。保障性住房的质量直接关系人民群众生命财产安全和住房困难家庭居住条件的改善，关系到经济发展与社会和谐稳定的大局，涉及面广、公益性强、社会影响大。而要提高保障性住房的质量，必须把质量管理与控制作为保障性住房工程项目的重中之重来对待，从保障性住房建设项目的策略、评估、决策、设计、施工到竣工、交付使用等环节，都要求极其严格的质量管理与控制，这是最终决定保障性住房质量的关键所在。

因此，北京市要进一步提高保障性住房工程质量重要性的意识，把加强质量管理与控制摆在实施保障性住房工程的首位，增强使命感、责任感和紧迫感，贯彻落实全过程的质量管理，切实把保障性住房工程建成质量过硬、人民群众满意、经得起历史检验的德政工程[21]。

（2）北京市保障性住房质量控制管理工作的完善建议

1）建立健全的施工质管制度规范

要想做好保障性住房工程的质量管理和控制工作，首先要建立一个完善的质量管理机制，严格项目建设程序，规范招投标行为，落实法人责任制、合同管理、永久性标牌制度、第三方检测制度、严格建筑材料的验收制度等，并让这些制度和规范落到实处，在实际工作中得以充分运用，使其能真正发挥监督保障性住房质量的作用。在此仅对落实永久性标牌制度和第三方检测制度具体阐释。

落实永久性标牌制度。为保证保障性住房建设的质量和进一步加强政府工程项目的建设管理，加大公开公示力度，广泛接受社会监督，应对保障性住房工程统一设置永久性标识牌。北京市对这一要求也做出了相关政策规定，2012 年 2 月 1 日，北京市人民政府办公厅发布《关于贯彻国务院办公厅保障性安居工程建设和管理指导意见的实施意见》，明确指出“建设单位应严格按照有关规定执行永久性标识制度，标识必须明确载明工程名称、建设、勘察、设计、施工、监理单位等工程质量责任主体的名称和工程项目负责人姓名，接受社会监督”。在政策引导下，北京市保障性住房建设应深入落实标识牌制度，项目建成后要在保障性住房项目中设立永久标识牌，把勘察、设计、施工、监理单位等所有参建主体均进行标注，标注内容包括单位名称和项目负责人姓名。标志牌应统一尺寸和字体，保存年限为建筑物的使用年限，并镶嵌在建筑物山墙处左侧 1m、地平 2m 以上处，便于公众查阅。

推广建立工程质量强制第三方抽样检测机制。第三方见证检测制度是指在施工过程中按规定执行常规检测的基础上，本着最严格监管的原则，为进一步确保保障性住房工程结构实体质量，在主体结构完工后由第三方有资质的检测机构，在建设、施工、监理单位的见证下，对工程主体结构质量进行的抽样检测。推行第三方检验制度，为保障性住房的质量又增加了一道关卡，在保障性住房质量控制中发挥着重要的作用。早在 2011 年北京市对该机制就做出过政策规定，北京市住建委发布的《2011 年工程质量管理工作要点》指出，北京市在保障性住房建设中，将逐步推广建立工程质量强制第三方抽样检测的机制，不能提供第三方检测报告的工程，将不予竣工验收。因此，北京市在保障性住房建设中应遵循相关政策要求，推广落实工程质量强制第三方抽样检测机制，利用第三方专业检测机构更加成熟的检测技术和丰富的经验，检测出工程质量问题和隐蔽的缺陷，将质量问题消灭在工程接收之前，达到保障性住房质量控制的目的，为保障性住房建设提供更好的质量保障。

2）加强对保障性住房参建各方的监督管理

继续加强保障性住房的执法力度，形成监管合力，实现专项监督和社会监督相结合，同时完善网格式执法检查制度，重点加强对建筑材料和建设过程的控制以及竣工全过程的监管，达到加快提升保障性住房工程质量、确保质量安全的目的。

第一，加强对保障性住房参建各方责任落实情况的专项监督。根据住建部要求，为加强对保障性住房质量的监管，住建部要适时开展针对保障性住房质量的专项督查。北京市也应积极落实质量监督工作，针对保障性住房建设特点制定专项质量监督方案，组建专项监督小组，充实监管力量以加大监督巡查力度。专项监督小组应重点监督保障性住房各参建主体的责任落实情况。具体地，保障性住房建设单位要安排施工现场总代表人，全面协调施工现场的管理工作；设计单位要做好设计交底，及时沟通，解决施工过程中与设计有关的问题；施工单位要落实施工现场管理责任制，严格按照施工图设计文件和施工技术标准施工，避免擅自修改工程设计，偷工减料等不良现象；监理单位要落实总监理工程师负责制，确保担任保障性住房项目的总监只承担一项监理合同的总监任务。此外，监理单位还应根据保障性住房质量管理的难点，制定监理规划和监理实施细则，采取旁站、巡视、平行检验等多种形式的监督检查，认真履行对重大质量问题和事故的督促整改和报告的责任[22]。

第二，可邀请市民参与监督保障性住房质量安全，建立社会监督机制。目前社会监督方式在全国诸多地区均得到了成功应用，可为北京市在保障性住房项目中应用该机制提供借鉴。例如，为广泛征求社会各界对保障性住房工程质量安全的意见，提高保障性住房质量和品质，让市民住上放心房、满意房，焦作市住房和城乡建设局向社会聘请保障性住房工程质量安全监督员，监督员具有调查权、监督权、质询权、批评权和建议权。每个工程项目需聘请至少 3 名义务监督员，义务监督员每周到施工现场一次，对施工材料、质量、安全管理等方面进行监督检查，如发现问题应及时填写《施工质量监督表》，并要求施工单位、监理单位签字认可，遇到紧急特殊情况要及时向市住建局反馈。宁波市在保障性住房建设中，政府委托审计单位作为第三方机构对保障性住房项目实施跟踪审核，审核内容包括项目建设全过程的造价控制、资金管理、主要技术指标等，此外宁波市还成立了工程建设质量联合监督小组，该监督小组成员由项目所在地街道、社区和居民组成，便于市民对保障性住房建造的直接监督。基于社会监督机制在其他地区的成功运作，建议北京市推行邀请市民参与保障性住房建设的监督机制，由保障性住房主管机构向社会聘请保障性住房质量安全监督员组成监督小组，对保障性住房的建设质量进行监督。

3）统一标准，推行样板示范制度

对于保障性住房工程项目而言，由于面积的限制，保障性住房户型基本一致。为保证施工质量，保障性住房在开展大面积施工前应当样板示范先行，统一施工标准并明确目标。例如可制作样板间，确定施工材料类别，明确注意事项并做好技术交底，充分做好施工准备工作。此外，管理人员应组织一线操作人员现场参观学习样板工序、工艺，使其了解并掌握相关方法和标准。施工单位应当制定相应的规章制度，在施工过程中严格执行样板工序的标准和要求，对于不符合标准的工序应要求返工并制定相应处罚制度。

5.3.2 北京市保障性住房建设过程的投资控制

（1）投资控制对于保障性住房项目的重要性

保障性住房工程是一项惠民工程，相对于商品房，其微薄的利润空间无法调动房地产投资的积极性，因此保障性住房建设项目的投资工作需要政府给予支持和规范。目前，政府已投入大量财政资金支持保障性住房工程建设，中央政府逐年加大财政资金的补助力度，重点用于公共租赁住房等保障性住房建设。为了保证保障性住房资金尤其是中央财政补助资金的落实，解决保障性住房资金使用问题，有必要对保障性住房建设项目进行投资控制，规范政府合理地使用和分配财政资金，并对资金的使用情况进行监督和统计，确保资金使用安全和提高资金使用效益，推动保障性住房建设任务顺利进行。另外，由于工程施工阶段周期长、影响因素多、不可预料的事件经常发生，如材料的价格发生波动、人员、设备、施工机械、施工方法、施工环境不断发生变化和相互制约，都直接影响着项目的总投资。因此，采取有效措施进行投资控制相当重要。

（2）保障性住房项目投资管理内容及流程

对保障性住房建设项目的投资进行控制，要实现保障性住房资金从筹集到分配再到使用的规范化管理。不仅要对资金流动过程的每个环节进行规定，还要加强全过程的监督和管理。保障性住房资金的投资控制应包括以下内容：

1）保障性住房资金应实行预算管理制度，以提高财政资金的使用效益，确保保障性住房工程资金的落实。

财政部 2007 年出台的《廉租住房保障资金管理办法》中有资金预算管理的相关规定。首先，政府相关部门每年要制定保障性住房资金计划，编制下年度支出项目预算，经同级财政部门审核并得到相关部门批准后实施。其次，财政部门根据计划，指导同级保障性住房行政主管部门科学、合理测算保障性住房资金需求，并根据年度保障性住房资金来源情况，做好年度保障性住房项目预算支出编制工作。最后，保障性住房支出项目预算经批准后，相关行政主管部门应当严格按照批准的预算执行，原则上不得突破预算。

2）建立完善的资金拨付制度，规定资金支付的基本程序和方式。保障性住房项目资金的拨付，按照财政国库管理制度的有关规定执行，保证财政资金及时、足额到位。保障性住房项目资金若有结余，可结转下年度安排使用。

3）保障性住房资金实行专户管理。利用保障性住房资金专户归集和管理各类保障性住房补助资金，做到专项管理、分账核算、专款专用，并严格按照规定用途使用，不得截留、挤占、挪作他用，也不得用于平衡本级预算，确保保障性住房专项资金使用安全。

4）加大保障性住房资金的监管力度，明确责任主体。严格执行投资完成情况统计制度，加强资金违规使用预警，对不按规定筹集、安排、使用资金的单位或个人做出处罚，确保资金专款专用，提高使用效益。

保障性住房项目建设过程中的投资控制从流程来看，主要分为以下步骤，首先，要分析投资控制的各个影响因素，搜集相关信息，采取措施，在建设过程中，主要从合同管理、施工过程控制和处理索赔三方面来对投资进行控制，提出改进和完善的建议，最后在结算阶段也要进行控制。如图 5-5 所示：

（3）北京市保障性住房投资控制管理工作的建议

1）建立健全科学系统的造价管理体系和专业审核平台

在保障性住房建设过程中影响成本的因素较多，同时由于保障性住房项目建设周期较长加大了造价控制的难度，所以，为了随时控制造价的波动，对造价增加及时预警，需要在保障性住房建设过程中建立一套完善的造价管理体制和专业审核平台，为决策提供基础依据[23]。

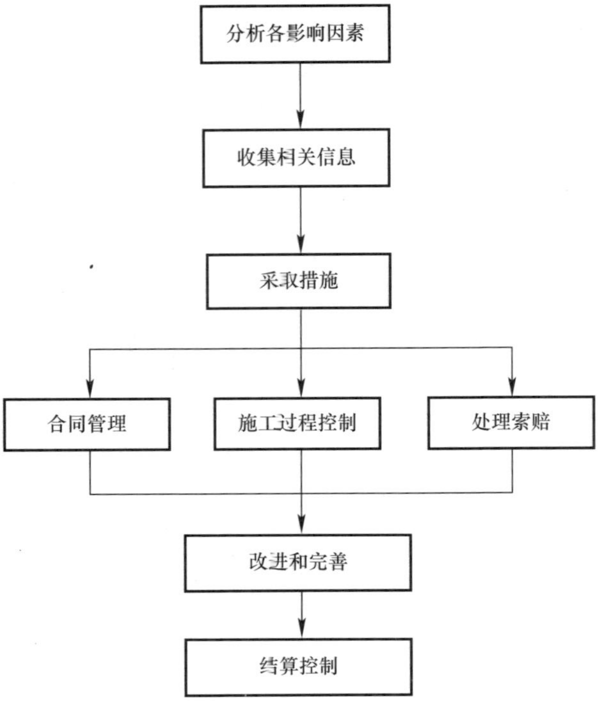

图 5-5　投资控制流程

此外，应加强保障性住房建设项目工程造价管理的全过程监控。为确保保障性住房工程造价管理全过程监控工作的深入贯彻落实，应做好以下三方面的工作：首先，在项目的决策时期，必须重视项目预算，切实提高研究项目的可行性；其次，促进建设资金的合理运作；最后，对工程造价中的“五算两价”实行一体化管理。在此基础上，继续推进行业体制的改革，这有助于形成协调、有序、统一的保障性住房工程造价管理体系，逐步建立一个适应我国经济体制、符合我国国情的保障性住房工程造价管理体制。

2）改革保障性住房投资建设机制，动员社会力量参与

积极动员社会力量参与保障性住房的投资建设可提高保障性住

房的建设能力，促进保障性住房建设模式的多元化、专业化、市场化，从而为保障性住房的投资控制提供保障。例如，襄阳市在保障性住房建设过程中，大力推进保障性住房投资建设供给机制和管理方式改革，把保障性住房建设与城市更新相结合，建立开放式的建设机制，积极动员社会力量参与保障性住房投资建设，由房投公司携手央企，与一冶集团组建襄阳一冶房投建设有限公司，借助央企的技术、人才、设备和管理优势，提高保障性住房建设投资水平。通过改革，全市“保障性住房分配率、保障对象满意率、社会公众满意率”三项指标位居全省前列，其做法与成效得到住房和城乡建设部的充分肯定。因此，建议北京市在保障性住房投资建设中引入社会力量，创新供给机制和管理方式，优化保障性住房建设过程中的投资控制体系。

3）改革现行设计费、代建费计取办法机制，提高参建单位控制成本的责任意识

首先，工程设计是建设项目全面规划和具体描述事实意图的过程，是确定投资成本的重要环节。在现行设计收费的基础上实行改革，建立完善的奖罚机制，对因设计合理节约的投资予以适当比例的提成，对因设计方案原因增加的投资扣除一定比例的设计费，这样可有效促进设计单位改进管理，加强设计人员的经济责任意识，充分调动和发挥设计人员的积极性，提高设计质量[24]。其次，对保障性住房的代建单位、监理单位，在支付合同约定管理费、监理费的前提下，对在项目建设管理过程中有效控制工程造价进而使项目节省投资的，按节省资金的一定比例给予奖励，以达到控制保障性住房项目造价的目的。

4）加强“基层”、“第一线”的投资控制

北京市在保障性住房的建设过程中应加强“基层”、“第一线”的投资控制，从而直接减少不必要的损耗和浪费，降低成本，提高投资效益。能否实现真正意义上的投资控制，要归于具体的施工操作过程的合理性，投资管理只有做到真正的“从基层做起”才能有利于投资控制。为了规避一些不必要的利益关系，可以寻找独立、负责的专业人员，以暗中走访的方式对现场施工进行监督、检查，检举不良现象，对专业人员可给予适当的奖励。

5）建立已建工程项目数据库

项目审批、管理部门应建立已建项目数据库，加强对已建项目的跟踪、建设后评价工作，收集整理已建项目的投资、经济指标、技术指标等数据，从而为拟建项目立项、可行性研究提供依据，并对拟建项目各项投资指标做出判断，以利于控制投资。

5.3.3 北京市保障性住房建设过程的进度控制

（1）进度控制对于保障性住房项目的重要性

建设工程进度控制对于建设工程项目管理十分重要，是项目能否按期发挥效益的前提。保障性住房项目属于“问责工程”，对于工期有着严格的要求，当今保障性住房建设项目规模越来越大，建设项目中各分部、分项工程的工作内容、工作程序及衔接关系也愈加复杂，这对以实现工程工期为目标的保障性住房建设项目进度控制提出了更高的要求，增加了进度控制的难度。而保障性住房建设项目进度控制成功与否关系到工程进度目标能否实现，关系到工程的质量和成本，更影响到我国中低收入家庭能否尽早使用保障性住房，是保障性安居工程成功的前提和保障。保障性住房建设的进度愈发受到人民群众和社会各界的关注，更深受各地政府领导的重视。可以看出，保障性住房建设项目的进度控制有着至关重要的作用。

（2）保障性住房项目进度控制的主要内容及流程

1）进度管理的主要任务

收集相关资料如图纸、合同工期、关键节点时间、中间结构验收、综合验收时间等，实现保障性住房项目进度的总体把握。做好任务分解工作，对于关键节点上的时间应督促施工单位做好任务分解工作，使得每个步骤下相应的工作都能按期完成，进而保证项目总体时间。制订施工进度计划，首先，要根据合同要求，绘制出横道图或网络图。此外，要根据实际进度，对进度计划进行跟踪和监控，并进行阶段对比，发现进度偏差要及时调整。另外，经常性地召开各方进度协调会议，加强对分包单位的管理，配合总体进展以免造成工期延误[25]。

2）进度计划主要内容

施工进度计划的主要内容包括：人员配备、资金分配、材料供应计划等。从施工层次和工艺上来分，包括分部分项进度计划、单位工程进度计划、单项工程进度计划、总进度计划等。

3）进度控制流程

保障性住房项目进度控制流程如图 5-6 所示，首先要根据合同要求进行任务分解，绘制横道图，然后在建设过程中，要收集实际的进度信息，与计划进度进行对比，如果发现不符合进度的情况应及时进行调整。

（3）北京市保障性住房进度控制管理工作的完善建议

尽管项目进度计划在一定程度上可以确保保障性住房项目按期

完成，但在实际操作中，由于各种因素的影响，往往导致实际进度与计划进度有偏差，如不能及时纠正偏差，就有可能导致项目延期进而影响工程目标的实现。为了保证工程项目按照工程进度计划进行，就要求进度控制人员在可控制的时段内，必须经常对工程的实际进度情况进行充分检查，在取得工程项目真实可靠的实际进度相关数据后，进行统计整理和对比分析，确定实际进度与计划进度之间的关系，明确项目进度是否超前或者滞后并采取针对性的措施。

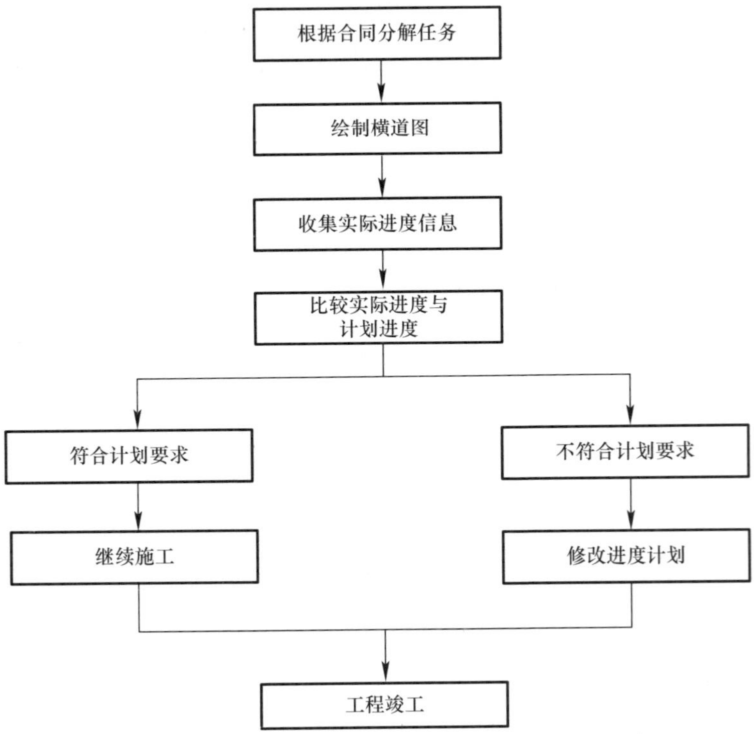

图 5-6　进度控制流程图

保障性住房工程的大规模建设，对于改善民生、促进社会和谐稳定具有重要意义。为了加快保障性住房的建设进度，各地政府部门采取了一系列措施来提高保障性住房项目进度控制的效率。因此，除了常规的进度控制手段外，北京市还可以借鉴参考其他地方政府针对保障性住房项目进度控制的先进做法，进一步改进北京市保障性住房建设的进度控制。

1）推行联络员制度

组织开展保障性住房工程专项巡查工作，是促进保障性住房建设任务全面完成的重要举措。为加大政府部门对我国保障性住房工程建设进度的监控力度，2011 年，住建部向各地派出保障性住房工程专项巡查联络员，主要职责是核查项目建设情况，发现工作中存在的问题并总结典型经验。同时，我国一些省份也相应建立了联络员制度以加强保障性住房建设进度监控。例如，江西省建立了由省、设区市和县（市、区）三级的房管部门、建设工程质量监督站的代表共同组成的保障性住房建设工程联络员制度，负责了解、上报保障性住房建设工程进度情况。全省三级的房管部门、建设工程质量监督站共有联络员二百多名，每半年召开一次全省联络员会议。这项制度的建立，对全面及时了解全省保障性住房建设工程进度、监督管理等情况，加强工作协调，促进保障性住房建设工程进度管理工作制度化、规范化起到了积极作用。

北京市可以借鉴江西省的做法，推行联络员制度，设立专项巡查联络员。专项巡查联络员的主要职责有三项：一是核查各区年度保障性住房工程项目目标任务，包括各项进度信息在网上公开、公示及更新情况；二是现场核查保障性住房工程建设进度情况，重点巡查当年保障性住房项目的开工情况和往年结转项目的竣工情况；三是现场核查进度滞后项目存在的问题，并查明原因，及时向北京市住房和城乡建设部门和专项巡查工作组办公室反馈信息[26]。通过建立专项巡查联络员这一做法，不仅可以加强政府部门对保障性住房工程建设进度的监督管理，而且有利于及时核查并解决进度滞后的问题，对于加快保障性住房的建设进度、提高保障性住房项目进度控制的效率具有很好的促进作用。

2）实行督查工作制

为加快保障性住房工程的建设进度，陕西省强化了保障性住房项目的工作督查。市房管局会同市政府目标督促办公室将保障性住房工程纳入民生工程目标管理，严格考核奖惩。此外，市政府分管领导针对保障性住房项目启动了约谈程序，对进展缓慢、推进不力的部分项目责任主体，逐一明确开工时限，提出工作要求。

北京市可以借鉴陕西省做法，设立督查工作组，实施进度控制。督查工作组的主要任务是协助北京市住房城乡建设部门做好巡查联络工作，通过对北京市保障性住房项目进行现场督查，核查保障性住房项目的建设进度以及北京市年度保障性住房工程目标任务的完成情况，发现和梳理建设进度滞后项目存在的问题，并及时向北京市住房和城乡建设部门反馈信息。对进度缓慢、落实不力的保障性住房项目，督查工作组应要求项目的负责单位限期整改，予以通报批评并扣减单位目标分。

5.3.4 北京市保障性住房建设过程的安全控制

由于建筑行业的特殊性，其安全管理问题一直没有得到根本解决，安全事故时有发生，特别是保障性住房建设项目，一旦发生重大事故将造成较大的直接和间接损失，同时也会带来很大的负面影响。安全生产是保障性住房建设项目管理中的一项重要内容，是确保工程顺利进行的必要条件，必须在思想上高度重视、在组织上严密部署、在实际工作中周密安排，必须遵守国家安全施工法律法规的规定，严格按照安全生产标准施工。减少一般性安全事故、杜绝重大安全事故，是保障性住房施工安全控制管理工作的目标。

（1）目前北京市保障性住房项目施工安全管理方法

现阶段北京市保障性住房施工安全管理方法主要从施工准备期关注安全、严格筛选承包商和分包商、科学设置施工合同安全条款、直接参与施工安全管理、主导安全文化的建立、实施安全奖惩机制几个方面来开展[27]。

1）施工准备期关注安全

这里所指的施工准备期，不仅包括施工前的“三通一平”或“五通一平”，而是要延伸至征地、拆迁、勘察、设计等阶段。通过关注施工准备期的安全，降低施工阶段安全管理难度，提高安全管理的主动性和灵活性，有效降低施工中的安全隐患，达到事前控制的目的。

2）筛选安全施工承包商和分包商

高资质的承包商不仅资本规模较大且承揽项目较多，同时管理和技术团队成熟，安全管理经验相对丰富。因此，为保证保障性住房施工安全，可以更多选择高资质的承包商来承担保障性住房建设任务。

3）科学设置施工合同安全条款

通过施工合同的法律效力来规范施工单位的安全管理能减少争议，更好地对保障性住房项目安全进行控制。现阶段，签订安全协议（或在合同中增加安全条款）是对保障性住房工程进行安全管理和经济制约的重要手段。

4）直接参与施工安全管理

保障性住房建设过程中，特别是当发现施工单位和监理单位安全管理能力较弱时，直接参与施工安全管理就显得尤其重要。

5）主导安全文化的建立

现阶段，安全文化的建立主要通过普及安全知识、营造安全氛围。充分拓宽宣传平台，利用广播、网络、电视等多种媒介，宣传和报道与施工安全密切相关的热点问题，包括安全领域最新动向和安全法规知识等。此外，监督施工单位做好施工人员的安全教育和培训工作，特别是对新入职员工和特种作业员工进行重点教育。

6）实施安全奖惩机制

奖惩机制是为了保证安全管理工作顺利进行而采取的有效措施，其目的是为了减少事故的发生，提高安全意识。

（2）北京市保障性住房安全控制管理工作的完善建议

对保障性住房安全控制工作常抓不懈，同时还要敢于创新。只有在保障性住房安全监管体制机制、安全监管方式等方面积极创新，才能跟进安全新形势，根据新情况、新问题及时给出相应的解决方案，堵住保障性住房在规划设计、配套设施、施工材料等方面存在的漏洞，从而取得安全控制管理工作的长效发展。为此，北京市政府应做好以下几个方面的工作：

1）整合安全管理的监督资源，认真落实安全检查工作

为确保保障性住房安全管理工作的有效开展，可审批一批资质优良的第三方监理机构，确保该监理机构独立于项目开发单位和施

工单位，设置专职安全监理人员，分散到每一个保障性住房项目工地，对施工安全及文明施工进行全程监督。要特别突出对危险性较大工程、起重机械、施工用电、高处作业、防火安全管理、扬尘污染治理等重点领域、环节的检查力度。同时，监理机构应加强施工安全事故预测与评价工作，从被动的事后管理向源头控制转变，争取从源头上控制安全事故的发生。另外，应完善追责制度和惩罚措施，对存在严重安全隐患及问题的应立即责令停工整改，并跟踪监督落实整改情况。

2）构建全面的安全管理体系，完善安全教育培训制度

一方面，建筑施工单位必须建立日常的、全面的安全管理体系，落实安全生产责任制，制定完备的安全生产规章制度，设置安全生产管理机构，按照规定配备专职安全管理人员，把安全生产各项工作落实到位。特别是要落实企业法定代表人安全生产第一责任人的责任，将安全责任落实到每个班组、岗位、项目经理和施工人员[29]。另一方面，努力提高各级领导的安全生产认识，提升各类管理人员的安全管理水平，完善施工一线作业人员的安全技能培训与素质教育。其中，应重点加强对施工现场一线作业人员的安全培训教育和管理，使其经过公司、项目、班组的三级安全教育，做到未经安全培训或培训考核不合格的人员，不得上岗作业，严格实行持证上岗制度。

3）将信息化手段引入保障性住房安全管理

保障性住房建设中可利用信息化手段创新安全管理模式。例如，在中建二局负责的南京市丁家庄保障性住房二期项目上，工作特色之一就是将现代信息技术手段融入精细化的安全管理中。第一，施

工现场18个电梯操作室全部采用人脸识别系统，所有电梯操作工必须培训上岗，“刷脸”操作，这样电梯只能在电梯司机及项目维修管理员操作下正常运行，其他任何人一旦坐上副驾驶位置，系统将因难以识别而发出警报，防止工人私自操作导致电梯安全事故。第二，中建二局设置了“北京总部—上海公司—项目部—施工现场”的远程监控网络，开通安全管理微信平台和远程网络监控系统，成功实现了“互联网+安全管理”。在中建二局负责的丁家庄保障性住房二期项目片区，共设置了19组高清摄像头，其中包括3组360度自由旋转摄像头，利用手机APP就能够实时监控现场动态，及时消除安全隐患。因此，北京市在保障性住房建设中可学习借鉴丁家庄保障性住房项目做法，将现代信息技术手段引入到安全管理工作中，进一步提高保障性住房安全管理工作的效率。

6 北京市保障性住房建设后评价阶段的管理

6.1 北京市保障性住房建设后评价阶段的内容及过程

6.1.1 北京市政府投资建设项目后评价管理现状

为加强政府投资建设项目监管，提高政府投资决策的科学化水平和投资效益，近年来，北京市政府出台了一系列政策文件来建立和完善政府投资建设项目后评价管理体制，指导、推进政府投资建设项目后评价工作。2006年，北京市发展和改革委员会发布了《关于印发北京市发展改革委政府投资建设项目后评价试行办法的通知》（京发改［2006］419号），明确指出项目后评价结果是编制政府投资规划和投资决策的重要依据，市发改委应根据后评价结果，及时总结积累项目管理经验，完善项目管理办法，提高项目投资效益和项目投资科学化决策水平。2006年4月，《北京市发展改革委政府投资建设项目后评价试行办法》发布，详细介绍了政府投资建设项目后评价依据、内容、指标及方法。但是，北京市在开展政府投资建设项目后评价工作过程中，仍然存在以下问题：

（1）制度体系尚未规范化，评价缺乏统一标准

规范完善的制度体系是政府投资建设项目得以顺利推进的前提和基础。由于北京市政府投资建设项目后评价工作开展较晚，尚未形成规范的制度体系，导致在后评价的实际工作中，经常出现无据可依的情况。同时，由于缺乏统一标准的评价内容和方法，评价结果不一，不利于建设项目经验的反馈和总结。

（2）专业机构还未建立

北京市在政府投资项目后评价实施过程中，没有建立专门的项目后评价组织机构，无法对后评价工作进行整体的组织、协调和控制，从而不能保障项目后评价工作的顺利进行。

（3）后评价人员匮乏且素质不高

由于政府投资项目后评价工作在近年才得到政府相关部门的重视，现有的后评价人员往往由前评估人员兼任，专业从事后评价工作的人员匮乏，不能充分保证后评价工作的质量。另外，后评价人员缺乏综合系统的后评价知识，也为后评价工作的顺利开展带来困难。

北京市政府投资项目后评价工作已经逐步展开，保障性住房项目作为政府投资项目的一种，其后评价工作可以按照北京市政府投资项目后评价相关管理办法实施。政府作为保障性住房投资、建设主体，需要对保障性住房后评价工作加以重视，通过制定保障性住房后评价相关管理办法、加强后评价队伍建设等措施为保障性住房后评价工作的顺利开展提供保障。

6.1.2 北京市保障性住房建设项目后评价内容及流程

保障性住房项目后评价是在保障性住房项目建设完成并投入使

用或运营一定时间后，在对项目全过程分析和评价的基础上，将项目实际达到的效果和影响与项目决策时确定的各项目标进行对比，找出差距，分析原因，总结经验教训，提出相应对策建议，并反馈给决策部门，以提高投资决策水平和项目效益的工作。

（1）政府投资建设项目后评价内容

《北京市发展改革委政府投资建设项目后评价试行办法》指出，项目后评价的主要内容包括对项目审批管理、项目实施内容、项目功能技术、资金管理效率、经济效益、公共效益方面进行全面、综合评价，为政府投资建设项目后评价工作指明了方向，提供了参考借鉴。具体的评价内容及指标情况见表 6-1。

政府投资建设项目后评价内容　　表 6-1

评价内容	评价指标名称	考核内容
审批管理后评价	项目审批的合规性	实际审批的依据、程序、方法的科学客观性以及审批内容正确与否及其实现程度
	项目管理的科学性	项目实施过程中管理制度的执行情况和项目管理的科学规范性
实施内容后评价	实施内容完成任务量	实际工作量与项目立项计划相比的实现程度
	实施内容完成质量	实际工程质量与项目立项时相比的实现程度
	实施内容完成进度	实际工作进度与计划进度相比的进展程度和及时性
功能技术后评价	项目用途	项目完成后实用性和功能用途的满足程度

续表

评价内容	评价指标名称	考核内容
功能技术后评价	项目工艺技术	项目实际采用的工艺技术流程和技术装备与计划的偏差程度
	项目达标（产）	项目完成后，实际达标（产）能力与计划值的偏差程度
资金管理后评价	资金管理的规范性	项目资金管理制度及其执行情况
	资金的使用效率	资金使用效率及滞留情况
	配套资金筹措能力	项目单位对政府投资的配套能力、筹措能力、配套资金的到位情况
经济效益后评价	投入产出效益	成本费用效益的高低，投入产出等经济合理性及目标实现程度
	直接经济效益	项目实施所产生的直接经济效益相比计划的实现程度
	持续经济效益	项目实施后在未来年度里持续性发挥作用产生经济效益的能力
	间接经济效益	主要是投资对经济发展的拉动作用相比计划的实现程度.
公共效益后评价	社会效益	项目实施所产生的社会综合效益相比计划的实现程度
	生态效益	项目实施对生态所产生的积极或效益影响相比计划的实现程度
	扶贫减灾、劳动就业、协调发展、统筹城乡发展效益	实施后的扶贫减灾、劳动就业、协调发展、统筹城乡发展效益相比计划的实现程度
	可持续性影响	项目实施后对人、自然、资源等方面的可持续影响，及其相比计划的实现程度

（2）保障性住房项目后评价内容

保障性住房作为政府投资建设的专门针对中低收入家庭的具有社会保障性质的住房，具有投资额较大、质量要求高、开发利润低等特点。根据保障性住房项目的特点，结合政府投资建设项目后评价内容，并充分考虑保障性住房项目后评价涉及的三方利益相关者即开发商、业主以及政府的需求，将保障性住房项目后评价内容分为项目目标后评价、审批管理过程后评价、住宅性能后评价、经济效益后评价及公共效益后评价五个方面。

1）项目目标后评价

项目目标后评价是指对项目的决策及目标实现程度的后评价，是政府重点关注的内容。决策对项目的影响是最大的，通过对比原情况与可行性研究报告及项目评估报告，发现可行性研究报告和项目评估中的不足，为以后政府决策积累经验。目标实现程度后评价是根据项目实施的实际情况，比照项目的预期目标，进而得出两者的差距，分析产生差距的原因，总结经验教训。

2）审批管理过程后评价

审批管理过程后评价是将项目执行过程的实际情况与项目立项时所设定的目标和任务进行对比分析，找出前期计划与后期执行之间差异的原因，梳理总结管理工作的优劣得失。其中，审批管理是政府重点关注的内容，项目管理是开发商重点关注的内容。

3）住宅性能后评价

住宅性能后评价是指保障性住房项目建成后，对其适用性、经济性、安全性、耐久性等性能指标的实现程度进行评价。性能后评价对于保障性住房项目后评价非常重要，是业主、开发商的共同诉求，业主可以通过评价结果了解保障性住房的性能，以便在选择保障性住房时正确决策；开发商可以通过评价结果找出差距并分析原因，进而提高住宅建设水平。

4）经济效益后评价

经济效益后评价是开发商重点关注的内容，它的好坏直接体现了开发商的盈利水平。经济效益评价的目的是通过对财务指标和经济指标的实际情况进行重新计算，与测算结果进行对比分析，找出发生变化和产生偏差的原因，总结经验及教训，为以后类似项目建设提供借鉴参考，提高财务预测水平。

5）公共效益后评价

公共效益后评价是分析评价保障性住房项目的建设、使用对国家和地方社会经济、社会环境、可持续等各项社会发展目标所做的贡献与影响，以及项目与社会的相互适应性，是政府重点关注的内容。

（3）保障性住房项目后评价工作流程

保障性住房项目后评价工作的组织管理由住房保障主管部门负责，后评价任务的执行由主管部门委托给具备相应咨询资质的工程咨询机构承担。保障性住房项目后评价工作的流程包括编制后评价工作计划、确定后评价项目、下达后评价任务、选择工程咨询机构并委托后评价任务以及组织后评价成果验收，具体的后评价流程如图 6-1 所示。

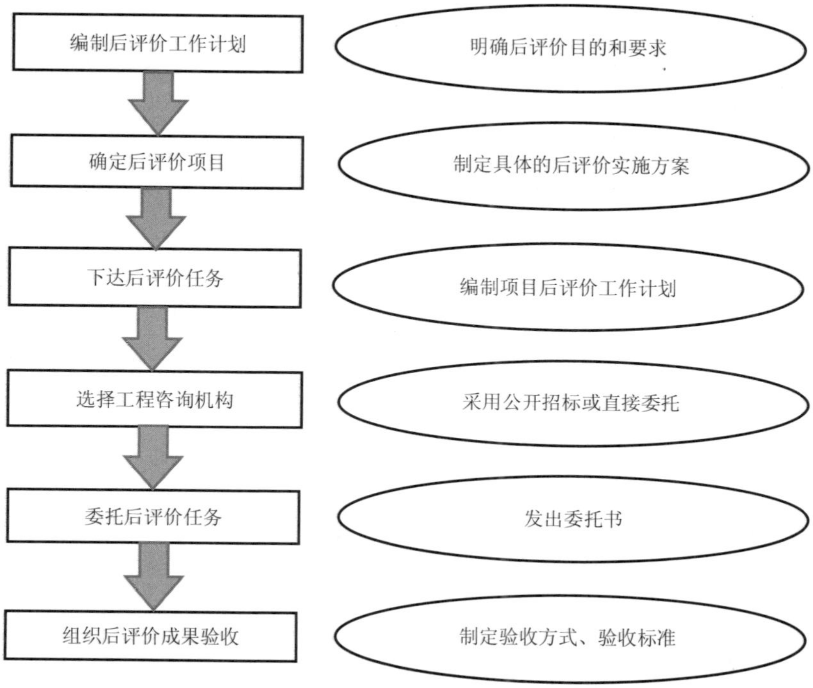

图 6-1　北京市保障性住房建设项目后评价工作流程

6.2　北京市保障性住房建设后评价指标体系建立

6.2.1　保障性住房项目后评价指标体系建立原则

建立保障性住房后评价体系是对项目进行后评价的前提和基础，评价指标设置是否合理，直接影响着评价结果的科学性、可靠性和准确性。因此，评价指标的设置要遵循一定的原则，以保证评价体系的科学性和合理性。保障性住房后评价指标建立应遵循的原则如下：

（1）目标一致性原则。评价指标是评价目标的反应，进行项目综合评价前首先要确定评价对象和评价目标，评价指标的建立需要反映项目后评价的目的。

（2）科学性原则。保障性住房项目后评价指标的建立应科学合理，并且能反映项目后评价的内涵和目标实现程度。

（3）系统性原则。保障性住房项目后评价指标体系是指对保障性住房项目整体进行后评价，因此，指标体系应该覆盖面广，系统而全面地反映项目后评价状态。

（4）可行性原则。项目后评价指标要容易取得，方便操作，定性指标要具有可比性，定量指标要具有可测性，计算方法要容易理解和掌握。

6.2.2 项目后评价指标体系设计

保障性住房建设项目后评价指标体系的设计，要立足于保障性住房建设项目相关利益者切身利益进行全面设计，使得后评价结果可供各利益相关者参考使用，以提高各方利益相关者决策水平。按照指标构建原则，基于保障性住房建设项目评价内容，结合有关专家经验，对指标进行提炼、简化，构建定性、定量相结合的指标体系，内容如下：

（1）项目目标后评价

项目目标后评价分为两个方面的内容，项目决策后评价及项目目标实现程度后评价。其中，项目决策后评价从可行性研究、项目决策过程和程序、初步设计三个方面评价决策科学化水平。项目实现程度后评价考核总体目标实现水平、工艺设备设施建设水平以及建设安装工程建设水平三个方面。

（2）审批管理过程后评价

审批管理过程后评价分审批后评价和管理过程后评价两部分。其中，审批管理后评价主要在项目审批依据、程序和方法以及审批内容方面选取评价指标，包括审批依据、程序和方法的科学、客观性，审批内容的正确与否及其实现程度。管理过程后评价指标包括规划设计阶段的招投标管理、资金管理以及项目执行过程中的质量控制、进度控制、成本控制、安全控制、合同管理。

（3）住宅性能后评价

根据《住宅性能认定技术标准》中的住宅性能指标分类，结合保障性住房经常由于资金限制或选址偏僻等导致配套设施不完善的问题，将性能后评价指标分为适用性、环境性、经济性、安全性、耐久性以及物业管理性能六类。另外，针对保障性住房定位于中低收入家庭的特点，将六类指标进行筛减。最终，适用性指标包括单元平面、住宅套型、隔声性能及设备设施；环境性指标包括用地与规划、绿地与活动场地、水体与排水系统及公共服务设施；经济性指标包括节能、节水、节地、节材；安全性能指标包括结构安全、建筑防火、室内污染物控制；耐久性指标包括结构工程、装修工程、防水工程、管线工程；物业管理性能指标包括治安管理、绿化景观管理、环境安全管理、住宅单元管理、水电、通信设施管理。

（4）经济效益后评价

项目经济效益后评价从财务收益后评价、偿债能力后评价两方面开展，其中财务收益后评价指标包括净现值、投资收益率、投资回收期及内部收益率；偿债能力后评价指标包括资产负债率、流动比率、速动比率及借款偿还期。

（5）公共效益后评价

公共效益后评价主要涉及社会效益、环境效益两方面。其中，社会效益指标包括改善居民生活质量、促进经济增长、提高城市化水平、增加就业机会；环境效益指标主要包括对环境的控制、对交通的影响、维持自然景观的能力、项目环境管理能力。

保障性住房建设项目后评价指标体系见表 6-2。

保障性住房建设项目后评价指标体系　　表 6-2

一级指标	二级指标	三级指标
项目目标后评价	项目决策后评价	可行性研究 项目决策过程和程序 初步设计
	项目目标实现程度后评价	总体目标实现水平 工艺设备、设施建设水平 建筑安装工程建设水平
审批管理过程后评价	审批后评价	审批依据的科学客观性 审批程序和方法的科学性 审批内容的实现程度
	管理过程后评价	招投标管理 资金管理 质量控制 进度控制 投资控制 安全控制 合同管理
住宅性能后评价	适用性	单元平面 住宅套型 隔声性能 设施设备

续表

一级指标	二级指标	三级指标
住宅性能后评价	环境性	用地与规划 绿地与活动场所 水体与排水系统 项目环境管理能力 公共服务设施
	经济性	节能 节水 节地 节材
	安全性	结构安全 建筑防火 室内污染物控制
	耐久性	结构工程 装修工程 防水工程 管线工程
	物业管理性能	治安管理 绿化景观管理 环境安全管理 住宅单元管理 水电设施管理 通信设施管理
经济效益后评价	财务收益后评价	净现值 投资收益率 投资回收期 内部收益率
	偿债能力后评价	资产负债率 流动比率 速冻比率 借款偿还期

续表

一级指标	二级指标	三级指标
公共效益后评价	社会效益	改善居民生活质量 促进经济增长 提高城市化水平 增加就业机会
	环境效益	对污染的控制 对交通环境的影响 维持自然景观的能力 项目环境管理能力

6.3 北京市保障性住房建设后评价方法

6.3.1 传统后评价方法

传统的项目后评价方法主要有对比法、成功度法和逻辑框架法，这些方法广泛应用于国内外项目后评价工作中。

（1）对比法

对比法是项目后评价的一种基础方法，指将项目决策时预计的目标与实际效果进行对比，从而发现项目实际结果与预计结果之间的差异，然后对存在的差异进行分析和探究，总结出现问题的原因和项目成败的经验教训。对比法包括前后对比和有无对比。

前后对比是将项目前期阶段和项目建成运营后的客观情形相比较，利用项目前期可行性研究的投入产出、效益结果来对比实际建成后的产出结果，从中找出差别并分析差别存在的原因。前后对比分析见表 6-3。

前后对比分析表 表 6-3

	项目建设前	项目建设后	差别	分析
经济效益	定量	定量		
环境效益	定性与定量	定性与定量		
社会效益	定性与定量	定性与定量		
综合结果				

有无对比法是项目后评价基本方法，是将投资项目执行后产生的效果与投资项目没有发生所产生的效果进行对比，以找出存在差异的来源。有无对比法分析的核心是识别社会环境、文化习俗、经济发展等影响的主体，区分项目内在和项目外在产生的作用，然后依据影响因素对项目的真实效益和机会成本进行评估。有无对比法综合分析模式见表 6-4。

有无对比分析表 表 6-4

	有项目	无项目	差别	分析
经济效益	定量	定量		
环境效益	定性与定量	定性与定量		
社会效益	定性与定量	定性与定量		
综合结果				

运用对比法进行项目后评价可以准确发现项目实施产生的变化，能够方便准确地提出问题，找到分析的切入点，操作简便易行，但是对于项目的内外影响因素，对比分析法很难做到准确归类。

（2）成功度法

成功度评价法的主要对象是项目的效益和目标，是指对比前期决策阶段所确定的目标和项目实施的结果，分析其差别，从而评价项目实际实现程度的方法。专家经验是进行成功度评价的前提，专家通过对项目“成功度”的评价打分，通过分析确定权重，最终实现一种综合得分，确定项目的最后成功度。项目成功度的等级划分是“成功度法”的重要内容，划分等级的标准是根据项目立项阶段的预计目标与实际实现效果之间的差距程度。表 6-5、6-6 分别为成功度等级标准和项目成功度评价模式。

项目成功度等级标准　　　　表 6-5

级别	程度	评价标准
Ⅰ	完全成功	项目的各项目标都已经全面实现甚至超额实现，项目取得了巨大的效益和影响
Ⅱ	基本成功	项目的大部分目标已经实现，项目达到了预期的效益和影响
Ⅲ	部分成功	项目实现了原定的部分目标，项目只取得了一定的效益和影响
Ⅳ	不成功	项目实现的目标非常有限，项目几乎没有产生什么正效益和影响
Ⅴ	失败	项目目标根本无法实现，项目不得不终止

项目成功度评价模式　　　　表 6-6

项目成功度评价指标	相关重要性	权重	评价层级	综合评价层级
因素 1				
因素 2				
……				
因素 N				
综合评价值				

成功度评价法主要关注的是项目的目标和效益实现程度，但是成功度评价法存在的显著问题是该评价以定性评价为主，这样就很难确定评价指标的具体度量程度，将会使得评价结果的有效性和可

靠性大为降低。

（3）逻辑框架法

逻辑框架法是一种概念化论述项目的方法，它运用逻辑学原理建立逻辑框架，对工程项目的相关要素进行逻辑分析。逻辑框架法是用一张简单的框图，将一个复杂项目的几个内容相关、必须同步考虑的动态因素组合起来，按层次分析其内涵，得出项目目标和达到目标所需手段之间的因果逻辑关系，用以确定工作范围和任务，指导、管理和评价一项活动的工作方法。逻辑框架法通过逻辑框架表应用实施，见表 6-7。

逻辑框架表 **表 6-7**

项目描述	对比验证指标			原因分析	可持续性	
	项目原定指标	实际实现指标	差异		内部因素	外部条件
目标						
目的						
产出						
投入						

逻辑框架法是根据被评价项目层次之间的逻辑关系判断各个阶段的因果关联关系，能够清晰表明项目设计者的意图，进行全面系统的分析，但是逻辑框架法侧重对原定目标或目的的对照，忽视了项目运行过程中内外环境影响造成的差异。

6.3.2 系统综合评价法

系统综合评价法是针对现代大型投资项目的有效评价方法之一，大型投资建设项目是一个包含社会、财务、环境、可持续性等多个方面，具有多目标，多层次的复杂系统，因此对系统进行综合评价需要充分考虑项目内外环境的相互影响，对每项的评价结果进行科学合理的测算，最后得出分项和总体的评价值。系统综合评价法在处理多层次、模糊性系统中显示出优良的适用性。

（1）模糊综合评价法

模糊综合评价法是系统综合评价方法的一种，其核心是基于模糊数学的隶属理论把定性评价转化为定量评价，以解决模糊、难以量化的问题。保障性住房项目后评价体系中涉及的很多指标是定性的，无法通过客观精确的数据描述，在进行综合评价时无法用传统评价方法进行，而模糊综合评价法恰恰为定性指标的定量化提供了可能，为提高保障性住房项目后评价结果准确性提供了途径。

运用模糊综合评价法进行后评价的运算过程为：首先建立模糊综合评价的因素论域，确定评价等级论域。其次确定评价因素的隶属度，建立模糊关系矩阵。再对保障性住房项目进行多层级综合评价。

（2）灰色综合评价法

灰色系统理论是解决“贫信息”系统的有效方法，通过将原始的杂乱数据按照一定规律生成新的数据，然后将原始数据与新数据进行对比研究，探寻数据内部隐藏的规律。灰色系统以“贫信息”为研究对象，很多时候一个大型的建设项目本身就可以看作一个灰色系统，可以通过对已知“贫信息”的发掘获得对整个灰色系统的认知，从而可以将灰色系统理论的相关知识运用于保障性住房项目后评价的过程中，对保障性住房的不同方面可采取不同的灰色系统办法进行综合评价。

1）项目后评价灰色聚类法。灰色聚类是将大量观测指标定义为若干类别的方法，定义的办法主要是通过灰数的白化权函数或者灰色关联矩阵。同类因素合并降低指标维度是灰色关联聚类的主要特征，通过指标的精炼可以降低评价对象的复杂程度。项目后评价涉及的大量指标极有可能存在关联性比较大的指标因素，此时通过聚类分析找出可以代表的指标，就能达到评价的目的。

2）项目后评价中的灰色关联法。关联度分析一般是以系统内两个要素为研究对象，探究两要素随着时间的推移或者对象本身的变化而导致的关联程度的变动情况。灰色关联分析法依据因素之间发展趋势的正向或者反向程度，对因素之间的关联程度进行度量。用灰色关联分析评价后评价体系的影响要素，可以得到因素变量对项目影响程度的确定数值，从而发现在项目运营过程中对项目产生重要影响的要素，并在以后运行过程中对其进行监控，防止关键因素出现状况。

6.3.3 各评价方法的优缺点比较

通过对保障性住房后评价方法的介绍与分析，将各方法的优缺点总结如表 6-8 所示。

后评价方法优缺点比较　　表 6-8

后评价方法	优点	缺点
对比法	可以准确发现项目实施产生的变化，能够方便准确地提出问题，找到分析的切入点，操作简便易行	对于项目的内外影响因素，对比分析法很难做到准确归类
成功度法	可以度量项目的目标和效益实现程度	依赖于专家经验，评价以定性评价为主，很难确定评价指标的具体度量程度，使得评价结果的有效性和可靠性会大为降低

续表

后评价方法	优点	缺点
逻辑框架法	能够清晰表明项目设计者的意图，进行全面系统的分析	侧重对原定目标或目的的对照，忽视了项目运行过程中内外环境影响造成的差异
模糊综合评价法	可以将难以量化、模糊性指标进行量化处理，将定性问题转为定量问题，可以对受到多因素影响的系统进行综合评价	计算复杂，对指标权重矢量的确定主观性较强，不能解决评价指标间相关造成的评价信息重复问题
灰色综合评价法	不需要对数据进行归一化处理，是解决“贫信息”系统的有效方法	指标的选择对评判结果影响很大，不能解决评价指标间相关造成的评价信息重复问题

由表 6-8 可以看出，传统后评价方法由于其操作简单，并基本可以达到后评价目的，在国内外应用较多，但是传统后评价方法项目最终评价结果受人的主观情感干扰较大，同时，各指标因素之间的关系不明确，很难对项目整体效果进行有效评价。系统综合评价方法从系统的观点出发，对影响项目效果的因素进行科学合理的定量分析，对因素之间的相关关系进行科学探究，弥补了传统项目后评价方法的不足。项目后评价的各种方法都有其应用的环境和条件，在实际的后评价工作中应根据评价内容和重点的不同，采用合理的后评价方法。

6.3.4 综合评价法算例

由于篇幅有限，此处仅对综合评价方法的应用给予一个算例的演示，以某公租房聚居区的住宅性能后评价为例。

（1）案例背景

某公共租赁房聚居区户型都在 80m² 以下，主力户型以 50m² 至

$60m^2$ 为主，容纳 1.2 万至 1.5 万住户。

（2）公共租赁房性能评价指标权重的确定

1）指标权重确定方法的选择

公共租赁房六大性能指标中有定量指标也有定性指标，并且涉及多层次多因素，比较复杂，故采用层次分析法（AHP）确定各级指标的权重。

层次分析法是 20 世纪 70 年代由美国运筹学家 A. L. Saaty 提出的一种定性与定量相结合的多目标决策分析方法，运用 AHP 法确定指标权重的步骤如下：

① 明确总体目标：为低收入家庭提供性能优良的公共租赁房；

② 划分层次：给模型分层，构造两两比较判断矩阵；

③ 权重计算、一致性检验：计算各一级指标权重，并进行一致性检验，通过一致性检验后，再在一级指标下用想同方法计算各二级指标权重。

2）指标权重确定过程及结果

① 公共租赁房性能后评价指标体系权重确定过程

第一步，对指标分层。在明确评价目标的基础上，将性能指标分层：

目标层：即公共租赁房最终的性能测评值（A）。

一级指标：影响公共租赁房住宅性能的第一级因素（B），包括适用性能（B_1）、环境性能（B_2）、经济性能（B_3）、安全性（B_4）、耐久性能（B_5）和物业管理性能（B_6）。

二级指标：在一级指标的下级影响因素（C），即每个一级指标下对应若干个分项指标。具体见表 6-2。

在最高层指标 F 准则前提下，还是运用美国运筹学家 A. L. Saaty 的九级标度法进行赋值，如表 6-9 所示，将 B_i 和 B_j 两两进行比较，看哪个更重要，更重要多少，从而构建判断矩阵。

九级标度法　　表 6-9

判断值 a_{ij}	定义	解释
1	同等重要	因素 i 和因素 j 同样重要
3	略微重要	因素 i 比因素 j 略重要
5	相当重要	因素 i 和因素 j 差不多
7	明显重要	因素 i 比因素 j 明显重要
9	绝对重要	因素 i 比因素 j 重要得多
2，4，6，8	介于两相邻重要程度之间	
倒数	若因素 j 和 i 相比，则 $a_{ji}=1/a_{ij}$	

第二步，收集数据，构造判断矩阵。

针对公共租赁房住宅性能后评价指标体系设计调查问卷，将其发放给建设单位、设计单位、施工单位中具有丰富专业知识和现场经验的资深人士各两位，让他们根据工作经验，给出每个指标的重要性程度，得出判断矩阵，如表 6-10 所示：

判断矩阵　　表 6-10

A	B_1	B_2	B_3	B_4	B_5	B_6
B_1	1.0000	4.0000	4.0000	0.2500	0.5000	2.0000
B_2	0.2500	1.0000	1.0000	0.1250	0.2500	0.5000
B_3	0.2500	1.0000	1.0000	0.1250	0.2500	0.5000
B_4	4.0000	8.0000	8.0000	1.0000	2.0000	8.0000
B_5	2.0000	4.0000	4.0000	0.5000	1.0000	4.0000
B_6	0.5000	2.0000	2.0000	0.1250	0.2500	1.0000

$$B=\begin{bmatrix} 1.0000 & 4.0000 & 4.0000 & 0.2500 & 0.5000 & 2.0000 \\ 0.2500 & 1.0000 & 1.0000 & 0.12500 & 0.2500 & 0.5000 \\ 0.2500 & 1.0000 & 1.0000 & 0.1250 & 0.2500 & 0.5000 \\ 4.0000 & 8.0000 & 8.0000 & 1.0000 & 2.0000 & 8.0000 \\ 2.0000 & 4.0000 & 4.0000 & 0.5000 & 1.0000 & 4.000 \\ 0.5000 & 2.0000 & 2.0000 & 0.1250 & 0.2500 & 1.0000 \end{bmatrix}$$

第三步，计算权重，检验一次性。

根据 AHP 法定义：$BW=\lambda_{max}W$，式中 λ_{max} 是 B 的最大特征根，$W=(w_1, w_2, \cdots, w_6)\ T$ 为属于 λ_{max} 的标准化特征向量，则 w_1，w_2，…，w_6 就给出了相应指标的权重。运用方根法求出 w_i 的值，公式见 6.1～6.3：

$$W'_i=\sqrt[n]{b_{i1}\times b_{i2}\times\cdots b_{in}} \tag{6.1}$$

$$W=\sum_1^6 W_i \tag{6.2}$$

$$W_i=W'_i/W \tag{6.3}$$

由判断矩阵 B 中的数据计算各指标权重。

$$\begin{aligned} W'_1 &= \sqrt[6]{1\times 4\times 4\times 0.25\times 0.5\times 2} \\ &= 1.2599 \end{aligned}$$

$$\begin{aligned} W'_2 &= \sqrt[6]{0.25\times 1\times 1\times 0.125\times 0.25\times 0.5} \\ &= 0.3969 \end{aligned}$$

$$\begin{aligned} W'_3 &= \sqrt[6]{0.25\times 1\times 1\times 0.125\times 0.25\times 0.5} \\ &= 0.3969 \end{aligned}$$

$$\begin{aligned} W'_4 &= \sqrt[6]{4\times 8\times 8\times 1\times 2\times 8} \\ &= 4.0000 \end{aligned}$$

$$W'_5 = \sqrt[6]{2 \times 4 \times 4 \times 0.5 \times 1 \times 4}$$
$$= 2.0000$$
$$W'_6 = \sqrt[6]{0.5 \times 2 \times 2 \times 0.125 \times 0.25 \times 1}$$
$$= 0.6299$$
$$W = W'_1 + W'_2 + W'_3 + W'_4 + W'_5 + W'_6$$
$$= 1.2599 + 0.3969 + 0.3969 + 4.0000 + 2.0000 + 0.6299$$
$$= 8.6836$$
$$W_1 = W'_1 / W = 1.2599/8.6836 = 0.1451$$

同理 $W_2 = 0.0457$，$W_3 = 0.0457$，$W_4 = 0.4606$，$W_5 = 0.2303$，$W_6 = 0.0725$

$$W = (W_1 \quad W_2 \quad W_3 \quad W_4 \quad W_5 \quad W_6)^T$$
$$= (0.1451 \quad 0.0457 \quad 0.0457 \quad 0.4606 \quad 0.2303 \quad 0.0725)^T$$

由于判断矩阵中的数据是人为给出的，具有主观性和片面性，并不能保证每个判断矩阵具有完全一致性，所以需通过一致性检验来检查各个指标的权重之间是否存在矛盾之处，一致性检验公式如下，见 6.4～6.6：

$$\lambda_{\max} = \frac{1}{n}\sum_{i=1}^{n}\frac{(BW)_i}{W_i} \tag{6.4}$$

$$CI = \frac{(\lambda_{\max} - n)}{(n-1)} \tag{6.5}$$

$$CR = \frac{CI}{RI} \tag{6.6}$$

式中 $\lambda_{\max}$——判断矩阵的最大特征根

n——判断矩阵的阶数，本文中 $n=6$

B——判断矩阵

W_i——判断矩阵的特征向量

$(BW)_i$——向量 AW 的第 i 个元素

CI——一致性指标

CR——一致性比率

RI——平均随机一致性指标，根据表 6-11 取 RI 值。当 $CR \leqslant 0.1$ 时，判断矩阵具有满意的一致性，否则应该予以调整。

RI 的取值　　　　**表 6-11**

矩阵阶数	1	2	3	4	5	6	7
RI	0	0	0.58	0.9	1.12	1.24	1.32

$$B \times W = \begin{bmatrix} 1.0000 & 4.0000 & 4.0000 & 0.2500 & 0.5000 & 2.0000 \\ 0.2500 & 1.0000 & 1.0000 & 0.12500 & 0.2500 & 0.5000 \\ 0.2500 & 1.0000 & 1.0000 & 0.1250 & 0.2500 & 0.5000 \\ 4.000 & 8.0000 & 8.0000 & 1.0000 & 2.0000 & 8.0000 \\ 2.0000 & 4.0000 & 4.0000 & 0.5000 & 1.0000 & 4.0000 \\ 0.5000 & 2.0000 & 2.0000 & 0.1250 & 0.2500 & 1.0000 \end{bmatrix} \times$$

$$\begin{bmatrix} 0.1451 \\ 0.0457 \\ 0.0457 \\ 0.4606 \\ 0.2503 \\ 0.0725 \end{bmatrix} = (0.8860 \quad 0.2791 \quad 0.2791 \quad 2.5228 \quad 0.4430)$$

$$\lambda_{max}=\frac{0.8860}{6\times 0.1451}+\frac{0.2791}{6\times 0.0457}+\frac{0.2791}{6\times 0.0457}+\frac{2.5228}{6\times 0.4606}+\frac{0.4430}{6\times 0.0725}=4.9847$$

$$CI=\frac{4.9847-6}{6-1}=-0.20$$

在表 6-11 中查的当 $n=6$ 时，$RI=1.24$，$CR=\frac{-0.2}{1.24}=-0.16<0.1$ 判断矩阵满足一致性检验。

按照上述方法，得到六大性能一级指标下的各二级指标，参数如表 6-12 到表 6-17 所示。

适用性能指标权重 **表 6-12**

B_1	C_{11}	C_{12}	C_{13}	C_{14}	权重
C_{11}	1.0000	0.2000	1.0000	0.2000	0.0987
C_{12}	5.0000	1.0000	5.0000	1.0000	0.3051
C_{13}	1.0000	0.2000	1.0000	0.2500	0.1024
C_{14}	1.0000	1.0000	4.0000	1.0000	0.2940
$\lambda_{max}=4.4543$　$CI=0.0659$　$RI=0.9$　$CR=0.0733$					

环境性能指标权重 **表 6-13**

B_2	C_{21}	C_{22}	C_{23}	C_{24}	权重
C_{21}	1.0000	3.0000	3.0000	3.0000	0.3296
C_{22}	0.3333	1.0000	0.3333	0.3333	0.1157
C_{23}	0.3333	3.0000	1.0000	1.0000	0.2408
C_{24}	0.3333	3.0000	1.0000	1.0000	0.1157
$\lambda_{max}=4.2712$，$CI=0.0308$，$RI=0.9$，$CR=0.0342$					

经济性能指标权重 表 6-14

B_3	C_{31}	C_{32}	C_{33}	C_{34}	权重
C_{31}	1.0000	0.5000	0.5000	2.0000	0.1887
C_{32}	2.0000	1.0000	1.0000	3.0000	0.3512
C_{33}	2.0000	1.0000	1.0000	3.0000	0.3512
C_{34}	0.5000	0.3333	0.3333	1.0000	0.1089
$\lambda_{max}=4.0104$，$CI=0.0035$，$RI=0.9$，$CR=0.004$					

安全性能指标权重 表 6-15

B_4	C_{41}	C_{42}	C_{43}	权重
C_{41}	1.0000	3.0000	9.0000	0.5099
C_{42}	0.3333	1.0000	7.0000	0.2638
C_{43}	0.1111	0.1429	1.0000	0.0332
$\lambda_{max}=3.2372$，$CI=0.0307$，$RI=0.58$，$CR=0.0529$				

耐久性能指标权重 表 6-16

B_5	C_{51}	C_{52}	C_{53}	C_{54}	权重
C_{51}	1.0000	0.2000	5.0000	1.0000	0.5387
C_{52}	5.0000	1.0000	7.0000	5.0000	0.0476
C_{53}	0.2000	0.1429	1.0000	0.2000	0.2126
C_{54}	1.0000	0.2000	5.0000	1.0000	0.1080
$\lambda_{max}=4.5802$，$CI=0.0842$，$RI=0.9$，$CR=0.0935$					

物业管理性能指标权重　　　　表 6-17

B_6	C_{61}	C_{62}	C_{63}	C_{64}	C_{65}	C_{66}	权重
C_{61}	1.0000	5.0000	5.0000	3.0000	3.0000	2.0000	0.4626
C_{62}	0.2000	1.0000	1.0000	0.3333	0.3333	3.0000	0.0736
C_{63}	0.2000	1.0000	1.0000	0.3333	0.3333	4.0000	0.0736
C_{64}	0.3333	3.0000	3.0000	1.0000	1.0000	2.0000	0.1951
C_{65}	0.3333	3.0000	3.0000	1.0000	1.0000	1.0000	0.1951
C_{66}	0.5000	0.3333	0.2500	0.5000	1.0000	1.0000	0.0961
$\lambda_{max}=6.4089$，$CI=0.1131$，$RI=1.24$，$CR=0.0912$							

2）公共租赁房性能后评价指标体系权重结果

综合以上结果，整理出公共租赁房住宅性能各评价指标权重，见表 6-18。

公共租赁房性能评价指标权重一览表　　　　表 6-18

一级性能指标	二级分项指标	权重
B_1 适用性能 0.1451	C_{11} 单元平面	0.0987
	C_{12} 住宅套型	0.3051
	C_{13} 隔声性能	0.1024
	C_{14} 设备设施	0.2940
B_2 环境性能 0.0457	C_{21} 用地与规划	0.3296
	C_{22} 绿地与活动场地	0.1157
	C_{23} 水体与排水系统	0.2408
	C_{24} 公共服务设施	0.1157
B_3 经济性能 0.0457	C_{31} 节能	0.1887
	C_{32} 节水	0.3512
	C_{33} 节地	0.3512
	C_{34} 节材	0.1089

续表

一级性能指标	二级分项指标	权重
B_4 安全性能 0.4606	C_{41}结构安全	0.5099
	C_{42}建筑防火	0.2638
	C_{43}室内污染物控制	0.0332
B_5 耐久性能 0.2303	C_{51}结构工程	0.5387
	C_{52}装修工程	0.0476
	C_{53}防水工程	0.2126
	C_{54}管线工程	0.1080
B_6 物业管理性能 0.0725	C_{61}治安管理	0.4626
	C_{62}绿化景观管理	0.0736
	C_{63}环境安全管理	0.0736
	C_{64}住宅单元管理	0.1951
	C_{65}水电设施管理	0.1951
	C_{66}通信设施管理	0.0961

（3）综合评价法的应用

将住宅性能评价模型的评语分为四个等级，具体设为：(v_1, v_2, v_3, v_4)=(优秀，良好，中等，较差)，并且分别赋予分值：2代表“较差”，3代表“中等”，4代表“良好”，5代表“优秀”。邀请五位专家就每一指标进行投票表决，经过数据归一化处理后得到如下判断矩阵：

$$R_{c_1}=\begin{bmatrix} 0 & 0.8 & 0.2 & 0 \\ 0 & 0.4 & 0.6 & 0 \\ 0.2 & 0.4 & 0.4 & 0 \\ 0 & 0.2 & 0.8 & 0 \end{bmatrix}$$

由表6-18可知权重为 $W_1=(0.0987\quad 0.3051\quad 0.1024\quad 0.2940)$

根据公式 $R_{b_1}=W_1\times Rc_1$

$$
\begin{aligned}
&=(0.0987\quad 0.3051\quad 0.1024\quad 0.2940)\times\\
&\begin{bmatrix}0 & 0.8 & 0.2 & 0\\ 0 & 0.4 & 0.6 & 0\\ 0.2 & 0.4 & 0.4 & 0\\ 0 & 0.2 & 0.8 & 0.2\end{bmatrix}\\
&=(0.0205\quad 0.3008\quad 0.4789\quad 0.0588)
\end{aligned}
$$

通过相同方法可得余下评判结果，见表 6-19。

综合评价结果　　　　表 6-19

一级性能指标	二级分项指标	综合评价结果	权重	判断矩阵			
				优	良	中	差
B_1 适用性能	C_{11} 单元平面	(0.0205 0.3008 0.4789 0.0588)	0.0987	0	0.8	0.2	0
	C_{12} 住宅套型		0.3051	0	0.4	0.6	0
	C_{13} 隔声性能		0.1024	0.2	0.4	0.4	0
	C_{14} 设备设施		0.2940	0	0.2	0.8	0.2
B_2 环境性能	C_{21} 用地与规划	(0.2513 0.3866 0.1407 0.0231)	0.3296	0.4	0.6	0	0
	C_{22} 绿地与活动场地		0.1157	0	0.2	0.6	0.2
	C_{23} 水体与排水系统		0.2408	0.4	0.4	0.2	0
	C_{24} 公共服务设施		0.1157	0.2	0.6	0.2	0
B_3 经济性能 0.0457	C_{31} 节能	(0.1457 0.2159 0.4325 0.2058)	0.1887	0.4	0.4	0.2	0
	C_{33} 节地		0.3512	0.2	0.4	0.4	0
	C_{34} 节材		0.1089	0	0	0.4	0.6
B_4 安全性能 0.4606	C_{41} 结构安全	(0.3587 0.3755 0.0660 0.0066)	0.5099	0.6	0.4	0	0
	C_{42} 建筑防火		0.2638	0.2	0.6	0.2	0
	C_{43} 室内污染物控制		0.0332	0	0.4	0.4	0.2

续表

一级性能指标	二级分项指标	综合评价结果	权重	判断矩阵			
				优	良	中	差
B_5 耐久性能 0.2303	C_{51}结构工程	(0.3873　0.3697　0.1498　0.0216)	0.5387	0.6	0.4	0	0
	C_{52}装修工程		0.0476	0	1	0	0
	C_{53}防水工程		0.2126	0.2	0.4	0.4	0
	C_{54}管线工程		0.1080	0.2	0.2	0.6	0.2
B_6 物业管理性能 0.0725	C_{61}治安管理	(0.0147　0.3224　0.5739　0.1850)	0.4626	0	0	0.6	0.4
	C_{62}绿化景观管理		0.0736	0	0.8	0.2	0
	C_{63}环境安全管理		0.0736	0.2	0.4	0.4	0
B_6 物业管理性能 0.0725	C_{64}住宅单元管理		0.1951	0	0.8	0.2	0
	C_{65}水电设施管理		0.1951	0	0.4	0.6	0
	C_{66}通信设施管理		0.0961	0	0	1	0

$$R_a=\begin{pmatrix} R_{b_1} \\ R_{b_2} \\ R_{b_3} \\ R_{b_4} \\ R_{b_5} \\ R_{b_6} \end{pmatrix}\begin{bmatrix} 0.0205 & 0.3008 & 0.4789 & 0.0588 \\ 0.2513 & 0.3866 & 0.1407 & 0.0231 \\ 0.1457 & 0.2159 & 0.4325 & 0.2058 \\ 0.3587 & 0.3755 & 0.0660 & 0.0066 \\ 0.3873 & 0.3697 & 0.1498 & 0.0216 \\ 0.0147 & 0.3224 & 0.5739 & 0.1850 \end{bmatrix}$$

同理可得最后评价得分为：$R=W\times R_a=(0.2766\quad 0.3527\quad 0.2022\quad 0.0404)$

$$F=\frac{\sum_{i=1}^{m} b_i j_i}{\sum_{i=1}^{m} b_i}$$

$$= \frac{5 \times 0.2766 + 4 \times 0.3527 + 3 \times 0.2022 + 2 \times 0.0404}{0.2766 + 0.3527 + 0.2022 + 0.0404}$$

$$= 3.9927$$

规定评分等级：（4-5）为优秀，（3-4）为良好，（2-3）为中等，小于 2 为差。

综上计算过程可知，此公共租赁房小区的性能评价结果为良好。

6.4 推进北京市保障性住房建设后评价阶段优化的建议

6.4.1 加快后评价制度体系建设

政府应该为后评价工作建立完善的制度体系，颁布后评价参数与方法，使后评价工作有法可依，有规可循。

健全的制度体系不仅能保障后评价工作的顺利开展和预定目标的实现，而且为追究决策失误责任提供了重要依据。政府部门应根据本地区具体情况，制定保障性住房后评价管理规范，对后评价管理体系、范围、方法、时间、人力以及经费等各个方面做出具体的规定，为后评价工作开展创立制度框架和统一的标准体系。另外，政府部门应建立适合本地区使用的保障性住房项目后评价方法与参数体系，对后评价方法、后评价对象、后评价的内容、后评价所采用的通用参数、后评价遵循的原则以及后评价主体做出明确规定，以指导政府后评价工作的开展。后评价参数需根据国家经济状况、资源供求情况、宏观经济调控意图、建设工程经济效益以及后评价工作的实际需要适时测算调整，以促进资源合理配置，推动保障性住房建设项目后评价工作顺利开展。

6.4.2　设立专业后评价组织机构

后评价组织机构建立的主要职责包括：制定后评价实施细则和要求，包括后评价项目选择、时机选择、内容、报告格式、指标体系、方法及标准选择；建立后评价工作程序；规范后评价工作方法，总体上应采取定性结合与定量结合的方法；建立后评价数据库，把已有的后评价资料进行整理和存储，并逐步建立项目后评价信息系统，实现资源共享；进行后评价行业政策研究，如后评价经费计取、后评价法律地位、后评价成果使用等；开展具体项目的后评价工作。

政府在设立专业的后评价组织机构时，首先要保证机构的独立性，避免人为干扰，保障后评价工作公正、客观进行；其次，后评价组织机构的设置要兼顾上下，使上下部门对应，以保证后评价工作的有序开展，后评价结果信息的反馈畅通；同时，由于后评价工作需要科学的态度和方法来对项目的实施和结果做出评价，因此后评价机构的设置要充分考虑其较强的专业性特点；最后，后评价组织机构与决策部门之间要有畅通无阻的信息反馈机制，便于后评价结果准确、及时地反馈到决策部门，进而为项目的决策服务。

鉴于目前北京市开展保障性住房后评价工作的实际情况和现实可能性，可以在政府现有的组织机构内增设管理后评价工作的职能机构，作为各区域保障性住房项目后评价的领导机构，再建立下属的管理机构和执行机构，构成三级后评价组织机构。

6.4.3 加强后评价人才队伍管理

项目后评价是一项具有政策性、综合性、技术性、专业性、系统性的工作，它涉及技术经济、市场经济、系统工程等多学科知识，同时还涉及政府产业政策等方面的法规和制度。这就要求从事项目后评价的专业人员，既要掌握理论基础，也要具备专业技术水平；既要懂经济，也要了解技术；既要知道法规、制度，也要达到一定政策水平。加强后评价人才队伍建设，应该做到以下两点。

（1）实施后评价人才培养计划。对应后评价三级组织机构，构建后评价三级培训机构。一是在后评价领导机构下设“后评价人才培训指导委员会”，为后评价人才培养的规划工作指明方向，给出培训工作实施开展的建议；二是在后评价管理机构中设“后评价人才培训工作处”，具体负责区域部门后评价管理人员的培训工作；三是在后评价执行机构下设“后评价人才培训工作组”，负责具体的后评价操作人员的培训与指导。

（2）建立后评价人员持证上岗制度。为保障后评价工作质量，提升后评价工作效率，应建立后评价人员持证上岗制度。只有取得后评价相应工作资格的人员才能从事后评价工作，持证上岗制度既可以提高后评价人员的整体素质，强化其责任意识，也能规范后评价市场，促使保障性住房项目后评价工作稳步发展。

7　提升北京市保障性住房建设管理水平的其他建议

7.1　推进北京市保障性住房实施住宅产业化

7.1.1　北京市保障性住房实施住宅产业化的现状

（1）住宅产业化的提出

随着我国经济发展的转型升级，生产模式由粗放型转向集约化生产，建筑行业也迎来了变革。过去传统的建设模式一直存在着建筑环境污染、建材消耗量大、对水资源、土地资源的占用和浪费严重，建筑工程质量问题多、安全问题多发、建筑一线生产从业人员年龄大教育水平低、劳动生产效率低等问题。随着社会的发展，我国的人口红利逐渐消退，对劳动生产效率的要求越来越高，对施工的环境要求越来越严格，社会对生产方式的要求更加注重环保和可持续发展，住宅产业化作为一种现代化的生产模式问题被逐步提到议事日程。

住宅产业化指的是以构件预制化生产、装配式施工为生产方式，以设计标准化、构件部品化、施工机械化、管理信息化为特征，能够整合设计、生产、施工等整个产业链，实现建筑产品节能、环保、全生命周期价值最大化的可持续发展的新型建筑生产方式，是建筑业从分散、落后的手工业生产方式逐步过渡到以现代技术为基础的大工业生产方式的全过程，是建筑业生产方式的变革。住宅产业化的基本内涵可概括为四化：一是设计标准化，这是建筑工业化的前提。要求设计标准化与多样化相结合，构配件设计要在标准化的基础上做到系列化、通用化；二是构件部品化。采用装配式结构，预先在工厂生产出各种构配件运到工地进行装配；混凝土构配件实行工厂预制、现场预制和工具式钢模板现浇相结合，发展构配件生产专业化、商品化，有计划有步骤地提高预制装配程度。在建筑材料方面，积极发展经济适用的新型材料，重视就地取材，利用工业废料，节约能源，降低费用；三是施工机械化。即实行机械化、半机械化和改良工具相结合，有计划有步骤地提高施工机械化水平；四是管理信息化。这指运用计算机等信息化手段，从设计、制作到施工现场安装，全过程实行科学化组织管理，这是建筑工业化的重要保证。

（2）保障性住房实施住宅产业化的意义

保障性住房实施住宅产业化是保障性住房这一特殊住宅产品工业化、标准化、通用化的具体表现，它是以市场需求为导向，以成型的保障性住房体系和与之相配套的标准化设计、预制装配式住宅部品、机械化施工、信息化管理为基础，以科学的组织和现代化的管理为手段，将保障性住房开发、经营的全过程与预制部品的生产、建造安装等各个环节联结为一个完整的产业系统，从而实现保障性住房的生产、供给、销售和服务一体化的社会化大生产组织形式。因而，保障性住房实施住宅产业化无论是对北京市保障性住房的建设，还是对北京市住宅产业化的发展都具有重要的现实意义。

一方面，保障性住房实施住宅产业化能够促进住宅产业化建设模式的推广。目前，北京市住宅产业化的发展还处于初级阶段，生产技术不够成熟，对住宅的设计有较高的要求；同时生产尚未实现规模化，建设成本相对于普通建造模式来说较高，开发单位以及其他相关单位参与动力不足。基于保障性住房满足中低收入住房困难家庭住房需求的产品性质，其具有户型小、设计简单的特点，非常适合现阶段北京市标准化设计和工业化生产的建设方式，解决了北京市住宅产业化水平较低带来的实用性问题；基于保障性住房公共属性，政府能够利用其强制力，强制要求在保障性住房建设上实施住宅产业化，解决了参建单位开发动力不足的问题。另一方面，从长远角度来分析，保障性住房实施住宅产业化能够推动保障性住房的建设。长期在保障性住房上实施住宅产业化，能够促进住宅产业的规模化发展，在住宅产业逐步实现规模化的过程中，保障性住房的建设成本也会逐步降低，保障性住房的质量会逐步提高，有效缓解中低收入人群的居住压力，改善中低收入人群的居住质量，产生良好的社会效益。

（3）北京市保障性住房实施住宅产业化的基本情况

近年来，北京市政府高度重视保障性住房实施住宅产业化的推进工作，出台了多项指导性政策、技术性规范以及激励性政策，在组织机构设置、标准体系建立、试点示范开展等方面取得了显著成效，有效推动了保障性住房实施住宅产业化的有序发展。

1）北京市保障性住房实施住宅产业化的相关政策梳理

一是指导性政策，2010 年发布了《关于推进本市住宅产业化的指导意见》，从设立组织机构、完善标准体系、开展试点示范、采取激励措施、培育实施主体、实施市场准入制度、强化质量安全监督管理、加强科技研发、培养专业人才、加强宣传十个方面入手，确定住宅产业化发展的具体目标和任务，全面指导住宅产业化的建设；2012 年，出台了《关于在保障性住房建设中推进住宅产业化工作任务的通知》明确指出，申请利用自有土地建设的保障性住房项目以及北京市保障性住房建设投资中心投资的公共租赁住房、中心城人口疏解定向安置房项目应实施建筑工业化；同年，出台了《关于2012 年在保障性住房建设中推进住宅产业化工作的实施方案》，详细提出了 2012 年保障性住房实施住宅产业化的工作目标、组织机构、开工前安排和工作要求，为之后的保障性住房实施住宅产业化建设工作提供了有力的参考。

二是技术性规范，2010 年出台了《北京市公共租赁住房建设技术导则（试行）》，明确规定了公租房的建设要求和规划设计标准，并提出在公租房建设中应当推进产业化的发展；同年又出台了《北京市产业化住宅部品使用管理办法》、《混凝土结构产业化住宅项目技术管理要点》，明确了产业化住宅部品的目录认定制度以及产业化住宅项目的设计施工要点；2011 年，出台了《北京市产业化住宅部品评审细则（试行）》，规定了对结构性部品以及功能性部品的评审程序、评审要点；2014 年，发布了《关于加强装配式混凝土结构产业化住宅工程质量管理的通知》，明确“对预制混凝土构件的生产环节进行监理”等一系列新举措，对产业化住宅构件的生产、检测、安装以及如何保证使用功能等进行全过程监管，旨在进一步加强装配式混凝土结构产业化住宅工程质量管理；2015 年，发布了《装配式剪力墙住宅建筑设计规程》征求意见稿，对产业化住宅的设计提出了明确的要求。

三是激励性政策，2010 年在全国率先出台《关于产业化住宅项目实施面积奖励等优惠措施的暂行办法》，对工业化建造的住宅奖励一定数量的建筑面积，明确项目奖励面积总和不超过实施产业化的各单体规划建筑面积之和的 3%；2013 年，发布了《关于确认保障性住房实施住宅产业化增量成本的通知》，对于采用住宅产业化方式建造的保障性住房，项目产业化增量成本计入建安成本，并明确了增量成本确认程序、标准及相关要求，有效激励了产业化保障性住房的建设。

2）北京市保障性住房实施住宅产业化取得的成绩

在多项政策的支持下，北京市保障性住房实施住宅产业化发展呈现出了良好的态势。在组织机构设置方面，建立了住宅产业化工作联席会议制度，负责研究制定推进北京市住宅产业化发展的政策、发展目标和总体规划；成立了北京市住宅产业化专家委员会，负责北京市保障性住房实施住宅产业化标准体系制定、评价体系制定、认证体系制定等咨询类工作，同时颁布了《北京市住宅专家委员会管理办法》，规范了对专家委员会的管理工作。在标准体系建立方面，在《北京市产业化住宅部品使用管理办法》《混凝土结构产业化住宅项目技术管理要点》等技术性政策的推动下初步形成了设计标准化体系、部品标准化体系、预制装配式施工成套技术体系等一系列标准体系。实施主体培育方面，成立了由北京万科、北京金隅集团、北京建工集团、北京建筑设计院等房地产开发、住宅部品集成、建筑施工、科技与服务业“4 大产业板块”32 家单位组建的北京市住宅产业化企业联盟；此外，北京市政路桥股份有限公司、北京市燕保投资有限公司（市投资中心全资子公司）、北京市建筑设计研究院有限公司、北京首开资产管理有限公司、北京城乡建设集团有限责任公司还共同投资成立了北京住宅产业化集团，进一步推进了北京市保障性住房实施住宅产业化的建设。试点示范开展方面，建立了通州梨园公租房等一批保障性住房实施住宅产业化示范工程，为北京市保障性住房全面实行产业化建设提供了良好的示范作用，奠定了坚实的基础。市场准入制度实施方面，为确保产业化住宅建设安全和质量，严格控制市场主体准入，在土地交易过程中明确了投标或竞购主体必须为住宅产业集团或开发、设计、部品生产和施工企业联合体，其资质标准、业绩、技术力量、资信和财务状况必须满足实施产业化项目需要。

3）北京市保障性住房实施住宅产业化存在的问题

尽管如此，北京市的推进与约束机制尚不完善的事实仍然不能忽视，一是政府激励政策仅限于面积奖励等，在金融、税收等方面缺少激励措施。二是保障性住房实施住宅产业化的宣传力度还不够大，一方面导致企业对产业化保障性住房建设盈利空间等方面的认识比较局限，主动进入市场的积极性不够高；另一方面，导致消费者对产业化保障性住房的质量等方面的认识存在一定偏见。三是保障性住房实施住宅产业化实施主体在数量与质量方面还不够优秀，难以形成产业规模效应。四是保障性住房实施住宅产业化项目与实施主体的准入机制还不够健全，这是产业化保障性住房质量参差不齐的重要原因。五是尚未建立针对保障性住房实施住宅产业化实施主体的评价机制，政府与行业对企业的了解相对片面。六是尚未建立保障性住房实施住宅产业化市场惩罚与退出机制，抑制行业整体竞争水平的提高。因此，本书将从完善保障性住房实施住宅产业化市场推进机制与约束机制两个层面对上述六个方面的问题提出改进建议。

7.1.2 完善北京市保障性住房实施住宅产业化的推进和约束机制

（1）完善北京市保障性住房实施住宅产业化市场推进机制

1）完善保障性住房实施住宅产业化激励机制

保障性住房是政府为解决中低收入人群的住房问题而建，由政府统一规划、统筹提供，具有成本低、需求量大的特点，现阶段我国住宅产业化发展刚刚起步，采用标准化部品部件和成套技术的面并不大，尚未形成规模效应，因此，保障性住房以产业化的方式建造的成本要略高于传统方式，这与保障性住房的要求相背离，需要政府制定相关的金融、税收、土地等方面的政策法规，鼓励住宅产业化链条中的企业在保障性住房建设中推进住宅产业化。目前，北京市已经制定了一些针对建设单位的激励政策，如明确增量成本标准、建筑面积奖励等，取得了一定的成效，但由于在保障性住房建设中实施住宅产业化需要企业前期投入大量的资金、技术和人力，建设单位主动由传统生产方式转变为工业化生产方式的积极性仍然不高。此外，政府对施工单位、部品供应单位等住宅产业化链条中的其他企业缺乏明确的激励措施，其产业化动力明显不足，不利于住宅产业化的进一步发展。因此，政府应在加大建设单位激励力度的同时，对产业链条中的其他企业给予一定的政策优惠，全面完善住宅产业化激励机制。

财政补贴和奖励政策。财政补贴和奖励作为一种增加企业收入的激励手段，在实践应用中收效较为快速明显。北京市现已实行了面积奖励政策，为了进一步推动保障性住房实施住宅产业化进程，北京市政府应在此基础上进一步出台财政补贴和激励政策。一是对采用新技术、新工艺、新材料等的企业进行补贴和奖励；二是对企业在节能、环保等方面取得的成就进行评定和奖励；三是按面积对全装修的保障性住房对建设单位进行补贴；此外，还有对按工业化方式生产的按面积比例进行补贴，等等。

贷款优惠政策。为了解决企业推行保障性住房实施住宅产业化的资金来源问题，政府应充分发挥经济杠杆的支持作用，对符合产业化条件的住宅项目以及开展住宅产业相关技术创新的企业给予贷款优惠。一方面，政府可采用贷款贴息补助方式，根据建设单位建设产业化保障性住房的情况，对项目贷款实施不同程度的贴息补助，可以从财政资金中直接拨付给企业，也可以让企业先行垫付，再根据评估情况拨付贴息资金（在廉租房、公租房项目经营期间，按年度对企业实行100%贴息补助）；另一方面，政府可以对参与住宅产业化的相关企业（产业集团、施工单位、部品生产供应商等）给予提供贷款担保、贴息优惠以及优先取得贷款资格的机会。

税收优惠政策。税收优惠政策是从减少企业支出的角度对参与保障性住房实施住宅产业化的企业进行鼓励，可以从以下几方面考虑：第一，对参与保障性住房标准化生产建设的企业，实行免征土地增值税和土地使用费；第二，对采用新技术、新材料等实行减免税收（包含两层意思：一是政府对新材料、新部品推行，采用减免营业税及相关附加税，以降低材料和部品的市场价格，从而降低保障性住房造价；二是对于积极采用新材料、新技术的企业，实施税收减免奖励，弥补其增加的成本）；第三，对全装修房税费进行减免，如将装修价格单列，根据毛坯房的成本价进行征税，减免装修部分的税收，这不仅有利于控制全装修保障性住房的开发成本，鼓励开发企业提供全装修房的热情，而且也有利于提高居民对于全装修房的接受度；第四，对于企业参与建设廉租房、公租房的，在其经营管理期间，对租金收入免征营业税、所得税。

土地优惠政策。改革和调整土地款的支付方式，对保障性住房项目采用土地无偿划拨，而在保障性住房分配阶段，政府根据不同的使用对象，将土地款按不同标准折算计入保障性住房的租售价格中，由使用者直接承担。通过调整土地款支付节点和方式，可以减少企业初始投入，降低资金门槛，并大幅度降低企业资金的占用成本，降低项目整体开发成本。

容积率豁免政策。目前，我国有许多城市都在保障性住房建设中大力推广住宅产业化，并采取了多种多样的推进策略。其中，容积率豁免政策作为现今涌现出的一项新兴激励措施，在我国的香港、上海等城市均有涉及。香港的容积率豁免政策主要针对的是预制部件，推动住宅产业化从公屋建设发展到了私营住宅，极大地促进了香港住宅产业化的发展；上海的容积率豁免政策则主要针对的是预制外墙部件，对上海住宅产业化的发展也起到了良好的推动作用。可以看出，容积率豁免政策在一定程度上能够有效调动开发商实施住宅产业化的积极性，北京市政府可据此入手，加大在保障性住房建设中实施住宅产业化的激励力度。一方面可参考香港的豁免办法，针对预制阳台进行容积率的豁免，将预制阳台的面积全部豁免，然后计算容积率，将50%的建筑面积计入销售面积；另一方面，针对全预制墙体和非承重外墙的投影面积进行容积率豁免，但仍计入销售面积[30]。

提前住宅预售时间。资金回收速度是建设单位盈利能力的重要影响因素，也是影响建设单位在进行项目可行性研究时的重要考量指标。由于保障性住房开发项目的前期投入资金比较大，且开发周期普遍较长，因此预售期的时间节点将会直接决定建设单位的资金成本，基于此项考虑，北京市政府在政策优惠上可以从预售时间方面入手激励建设单位采用工业化方式建设。深圳2014年11月发布的《关于加快推进深圳市住宅产业化的指导意见（试行）》里提出，旧改项目产业化住宅由主体建设到2/3改为1/3预售。北京市政府在制定建设单位的预售时间时，可参考深圳市的做法，结合自身的发展情况，根据建设单位面临实际的资金压力制定预售节点。

实施政府采购。政府通过定向采购，先行扶持和发展一批重点企业参与保障性住房标准化生产的技术研发和创新，为其提供稳定的市场需求，确保其实现一定的经营利润，从而调动并保护创新企业的积极性、创造性。同时，通过对重点企业的扶持，形成示范效应，鼓励和吸引更多企业加入，调动社会各种力量和资源参与到保障性住房标准化生产中，从而推动保障性住房标准化生产的快速、稳定发展。

实行推荐和备案制度。对参与保障性住房实施住宅产业化生产的企业进行资料备案，并在市场竞争中举荐。如在土地招拍挂中，政府可以在土地招投标标书中，增加参与保障性住房项目产业化建设的内容作为加分因素。另外，政府在企业参与保障性住房标准化生产项目时，也可以考虑向其供应一定的商品项目，补偿企业并调动其积极性。

2）加大保障性住房实施住宅产业化宣传力度

加强对产业化住宅的宣传。我国建筑产业化正处于起飞期，大多数消费者对于产业化住宅不理解甚至没有概念，很多消费者对产业化住宅甚至有抵触情绪，在此种环境下，很难形成有效的市场氛围和理念，消费者并不能对产业化住宅的优势有着直观的体验。而对于参建单位来说，产业化住宅的建造目前来说需要付出更多的建造成本，且盈利前景不够明朗，参建积极性也不够高涨。建筑工业化是20世纪末才正式开始在我国被提起的新名词与居住理念，这需要政府对这一需要大力发展的产业进行良好的宣传和引导。以产业化生产方式来建造保障性住房，能够将大量的工业化住宅推入市场。

对于消费者，政府应积极发挥舆论引导的作用，引导消费者逐步认识、了解、接受并喜爱上产业化住宅。一方面，可邀请专家制作访谈类或者其他类型的专业“住宅产业化”节目在电视、网络平台上播出，对消费者进行科普；另一方面，可在日报、学术类期刊等纸媒上刊登“住宅产业化”的深入报道和专业文章，使消费者对住宅产业化得到进一步的了解，消除对产业化住宅的偏见；此外，还可举办住宅产业化论坛、国际会议、产业化住宅参观试住等活动，使消费者对产业化住宅产生更直观的感受，进而培养其购买、租赁产业化住宅的偏好。

对于参建单位，北京市政府应利用其创新发展的积极性，分批组织住宅产业化相关企业以及具有住宅产业化发展偏向企业的管理者、技术人员到美国、日本等具有住宅产业化先进技术经验的国家考察学习，学习国外先进的建设理念，认识到自身与国外产业化相关企业存在的差距，了解到成熟的产业化发展给其带来的巨大的、长期的收益，通过这种冲击增加相关企业在保障性住房上实施住宅产业化的意愿。

推进保障性住房实施住宅产业化示范工程建设。从2009年北京第一个保障性住房工业化项目通州梨园公租房开始后，通过这段时间保障性住房实施住宅产业化的发展可以看出，龙头企业、示范工程是推进建筑工业化最行之有效的方法之一。北京市在保障性住房实施住宅产业化的建设过程中，培育了多个示范工程，起到了良好的示范效应，在此基础上，政府应进一步扩大保障性住房实施住宅产业化试点范围，挑选出一些成功的保障性住房工业化案例，并且在地区范围内大力推广学习，将成功案例的全过程进行归纳总结，形成本地区标杆项目，让准备发展的保障性住房实施住宅产业化企业有学习和模仿的对象，为北京市范围内全面实施保障性住房实施住宅产业化奠定坚实的基础[31]。

3）推动保障性住房实施住宅产业化实施主体有序发展

保障性住房实施住宅产业化实施主体的发展水平决定了保障性住房实施住宅产业化的建设水平，成熟的保障性住房实施住宅产业化实施主体主要指大型住宅产业化集团，目前我国住宅产业化的发展水平仍处于初级阶段，保障性住房实施住宅产业化实施主体尚未实现集团化、规模化，因此我国的住宅产业化实施主体主要包括预制构件单位、部品制造单位等住宅产业链条上的相关单位[32]。为了实现住宅产业集约化发展，就必须促使相关单位提高技术水平，逐步发展壮大，形成产业化规模，推动住宅产业化的发展。北京市作为我国发展保障性住房实施住宅产业化的示范城市，近年已出台多项针对保障性住房实施住宅产业化相关单位的激励政策，并成功培育了我国第一个住宅产业化联盟以及住宅产业化集团，但与发达国家相比还有较大的进步空间，因此，应在此基础上，进一步发展保障性住房实施住宅产业化相关企业机构、住宅产业化联盟，培育大型住宅产业化集团，推动保障性住房实施住宅产业化的有序发展。

引导住宅产业主体向规模化、专业化发展。目前，北京市部品供应单位的技术含量较低、标准化程度不高、企业生产能力参差不齐的现象仍然明显，因此，必须在政策中予以扶持引导，使其逐渐走向规模化、专业化的发展道路，以规模化和专业化的生产方式，为企业带来技术水平和产品质量上的提高，同时使生产成本降低，以实现企业经济效益的提高。一方面，出台激励性政策鼓励建设单位积极参与保障性住房建设，鼓励其加大创新力度，丰富保障性住房实施住宅产业化开发经验，推动其向专业的住宅产业化开发企业转变。另一方面，出台针对施工单位的激励性政策，鼓励其开发与引进先进施工技术，培养专业化施工人才，积极开展装配式施工。此外，还应对已有的预制部品生产企业加大扶持力度，支持新建预制部品企业。一是提高其技术水平，使预制部品生产企业的配套生产能力能够满足保障性住房实施产业化的建设需求，并通过政策指引鼓励技术水平较高、具有一定规模的预制部品生产企业更新生产线，根据市场需求来调整预制部品的结构；二是出台配套推进政策，鼓励从事传统的原材料加工的建材企业向以住宅产业化为特点的预制部品生产企业转型，比如可以引导部分大型商品混凝土生产企业向预制构件部品生产企业转型，形成多家大型骨干企业，充分发挥其专业优势；三是鼓励建筑领域内的大型企业投资、兴建预制部品生产企业，推动预制部品生产领域的快速发展。同时，鼓励科技与服务机构加强技术交流与合作，开发产业化新型技术，参与制定保障性住房实施住宅产业化的标准、规范等。

4）进一步发展住宅产业化联盟

北京市住宅产业化产业间的联系重点在于一个贯穿于产业上下游，房地产开发、预制部品生产、施工建造、科技研发四个板块互相联系、政府参与支持的网络。强调的是经济体内部的产业网络，涵盖了企业间竞争、企业关联、合作互动关联和生产要素互补、共享等，并由此而产生经济体内企业的外部规模经济效应。因此，以技术为纽带、市场为导向，整合产业链资源，引领开发、材料部品生产、施工、科研设计等单位组成联盟是十分必要的。北京市已于2010年率先成立了住宅产业化联盟，囊括了开发、建设、供应、科研等多家企业机构，在推动北京市保障性住房实施住宅产业化发展的过程中起到了十分重要的作用。但联盟的发展还处于初级阶段，尚未实现全面整合产业链资源的目标，因此应发挥政府的引导作用，进一步推动北京市住宅产业化联盟的发展。

一方面，促进联盟进一步整合产业链资源。住宅产业作为城市可持续发展的一个重要部分，具有产业链长，带动相关产业较多的特点。从规划设计、建筑施工、建筑材料、部品部件、装饰装修甚至包括家具家电等都紧密相连，对城市经济的拉动作用不可低估。所以整合产业链资源优势，把国内甚至国外的一些优质资源整合到产业联盟里来，上下游融合互补，形成完整链条，以解决产业链脱节的问题，是当前首要的任务。另一方面，促进联盟整合政策资源。

同样是节能省地“四节一环保”的项目，同一个部门管理，报“绿色”就可以拿到补贴，而报“康居”就什么都没有。绿色建筑有政策，康居示范有经验，把优秀的住宅产业化项目都纳入绿色建筑的优惠政策，充分利用政策，这就需要通过联盟来整合。此外，还要促进联盟整合产学研资源。联盟成员中绝大部分都是企业家，“产”环节的资源十分丰足，但是“学（大专院校）”和“研（科研机构）”相对欠缺。所以要整合产学研资源，促进“校企联合”、“产研联合”。联盟要整合产学研资源，将企业的优势与院校的人才优势、科研院所的研发优势整合在一起，形成产学研一条龙，让科学技术尽快地转化为生产力，实现住宅新技术新产品的大范围推广。

5）继续培育大型住宅产业化集团

培育大型产业集团是产业联盟的发展目标之一，同时也是政府的关注重点。一方面，相对于住宅产业联盟来说，住宅产业集团内部的联系更为紧密，各方风险共担、利益共享，这种机制促使产业集团内部的沟通更为便捷有效，知识共享转移更为快速，进而推动住宅产业实施主体的快速发展，满足保障性住房实施住宅产业化发展的实际需求。另一方面，住宅产业化集团的经营模式为一体化经营，业务领域涵盖住宅开发、住宅预制部品生产、住宅施工、住宅销售、科技研发等各个方面，在住宅产业化集团的一体化经营模式作用下，各环节资源得到合理有效的整合，各个领域实现相互支撑、互促发展。比如，科技研发能够为住宅开发、部品生产、施工等方面提供技术支持，而房产销售所回流的资金又反过来支撑科学技术研发，而住宅部品和施工的质量又是住宅销售的保障，以此类推，各个环节相互支撑发展，形成良性循环。住宅产业化集团在内部良性循环作用下，不断向专业化、规模化发展，同时推动整个住宅产业实现专业化、规模化发展，从而降低住宅建设成本，实现住宅产业的集约化、健康化发展。目前，北京市已成功培育出了大型住宅产业化集团，为产业化集团的成立起到了良好的示范作用。但发展保障性住房实施住宅产业化，仅仅依靠少数产业化集团是行不通的，需要政府给予积极的政策引导，培育多个产业化集团，全面整合业内资源，形成产业化发展合力，促使保障性住房实施住宅产业化步入良性循环发展道路。

一是要加大政策的扶持力度。北京市已经成型的住宅产业化集团较少，而且已有的住宅产业化集团也存在着资金链条不完整、科学技术研发速度缓慢、科研成果转化动力不足等各种各样的问题，不仅影响已有住宅产业集团的发展速度，而且制约着新的产业集团的形成。北京市政府作为北京市住宅产业发展的支持者与管理者，应主动探索北京市住宅产业集团内部、外部存在的问题，围绕着住宅产业化的发展目标，制定住宅市场政策、住宅产业组织政策等来调控住宅消费市场，为住宅产业集团的发展创造良好稳定的外部市场环境，同时出台资金支持政策等激励性政策，为住宅产业化集团的科技研发、人才培养等提供资金支持，提高已有住宅产业化集团的竞争水平，吸引更多企业参与到保障性住房实施住宅产业化的建设中来，形成新的住宅产业集团。二是鼓励产业化机制创新。政府应积极制定住宅产业技术创新机制的激励引导制度，鼓励住宅产业化集团调整产业结构，向住宅产业的各个领域纵向深入发展。三是加快住宅产业化标准体系的制定。北京市政府主管部门应组织住宅产业化专化家委员会，联合高校、科研机构与企业，对产业化结构体系标准、预制部品构件生产技术等一系列基础技术工作展开研究，并由此开展对相关构件部品的生产准备、磨具的加工、施工技术的改进、操作工艺的创新等一系列的科技研发，为住宅产业化集团的发展提供规范和技术支撑，推动保障性住房实施住宅产业化的发展[33]。

（2）完善北京市保障性住房实施住宅产业化市场约束机制

1）完善保障性住房实施住宅产业化市场准入机制

政府应把保障性住房实施住宅产业化建设的推进作为重点工作，同时，也不能忽视对产业化保障性住房项目以及实施主体的约束工作，因为这关系到产业化保障性住房的质量以及北京市住宅产业化的健康发展，而完善保障性住房实施住宅产业化市场准入机制则是完善约束机制的首要工作。北京市保障性住房实施住宅产业化市场准入机制在不断的实践和发展中日趋成熟，但是仍然存在很多问题亟待解决，主要体现在审批标准不完善、监管体制不健全等方面。因此，在借鉴国内外住宅产业化市场准入制度经验的基础上，针对现有制度存在的问题，为北京市保障性住房实施住宅产业化市场准入机制的完善提供建议。

完善审批标准。全面的准入标准是市场准入机制有序实施的保障。从保障性住房实施住宅产业化项目的审批来说，北京市政府应依据本地区产业化保障性住房前期审批程序的具体情况，重点梳理每一审批程序事项的前置条件和具体要求，同时邀请住宅产业化专家委员会进行技术指导，完善行政审批标准，包括对审批流程、审批资料、审批时限的细化，建立详尽的标准体系。从保障性住房实施住宅产业化实施主体的审批来说，北京市《关于推进本市住宅产业化的指导意见》虽然提出了在土地交易过程中明确投标或竞购主体必须为住宅产业集团或开发、设计、部品生产和施工企业联合体，其资质标准、业绩、技术力量、资信和财务状况必须满足实施产业化项目需要的准入条件，但对集团或联合体的审核指标并没有进行细化，因此北京市可在建筑业企业资质审核指标的基础上，增加企业管理水平、科技创新能力、技术专利等反映企业“软实力”的指标，提高审核指标对保障性住房实施住宅产业化实施主体考核的全面性、科学性和适用性；同时，研究制定《住宅产业化建筑企业资质审查说明》，进一步明确审查条件和审查流程，尽可能地减少审批程序，以方便申请人为目的。在此基础上，应建立保障性住房实施住宅产业化项目审批管理信息系统以及保障性住房实施住宅产业化实施主体审批管理信息系统，按照审批标准分步实施，加速标准实施的步伐。

加强审批监管。审批标准的有效实施离不开监管的实时推动，因此针对标准执行情况，应加强监督考评工作。在审批标准完善方面，应对保障性住房建设项目前期审批标准工作从输入到输出各环节进行监控，及时发现问题，改进标准，促进审批标准体系的逐步完善。在审批人员管理方面，加强对产业化保障性住房审批从业人员的培训，提高其专业素质和能力，并建立审批从业人员素质评价体系，从基层方面减少审批失误或者受贿审批问题的发生。在部门协调方面，北京市政府相关部门应加强住宅产业的审批和监管力度，各个不同职能部门应相互协作、配合与沟通，明确权责分工，共享信息和资源，共同致力于建设一个科学高效的管理体系以解决保障性住房实施住宅产业化市场审批和监管环节中存在的问题，防止市场泡沫的形成。

引进优秀企业。保障性住房实施住宅产业化实施主体进入市场，一方面受到资质标准的制约，另一方面也受到市场内部环境的制约，当市场内部优秀企业处于饱和状态时，可有效控制不良企业的进入。所以，政府应发挥能动作用，主动除去地方保护壁垒，对外部投资进行合理地引导，对优良的资金予以充分利用，积极引进国内外拥有良好商誉及品牌的专业房地产公司投资，鼓励其直接参与保障性住房实施住宅产业化的开发经营，从而在房产的设计规划、开发技术等方面提高保障性住房实施住宅产业化这一产业的层次与水准。

2）建立保障性住房实施住宅产业化市场评价机制

近些年来，北京市在保障性住房实施住宅产业化的发展过程中逐步建立了住宅性能评价体系、部品认证体系、住宅质量评价体系等一系列评价体系，有效保障了产业化保障性住房的质量，极大促进了保障性住房实施住宅产业化的发展。然而，针对保障性住房实施住宅产业化实施主体的评价体系却尚未建立，导致政府无法及时全面地了解产业链企业以及产业化集团的竞争实力，不利于对各项产业化政策的制定，也无法为保障性住房实施住宅产业化惩罚与退出机制的建立提供支撑。因此，政府应积极推动保障性住房实施住宅产业化实施主体监督评价机制的建立。

建立保障性住房实施住宅产业化实施主体评价体系。政府应充分发挥住宅产业化专家委员会的作用，从企业内部与外部发展的关联性出发，从系统工程的角度，将科学性、效用性与可操作性、广泛性作为目标评价体系的设计原则，制定评价体系。值得注意的是，保障性住房产业化涉及的企业非常广泛，评价体系的建立也不能一概而论之。对于建设单位，应在广泛调研的基础上，从企业资本、规模、科技创新能力、企业管理制度、企业盈利能力、开发能力等角度建立评价体系；对于施工单位，应从项目管理能力、装配化施工能力、从业人员素质等角度建立评价体系；对于部品供应单位，则应侧重于从部品入库指数、科技研发能力等方面建立评价体系。

建立动态的评价机制。保障性产业化实施主体的评价并不是一项一劳永逸的工作。保障性住房实施住宅产业化市场是流动变化的，需要政府对新进入的企业实时进行评价，在评价名录中剔除退出企业。此外，实施主体的竞争力水平也会随着时间的推移而产生变化，如果仅进行一次性的综合评价，则无法客观全面的反映企业的水平，因此，应对其实施动态评价管理，每年至少进行一次综合评价。这不仅有助于提高实施主体的竞争力，也有利于提升政府对于实施主体的管理水平。

建立优秀企业信息库。建立优秀企业信息库，制定入库标准，由住宅产业化专家委员会组织对实施主体进行评价，根据评价结果，将符合入库标准的企业信息录入库中，公示于政府和社会。信息库应与动态评价机制相结合，实时进行更新，保障信息库的公信力。在招标工作中，可给予优秀企业信息库中的企业适当的加分，激励实施主体为此积极提高自身的竞争能力，推动保障性住房实施住宅产业化产业整体竞争水平的提升。

3）建立保障性住房实施住宅产业化市场惩罚与退出机制

目前，北京住宅市场也存在较为严重的产能过剩问题，大量生产力低下、技术能力落后、环保度低的落后的住宅企业不愿退出市场，占用大量资源，导致优秀的企业无法快速进入市场，给保障性住房实施住宅产业化市场的发展带来阻碍，因此应加快建立保障性住房实施住宅产业化市场惩罚与退出机制，惩罚、关停落后企业或者引导其转入其他行业。

加大对违规企业的惩罚力度，推动其转变生产方式。尽管经济优惠政策对保障性住房实施住宅产业化的发展起到了非常大的推动作用，但其所带来的权力寻租等负面影响也不容小觑，比如某些开发商钻政策漏洞，利用产业化住宅开发商的身份，享受政府的经济优惠政策，但在实际建设过程中，并未严格按照工业化标准进行生产，经济优惠政策会对保障性住房实施住宅产业化的发展产生推动作用，但很多开发单位也在寻找漏洞，在开发建设前享受了政府类似于面积奖励等的优惠性政策后，在开发建设过程中并没有严格按照工业化方式进行生产，甚至采用不环保、不节能措施。因此，应在优惠政策实施的同时，推出相应的惩罚性政策，惩罚性政策可以与经济优惠政策关联使用，加大对违规企业的惩罚力度，保证建筑工业化的快速、健康的发展。一方面，可根据企业的违规情况直接开具罚单；另一方面，也可加大税收征收比例，或要求其额外支付类似发达国家采用的“生态税”，强制企业采用新材料、新工艺，自觉推行工业化生产方式。

改变落后企业淘汰方式，确保落后企业真正退出市场。当前落后主体淘汰工作存在大量“淘而不汰”的现象，为了确保落后主体真正退出市场，应该对现有落后主体淘汰工作进行改进。第一，科学界定“落后主体”，改变以“规模大小”定义落后主体的标准，不仅应该将生产工艺水平、企业运行效率和管理水平等纳入落后主体界定中，还应引入能耗和环保标准，并分行业制定，同时严格执行强制性能源限耗额标准和污染物排放标准。第二，改变落后主体淘汰工作的执行方式，将企业的能耗和环保评价标准与税费征收相结合。需要注意的是，企业的评定工作必须客观、公正，应该由独立的第三方机构进行，可以引入行业协会或社会团体对其进行评定。第三，建立有效的激励机制，将淘汰落后工作的完成情况纳入官员的政绩考核体系中。

依靠市场力量推动行业兼并重组，实现真正产业升级。住宅产业盛行“增量重组”，行政干预下的兼并重组往往流于形式，要改变这一状况，就必须减少行政干预，让位于市场力量进行资源配置。第一，政府应减少行政干预，避免出现以税收优惠、低价土地或提供政府担保等方式促成企业兼并重组的非理性行为，否则，所谓“兼并重组”很可能成为新一轮产能扩张的借口。第二，重视企业兼并重组后的企业内部资源整合，鼓励企业实施“减量重组”。抓住兼并重组机遇加快技术升级和产品结构优化，从而真正达到压缩过剩产能的目标。第三，鼓励和引导非公有制企业通过参股、控股、资产收购等多种方式参与企业兼并重组，支持和培育优强企业发展壮大，提高产业集中度，增强行业发展的协调和自律能力。

建立退出补偿机制，降低落后企业退出壁垒。在中国当前各项体制不健全的情景下，行业大范围的企业退出势必将引发一系列社会问题，因此应建立退出补偿机制，以避免大批落后主体退出市场可能引发的严重后果，同时也对落后主体形成一定的退出激励。需要特别强调的是，建立退出补偿机制并不是为了救助企业，而是出于社会效益、环境效益等方面的考量，所以，退出补偿机制“补偿”的对象应落实到失业人员安置上，而非企业投资人或债权人。在建立退出补偿机制时应加强对补偿资金的监管，补偿资金应严格用于失业人员的职工赔偿、就业指导、职业培训、创业指导和创业培训等方面。至于退出补偿资金的筹集，建议可以从以下两个渠道进行：一是由政府进行补贴，也即由政府来承担一部分企业退出后的社会责任；二是借鉴日本产业发展经验，在行业协会组织下以行业为单位设立“企业退出补偿基金”，由业内在位企业共同出资对退出企业进行退出补偿。

7.1.3 制定北京市保障性住房建设项目住宅产业化水平评价标准

（1）北京市保障性住房建设项目住宅产业化水平评价指标体系构建

1）北京市保障性住房建设项目住宅产业化水平评价指标体系建立原则

保障性住房实施住宅产业化水平评价指标体系的建立必须具备一套明确、科学的量化指标，评价指标体系的确立是保障性住房建设中实施住宅产业化水平评价的核心部分，也是涉及评价结果可信度的关键因素。因此，建立科学、完善的保障性住房实施住宅产业化水平评价指标体系应当遵循如下基本原则：

科学性原则。评价指标的选取应该具有严谨的科学性，能够从客观事实反映出保障性住房实施住宅产业化发展水平。评价指标体系的大小应当适宜，评价指标体系设置过大，指标的层次过多，难以控制过细指标的严谨性和科学性，过细的指标往往不能体现出整体的水平，会将评价者的注意力转移到细小且不关键的问题上，适得其反；评价指标体系设置过小，层次结构过于粗糙和含糊，指标过粗就不能充分明确地反映出保障性住房住宅产业化的水平。因此，评价指标体系的建立必须遵循科学性原则。

整体性原则。构件评价指标体系时应考虑整体性的原则，尽量使指标体系涵盖保障性住房住宅产业化的基本方面，从对设计阶段的设计评价、建造过程中的预制构件评价及施工安装评价以及管理与综合效益评价四方面进行评价指标的选取和综合评价。充分考虑下级指标对上级指标的影响和关联度，统筹兼顾，从整体出发达到最佳的评价效果。

层次性原则。层次性是指评价指标体系本身的多层性结构的特点，住宅产业化的水平是多层次、多因素综合影响和作用的结果，相应的评价体系必须从多个层面反应保障性住房实施住宅产业化建设的实际情况。在指标设置上应当按照相关指标层次递进的关系，尽可能使评价指标层次分明，准确反映出各指标之间的支配关系，这样就可以很好的避免出现指标的相似性和相容性，使得每级指标既具备保障性住房的特点又能充分的反映出住宅产业化的水平。

易操作性原则。评价指标的设计必须有明确的概念和定义，方便收集资料和采集数据。针对保障性住房的特点进行产业化建设水平评价指标的选取，取同《工业化住宅建筑评价标准》指标相似的部分，并根据保障性住房自身的特点做灵活的调整。并且，评价指标的内容不应繁琐冗长，要简明适中，太过繁琐会对评价工作造成不必要的麻烦。因此，评价指标在选取时要遵循易操作性原则[34]。

2）北京市保障性住房实施住宅产业化评价指标体系设计

① 评价指标的选取

已颁布工业化评价标准指标体系分析。目前，我国已颁布实施的工业化评价标准共两部，分别为住建部颁布的国家标准《工业化建筑评价标准》以及上海市颁布的地方标准《工业化住宅建筑评价标准》。两部标准评价指标层次分明、结构合理，较为系统、全面地涵盖工业化民用建筑建造的全过程，对于北京市制定保障性住房建设项目住宅产业化水平评价标准指标设立有非常大的参考意义，故首先对这两部标准的指标体系进行分析。《工业化建筑评价标准》及《工业化住宅建筑评价标准》的指标体系分别见表7-1及表7-2。

工业化建筑评价标准体系表（国家标准）　　表7-1

<table>
<tr><th>总项</th><th>基础项</th><th>指标项</th></tr>
<tr><td rowspan="3">工业化建筑评价标准体系</td><td>设计阶段</td><td>标准化设计
装配式混凝土结构预制率
建筑构件、部品装配率
建筑集成技术设计
设计深度</td></tr>
<tr><td>建造过程</td><td>预制构件生产制作及质量控制
预制构件运输管理
装配化施工组织与管理
装配化施工技术与工艺
装配化施工质量
一体化装修技术与施工工艺</td></tr>
<tr><td>管理与效益</td><td>信息化管理
资源节约与环保效果
现场施工人工用量</td></tr>
</table>

工业化住宅建筑评价标准体系表（上海市地方标准）　表 7-2

<table>
<tr><th>总项</th><th>基础项</th><th>指标项</th></tr>
<tr><td rowspan="4">工业化住宅建筑评价标准体系</td><td>工程设计</td><td>标准化、模数化设计
住宅单体预制率
预制外墙
预制构件、部品装配率
土建装修一体化设计
BIM 技术应用
可变空间设计
机电设备管线设计</td></tr>
<tr><td>构件预制</td><td>预制构件生产
预制构件成品保护
预制构件运输与堆放</td></tr>
<tr><td>施工安装</td><td>施工组织
施工方式
辅助工具</td></tr>
<tr><td>管理与综合效益</td><td>项目管理
综合效益</td></tr>
</table>

对比分析《工业化建筑评价标准》和《工业化住宅建筑评价标准》的指标体系，可以看出，在一级指标选取方面，两标准体系指标都是按阶段划分选取，国家标准是分为设计阶段、建造过程以及全过程的管理与效益，地方标准实质上也是按照这三个方面划分，不同的是将建造过程拆分为构件预制及施工安装两部分，以突出住宅工业化生产中构件工厂化生产及现场装配化施工的特点。两大标准的一级评价指标涵盖了工业化的基本特征，能够很好地实现对建筑工业化水平的全面评价。在二级指标的选取方面，两者所涵盖的内容基本一致，但是具体的评价指标罗列以及归属划分存在较大差异。如对设计的评价方面，两者均考核参评建筑在标准化设计、预

制率、装配率、土建装修一体化设计、机电设备管线设计等方面的水平，只是国家标准将土建装修一体化设计、机电设备管线设计放在了同一指标建筑集成技术设计下。这也是两者对各评价指标的重视程度不一的体现，将土建装修一体化设计、机电设备管线设计单列出来，体现出地方标准对这两方面考核的重视。另外，上海市地方标准是针对住宅建筑工业化水平评价的标准，还增加了对工程设计中可变空间设计的考核要求，促使住宅建筑工业化的发展更好地满足住宅使用功能的要求。对预制构件的评价，国家标准和地方标准均设置了构件生产、运输的评价指标，地方级还增加了预制构件成品保护的规定，更加全面地涵盖了构件从工厂生产到现场使用这一过程。施工安装方面，国家标准更加注重对建筑品质的考核，把相关指标作为评分项，而地方标准更加注重对施工效率的考核，质量相关内容全部纳入控制项，评分项则从施工组织、施工方式、辅助工具等方面针对施工效率进行评价。管理与效益评价方面，国家标准中的管理指标主要考核信息化管理水平，效益则是从资源节约与环保效果以及现场施工人工用量两方面考核；地方标准中项目管理除了对 BIM 信息模型技术的考核，还包括对总承包模式、管理系统信息平台、设备管理制度等的考核，效益也是从资源节约和环保以及经济效益两方面进行考核。

② 北京市保障性住房实施住宅产业化评价标准指标体系构建

北京市保障性住房实施住宅产业化评价标准是对保障性住房这一特殊类型的住宅产业化生产水平进行评价的标准，评价指标的设置要充分考虑北京市住宅产业化的具体要求以及当前北京市保障性住房发展的特点，并将两者有机结合起来。

标准指标体系构建背景。2008 年起，北京市就启动了住宅产业化试点示范工作，开展了装配整体式剪力墙结构体系的试点示范。2014 年发布的《关于加强装配式混凝土结构住宅产业化工程质量管理的通知》，提出对预制混凝土构件的生产环节进行监理、建立预制混凝土构件生产首件验收和现场首段验收制度等一系列举措，以进一步加强装配式混凝土结构产业化住宅工程质量管理。通过政策文件及实地调研发现，北京市开展住宅产业化的保障性住房项目其建筑结构绝大多数为装配式混凝土结构，故将北京市保障性住房实施住宅产业化评价标准的结构体系定位于装配式混凝土结构。

当前，北京市将住宅产业化作为建筑业产业结构调整、实现节能减排、推进绿色施工和提升住宅品质的重要工作。2011 年发布的《北京市“十二五”时期民用建筑节能规划》，将住宅产业化目标任务提升为建筑节能工作的一项约束性指标；2013 年发布的《北京市发展绿色建筑推动生态城市建设实施方案》、《北京市绿色建筑行动实施方案》，将推动住宅产业化的相关工作列为实施绿色建筑的重要任务；2014 年发布的《关于在本市保障性住房中实施绿色建筑行动的若干指导意见》，提出保障性住房实施产业化是绿色建筑行动的重要组成部分，新建保障性住房实现实施绿色建筑行动和产业化建设 100%全覆盖。可见，绿色建筑是北京市住宅产业化水平的重要评价指标，需要在评价时借鉴绿色建筑的相关指标予以单独列项并适当提高其评分比重。

《关于在本市保障性住房中实施绿色建筑行动的若干指导意见》（京建发（2014）315 号）中还提出装配式装修的要求，对于集中兴建且规模在 5 万 m^2 以上的公租房项目实施装配式装修，其他公租房项目应全面实施装配式装修，经济适用房、限价商品房等其他类保障性住房应试点实施装配式装修。可以看出，除了棚户区之外的其他保障性住房，都有装配式装修实施的要求，因此，装配式装修应该作为评价保障性住房实施住宅产业化水平的重要指标，单独列项并适当提高评分比重。

另外，北京市将住宅产业化作为提升住宅品质的重要工作，以预制装配式赶作业取代现场湿作业，以工业化生产方式取代劳动密集型的手工方式，以现代的住宅制造取代传统的住宅建造，解决长期以来的质量通病。《关于加强装配式混凝土结构住宅产业化工程质量管理的通知》中也提出进一步加强装配式混凝土结构产业化住宅工程质量管理。同时，保障性住房作为保障中低收入家庭住房需求的住房，对质量要求也较高。因此，对于保障性住房实施住宅产业化水平的评价必须将保障性住房质量作为一个重要指标，突出对产业化保障性住房对品质的要求。

标准指标体系构建。一级指标的选取：通过对已颁布工业化水平评价标准指标体系的分析可以得出，一级指标可直接参照两已颁布标准体系选取，为突出构件工厂化生产、装配化施工的特点，按照上海市地方标准分类将一级指标分为工程设计评价、预制构件评价、施工-1 安装评价、管理与效益评价四个方面，见图 7-1。

二级指标的选取：鉴于上海市地方标准《工业化住宅建筑评价标准》是针对装配式混凝土结构体系工业化住宅建筑的评价，而北京市保障性住房实施住宅产业化评价标准的定位也是混凝土结构，并且保障性住房是住宅的一种，保障性住房实施住宅产业化评价标准适用范围与《工业化住宅建筑评价标准》相当契合，故二级指标

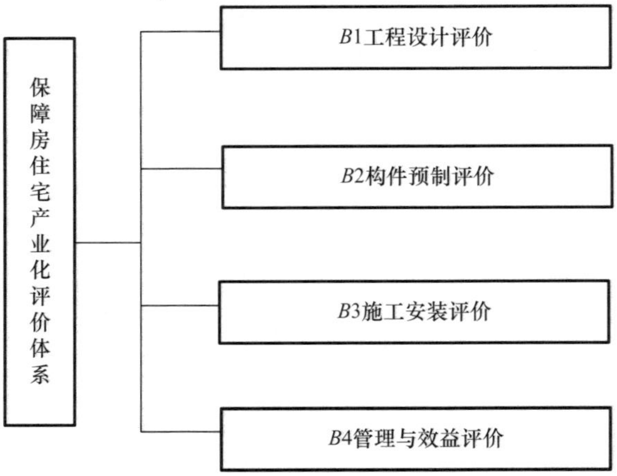

图 7-1　保障性住房住宅产业化水平评价指标层次图

在参考《工业化住宅建筑评价标准》的基础上选取。同时，综合北京市保障性住房中推行住宅产业化的相关政策及现实背景，构建保障性住房实施住宅产业化水平评价二级指标体系。

*B*1 工程设计评价：

工程设计评价是对工程设计标准化的评价，设计标准化是住宅产业化的核心技术，是实现保障性住房住宅产业化的基础，工程设计评价标准是评价保障性住房住宅产业化的核心标准之一。设计标准化体现在多个方面，首先是设计标准化和模数化，还应体现在保障性住房单体的预制和装配率方面、土建装修的一体化设计方面、机电设备管线设计方面，同时，对于保障性住房而言，应设置可变空间设计的指标，以满足保障性住房内住户随着家庭成员人数变化对于户型等变化的需求。另外，设计标准化还应考虑设计过程中BIM 技术的应用，以符合住宅产业化、信息化管理的要求。具体的指标层次结构图如表 7-3 所示。

设计标准化技术评价指标表 表 7-3

评价指标		指标说明
设计标准化技术（B_1）	模数化设计	建筑设计采用统一的模数协调尺寸，并符合现行国家标准《建筑模数协调标准》GB/T 50002 的有关规定
	标准化设计	各建筑预制构件、建筑部品、建筑单元、平面布局以及连接节点的设计均需满足标准化的要求
	保障性住房单体预制率	预制率主要针对主体结构构件和围护结构构件，其中包括：预制外承重墙、内承重墙、柱、梁、楼板、外挂墙板、楼梯、空调板、阳台等构件
	保障性住房单体装配率	建筑构件、部品的装配率是以构件或部品的应用面积或数量与相应部位的总面积或总数量之比进行判定
	土建装修一体化设计	建筑室内装修与建筑结构、机电设备一体化设计，建立协同工作机制，装修一次性到位，无现场二次加工
	机电设备管线设计	机电设备管线系统采用集中布置，管线及点位预留、预埋到位
	可变空间设计	主力户型楼板满足室内分隔中不同户数和户型的要求
	BIM 技术应用	BIM 技术贯穿于方案设计、初步设计、施工图设计及构件深化设计阶段，应用 BIM 技术在方案设计时进行项目总体分析、性能分析、方案优化等；进行施工图设计、包括专业协同、管线综合、信息模型制作、施工图信息表达等；进行构件深化设计，包括连接节点、钢筋碰撞检查、构件信息模型，完成构件图信息表达

其具体指标含义和作用如下所述：

C_{11}模数化设计：

模数是标准化的一种形式，是统一构件的最小基本单位，模数用 M 表示，1M＝100mm。模数协调设计是建筑实现标准化的前提，按照模数协调设计将构件部品进行标准尺寸协调分类，并使某一类构件具有相同尺寸不剩零头，决定每个建筑构件的精确尺寸。如果没有系统的模数协调，便不可能实现设计的标准化。模数协调涉及到组成建筑本体的各个构件，必须各个方面都遵守各项协调原则和协调标准，制定各个构件部品或组合构件的协调尺寸和约束条件。因此，模数协调设计水平指标是标准化技术指标的重要组成部分。

C_{12}标准化设计：

标准化设计主要是指保障性住房预制构件、建筑部品、建筑单元、平面布局以及连接节点的设计的标准化设计。住宅的构件部品是指构成住宅产品的基本单元，具有相对的独立性，可以单独的对其设计、加工、制造和调试，便于不同的专业化企业制造建筑产品。一栋保障性住房住宅的构件部品的种类和数量繁多，如果要满足多样化部品的需求，那么制造成本就会增加。因此，根据标准化的简化原则，从构件部品的设计入手，将构件部品的种类尽可能控制在一个范围内，并进行标准化批量设计，不仅可以满足数量上的要求，也降低了制造成本，构件部品的标准化水平还应当从接口的标准化技术和工艺的标准化技术层面上来衡量。同时，对于保障性住房而言，还应进行平面布局及户型的标准化设计。作为保障中低收入家庭住房需求的保障性住房，目的是保障住户的基本生活需求，无须多样化的平面布局设计方案，标准化的空间布局设计一方面可以降低设计成本，同时也体现着与标准化设计部品的对接水平。因此，标准化水平是衡量保障性住房设计标准化的一个重要指标。

C_{13}保障性住房单体预制率：

衡量设计阶段工业化程度最简单的方法就是计算预制率，对于混凝土结构体系而言，根据国家《工业化建筑评价标准》的界定，预制率指工业化建筑室外地坪以上的主体结构和围护结构中，预制构件部分的混凝土用量占对应部分混凝土总用量的体积比。预制率可以充分反映混凝土结构住宅体系中的构件预制水平，应该作为保障性住房实施住宅产业化水平的重要评价标准之一。

C_{14}保障性住房单体装配率：

国家《工业化建筑评价标准》中装配率是指工业化建筑中预制构件、建筑部品的数量（或面积）占同类构件或部品总数量（或面积）的比率，体现建筑单体的装配化水平，是衡量建筑工业化水平的重要指标，由于该指标也在设计阶段就得以确定，进而将其纳入设计标准化之下。对于保障性住房而言，类似的，将保障性住房单体装配率定义为产业化保障性住房中预制构件、建筑部品的数量（或面积）占同类构件或部品总数量（或面积）的比率，以衡量其产业化水平。

C_{15}土建装修一体化设计：

一体化设计是住宅产业化的一大重要特征，包含两个层面的意义，一是装修设计与建筑设计的一体化，即施工图设计应该按照建筑设计与装修设计一体化的原则以保证建筑设计与装修设计的一致性；二是装修施工的一次性到位，即住宅产品交付时所有装修要做到一次性到位。一体化装修设计保证了装修设计与施工的标准化和工业化，是保障性住房实施住宅产业化的重要组成部分，保障性住房一体化装修设计的水平能够很好地反映其产业化水平。

C_{16}机电设备管线设计：

机电设备管线设计时应采取集中布置方案，以便于机电设备管线的集中快速安装及定期维检修。机电设备及管线本就是工厂化生产的产物，故在实现保障性住房实施住宅产业化过程中对于机电设备管线的要求就是对其采取集中布置方案并做好相关预留及预埋工作。因此，机电设备管线设计代表着安装工程产业化水平，是衡量保障性住房实施住宅产业化的一个重要指标。

C_{17}可变空间设计：

由于保障性住房属于过渡性用房，保障性住房设计时应充分考虑到住户家庭、生命周期的变化等可能，让项目具有“可变性”。“可变性”可通过“套内可变”及“套外可变”实现。套内可变意味着房屋内隔墙可以随住户的要求自由移动。其实施需要满足三个条件：规模、大空间的结构体系；可拆装的轻质隔墙以及可变动的水电管路。“套外可变”即相对于传统的“两代居”升级版，在两套独立户型中预留联合位置，是两套房可以随要求变成一套房。产业化保障性住房同样应该根据具体项目需要满足可变空间设计的要求。

C_{18} BIM 技术应用：

产业化保障性住房对于设计提出了诸多标准化的要求，如何统筹这些要求并避免冲突、建立协调机制是产业化保障性住房能否顺利建造的关键，而 BIM 技术的应用使这些成为可能。通过 BIM 技术可以对保障性住房进行 3D 参数设计以及协同设计，提前发现设计中的冲突并进行修改，降低损失。贯穿于方案设计、初步设计、施工图设计及构件深化设计阶段的 BIM 技术应用，是提高各阶段设计水平的要求，同时也是体现信息化管理特征的要求，更是产业化保障性住房长期发展的要求。

B_2 预制构件评价：

预制构件的工厂化生产是住宅产业化的一大重要特征，区别于传统的钢筋、混凝土等建筑材料，预制构件在生产、成品保护及运输存放中都有特殊的要求，例如预制的钢筋混凝土梁柱，体积和重量大，对于生产、运输等必定有相当高的要求。因此，通过对预制构件在生产、成品保护、运输及堆放中一些技术及管理方面的评价，可以实现对保障性住房实施住宅产业化水平的有效判断评价。具体的指标层次结构图如表 7-4 所示。

预制构件评价指标表 **表 7-4**

评价指标		指标说明
预制构件评价（B_2）	预制构件生产	构件生产企业具备相应的生产工艺设备；构件生产过程有相应的技术标准、工艺流程和作业指导要求；构件质量符合国家现行标准要求
	预制构件成品保护	对于预制构件成品的保护要注意保护构件的饰面、预埋铁片、螺栓、防水条以及预制楼梯的踏步口等
	预制构件运输与堆放	对于预制的混凝土构件的运输要编制运输方案，对于大型构件还要有专门的安全保护措施；对于预制构件的堆放要设计标准化支垫

其具体指标含义和作用如下所述：

C_{21}预制构件生产：

预制构件生产评价是衡量构件部品生产工业化发达程度的重要指标，预制构件评价包括对生产企业、生产工人、生产设备、操作管理以及预制构件的信息化管理包括预制构件的表示、信息化系统的考核，同时，构件部品的制造技术不仅局限于对原材料的加工，而且要大力开发新型建筑材料、新型部品，通过材料的创新和功能的集成，最大限度地提高构件部品的价值和性能。

C_{22}预制构件成品保护：

成品预制构件不论在工厂里还是在施工现场，都需要特殊保护以防止构件的破坏和损伤。对预制混凝土构件的保护主要包括对其饰面光滑、完整的保护，尤其是那些一体化装修设计下的构件饰面，比如隔墙墙面；对预制构件中预埋件的保护，包括预埋铁片、螺栓和防水条，这些预埋件如果遭到破坏，将对预制构件的性能和质量产生极大影响；对预制楼梯踏步口的保护，由于踏步口属于阳口，很容易受到破坏，但是受到破坏后就得进行现场二次加工，增加成本，所以要加以注意和保护。预制构件成品保护水平的高低体现着产业化水平的高低，预制构件成品保护水平越高，产业化水平也就越高。

C_{23}预制构件运输与堆放：

预制构件作为新型建筑生产方式中的建筑原材料，不同于传统模式下的钢筋、水泥、石子、沙子等，由于其体积及材料等因素，对运输有着特殊要求。因此，预制构件生产企业要编制运输组织方案，以满足预制构件不被破坏或损坏的要求，同时，对于大型构件如大型混凝土梁、柱，还要制定运输构件保证措施。同样的，预制构件的堆放也要有规定，可以通过标准化支垫的设置实现。预制构件运输与堆放的评价可以有效反映出保障性住房实施住宅产业化的水平。

B_3施工安装评价：

施工安装评价是对产业化保障性住房装配式施工水平的评价，装配式施工是产业化保障性住房生产的重要特征，是区别于传统保障性住房生产方式的标志，同时也是提高保障性住房质量的实施关键。不同于传统的湿作业方式，这种采用机械吊装的干作业装配式施工，对于施工技术、施工工艺工法、施工质量以及施工的管理有一套全新的要求，可从施工组织、机械化安装、现场施工技术、装配式装修、技术集成化程度、辅助工具方面进行考核评价，以保障保障性住房品质并体现保障性住房在装配式施工这种新型生产方式上所达到的水平。具体的指标层次结构图如表 7-5 所示。

施工安装评价指标表　　表 7-5

评价指标		指标说明
施工安装评价（B_3）	施工组织	参评项目具备完整的施工方案，内容包括构件安装工程进度、场地、材料、人员、机械的组织，以及相应的质量、环境、安全管理措施
	机械化安装	保障性住房项目具备构件安装专项技术方案，包括构件成品保护、存放、翻转、起吊、定位、稳固、连接等技术措施和质量、安全控制措施
	现场施工技术	保障性住房项目具备完整的装配化施工工法或技术标准，相关技术标准应符合国家标准规范
	装配式装修	除棚户区外，保障性住房项目应采用工业化生产的部品、部件进行现场装配施工的装修工法
	技术集成化程度	技术集成包括外围护结构集成技术、室内装修集成技术以及机电设备集成技术，满足结构、保温、防渗、装饰、二次施工等要求
	辅助工具	采用工具室、定型化支撑体系，采用标准化模版，外墙减少外脚手架施工，采用工厂化加工的成型钢筋、钢筋网片、钢筋桁架等

其具体指标含义和作用如下所述：

C_{31}施工组织

施工组织评价是指对项目所采用施工方案完备性的评价，包括构件安装工程进度、场地、材料、人员、机械的组织，以及相应的质量、环境、安全管理措施施工组织水平可以反映出机械化安装施工方案的水平，进而反映保障性住房实施住宅产业化水平。

C_{32}机械化安装

保障性住房机械化安装是指在施工现场运用机械设备进行构配件拼接安装，其水平可以间接反映出在保障性住房住宅产业化建设过程中从业人员人均所拥有的机械技术装备含量的高低，或者也可以反映出在建设过程中企业投入的机械设备数量的多少。机械化安装水平是能体现出施工机械化水平的一项重要的指标，也是衡量建筑工业化水平的重要组成指标。

C_{33}现场施工技术

现场施工技术水平可以很大程度上反映保障性住房工业化建设的发展水平，现场施工技术主要包括施工技术和施工方案、流水施工与网络计划技术、现场生产指挥以及员工现场作业等方面。虽然随着建筑工业化的发展，施工技术对加快建造进度、降低建造成本、改善能耗方面有着很大的帮助，良好的现场施工技术，可以使得保障性住房保质保量地完成，更好地达到国家的建设要求。

C_{34}装配式装修

装配式装修是工业化建筑体系的重要组成部分，对其水平进行评价可以有效反映建筑工业化发展水平。《关于在本市保障性住房中实施绿色建筑行动的若干指导意见》（京建发（2014）315 号）指出装配式装修是采用工业化生产的部品、部件进行现场装配施工的装修方法，公租房及经济适用房、限价商品房应全面或试点实施装配式装修。不同于一体化装修设计指标，该指标主要考核装修过程中使用工厂化生产部品、部件的比例及装配式装修施工技术、方案、组织管理等方面。

C_{35}技术集成化程度

本文的技术集成化特指将施工技术整合到一起，进行技术储备，在满足一次设计建造的要求之下，是否具备二次安装施工的工艺、工法。建筑集成技术是工业化建筑的主要技术特点，先进的技术集成技术有利于技术系统的整合优化，有利于施工建造工法的相互衔接，有利于提高生产建造效率和建筑质量、性能。所以，技术集成化程度是反映施工技术水平的重要指标，这也是本文选择技术集成化程度作为施工机械化水平评价指标的原因。

C_{36}辅助工具

辅助工具是指在施工过程中用到的辅助施工的模板、钢筋网片、钢筋桁架等，以及室内采用工具室、定性化安全支撑设施以减少外墙脚手架施工等。辅助工具作为施工过程中的必要工具，工业化生产和应用水平也是保障性住房实施住宅产业化水平的重要体现。

B_4 管理与效益评价

管理与效益评价是指针对项目的管理以及项目所产业的综合效益进行评价，对管理的评价应从项目信息化管理水平包括 BIM 信息技术、设备管理制度、管理系统信息平台等方面进行评价，对综合效益的评价应从节能环保和经济效益方面对这种产业化生产方式的转变进行评价。具体的指标层次结构图如表 7-6 所示。

管理与效益评价指标表 **表 7-6**

评价指标		指标说明
管理与效益评价（B_4）	项目管理	主要是信息化管理水平，信息化技术贯穿项目的设计阶段、生产阶段和施工阶段；建筑信息模型主要指 BIM 信息模型技术，模型信息要覆盖项目所有专业和主要工序，建立各个阶段管理系统。另外，还包括设备管理制度以及管理系统信息平台的建立
	综合效益	包括绿色建筑以及经济效益，绿色建筑包括节能、节地、节水、节材和环保效果；经济效益指建造成本与同等条件下传统建造方式相比，增加不超 10%，工期和单位建筑面积人工用量减少

其具体指标含义和作用如下所述：

B_{41}项目管理

信息化技术是实现新型建筑工业化的重要工具和手段，信息化技术和管理水平是衡量保障性住房实施住宅产业化科技水平的重要指标。本文中的项目管理水平主要是指项目建造过程中的信息技术及管理水平，即运用BIM技术对项目全过程科学管理的水平。通过建立建筑信息管理系统，把项目建设中的各个环节集成起来，共享资源和信息，同时利用现代的技术手段来寻找潜在的客户，有效地支撑企业的决策系统，达到降低库存、快速应变、提高生产效能和质量的目的。科学的项目管理伴随着整个项目的寿命周期，在每个阶段都会有相应的管理模式，如：施工阶段的现场施工管理、配送存储阶段的物流管理以及贯穿于项目全过程的运营管理等。因此，科学的项目管理是工业化建筑实现社会化大生产的基本保证。

B_{42}综合效益

综合效益是指保障性住房在产业化建造过程中相比于传统建造方式给社会带来的总的环境效益和经济效益，环境效益主要指保障性住房建造过程中的节能、节地、节水、节材和环保效果，这点与绿色建筑的要求相契合，而北京市在多文件中也提到以保障性住房实施住宅产业化推动绿色建筑的发展，因此，将环境效益指标项改为绿色建筑，对其具体评价内容的考核可参考《绿色建筑评价标准》GB/T 50378—2014；经济效益是指由这种产业化生产方式带来的对企业及社会产业的经济方面的效益，如工期的减少、单位建筑面积人工用量的减少，同时对经济效益考核还有非常重要的一点，就是建造成本，保障性住房实施住宅产业化生产方式相比于传统建造方式在土地、前期开发、建筑安装工程、开发间接费、不可预见费以及后期使用费等方面都有增量成本，增量成本的幅度也可以在一定程度上反映出产业化水平的高低。

③ 评价指标权重的确定

各指标权重由专家通过量表法打分确定。量表法就是将一定的分数或比重分配到各个绩效评价指标上，使每项评价指标都有一个权重，然后由评价者根据评价对象在各个评价指标上的表现情况，对照标准对评价对象作出判断并打分，最后汇总计算出总分，得到最终的绩效评价结果。作为一种绝对评价法，量表法所采用的评价标准一般都是客观的职位职能标准，因此，评价记过更客观、准确[35]。

2）北京市保障性住房住宅产业化评价方法选择

在评价方法上，已经出台的两部标准均从工业化建造的全过程出发，分阶段对工业化建筑进行评价，以便于评价工作的执行操作。并且，对于每个评价指标设定基础项（或控制项）和评分项，基础项（或控制项）具有一票否决权，评分项的评价分值按照其重要程度给出统一分值标准，最后通过加权平均的方法得出申请项目总分值，划定其工业化等级。评价方法科学、合理，北京市可直接借鉴使用。具体评价方法及要求如下。

为保证产业化保障性住房的评价质量和效果，切实发挥评价工作的指导作用，评价工作要求在设计阶段完成后进行设计评价，设计评价的结果是判定评价对象是否具备工业化程度的前提和条件，如设计评价结果不满足最低分数要求，表明该评价项目不符合产业化保障，不能也不必要进行第二阶段工程项目评价；工程项目评价应在主体结构和装饰装修工程通过竣工验收后再进行；两阶段的评价结果之和作为项目的总体评价结果。同时，基础项作为产业化保障性住房评价的控制标准，是参评项目的必要条件，当参评项目有一条指标不满足标准基础项规定时，参评项目不应该被评价为产业化保障性住房。评分项采用量表法打分，即将一定的分数分配到各个评价指标上，使各个评价指标都有一个权重，然后由评价者根据评价对象在各个评价指标上的表现情况，对照标准对评价对象做出判断并打分。

最后，通过评级量表法划分保障性住房实施住宅产业化等级，即根据产业化保障性住房评价总分值划分保障性住房实施住宅产业化等级。产业化保障评价总得分值是工程设计评价实际得分、构件预制评价实际得分、施工安装评价实际得分与管理与效益实际得分的加权平均值，四者的具体权重由专家根据其重要程度给出固定值，且应对每部分的实际分值设定下限，任一部分得分低于下限的参评项目一律不能被评为产业化保障性住房。最后，根据参评项目最终得分值来划定其产业化等级。等级设置可为（60～74）分 A 级、（75～89）分 AA 级、90 分以上 AAA 级。

7.1.4 加快北京市保障性住房实施住宅产业化的步伐

北京市保障性住房实施住宅产业化历经多年的发展，已经取得了一系列成果，但保障性住房实施住宅产业化建设作为一项庞大的系统工程，要取得进一步发展，还需政府从多个角度出发，提供相应的保障措施。除了提供有效的政策支持和资金保证等产业发展的硬环境外，更要致力于营造一种适合创新发展的软环境，包括制订能够正确引导产业发展的政策来营造公平、有序的竞争合作环境；

加强技术交流与对外合作，推动产业化技术发展；大力发展劳动力市场和人才市场，为产业发展提供智力资源，等等。

（1）完善保障性住房实施住宅产业化政府组织机构

北京市作为保障性住房实施住宅产业化示范城市，在组织机构的设立上国内领先，建立了北京市住宅产业化工作联席会议制度，负责研究制定推进北京市住宅产业化发展的政策、发展目标和总体规划；通过建立联席会议制度、工作调度会制度、保障性住房实施产业化领导小组等机构，形成部门联动机制，统筹规划、指导协调推进北京市住宅产业化工作；成立了北京市住宅产业化专家委员会，负责北京市保障性住房实施住宅产业化标准体系制定、评价体系制定、认证体系制定等咨询类工作。然而，北京市目前还没有专门负责保障性住房实施产业化的管理机构，制约了保障性住房实施住宅产业化的发展。

北京市政府可以以保障性住房实施产业化领导小组为基础，成立保障性住房实施住宅产业化管理委员会，全面负责在保障性住房建设中推进产业化的领导、组织与协调工作，对产业化实施情况进行监督检查。保障性住房实施住宅产业化管理委员会可下设办公室、政策研究部、任务协调部、技术支持部，负责具体事务性工作，组织结构见图 7-2。办公室负责政策研究部、统筹任务协调部与技术支持部的工作，召开保障性住房实施住宅产业化工作统筹会议，发布保障性住房实施住宅产业化有关政策与规范等；政策研究部主要负责联席会议的牵头工作，研究制定北京市保障性住房实施住宅产业化推动性政策以及约束性政策；任务协调部负责保障性住房建设中实施产业化工作的统筹协调、任务分解以及督促落实，并协助技术支持部做好产业化实施效果的监督检查工作，定期组织召开实施项目调度会，统筹协调推进各项工作；技术支持部负责与科研单位合作开展保障性住房实施住宅产业化新技术的开发，并将研究的技术成果积极投入使用，对保障性住房实施住宅产业化项目提供设计、生产、运输、施工、验收、培训等产业链关键环节的技术支撑和指导，具体包括：制定产业化技术相关的设计、施工、验收标准和规范；制定详细的产业化项目指导手册；落实推荐熟练掌握产业化技术的设计、生产、施工单位；对涉及产业化项目的开发、设计、生产、施工、监理、监督等单位进行产业化技术培训等。需要强调的是，保障性住房实施住宅产业化管理委员会的组建过程需要政府多部门的参与，因此应从整体利益最大化的角度和长远目标出发，照顾、平衡好各方利益，群策群力，找出最恰当的解决措施。

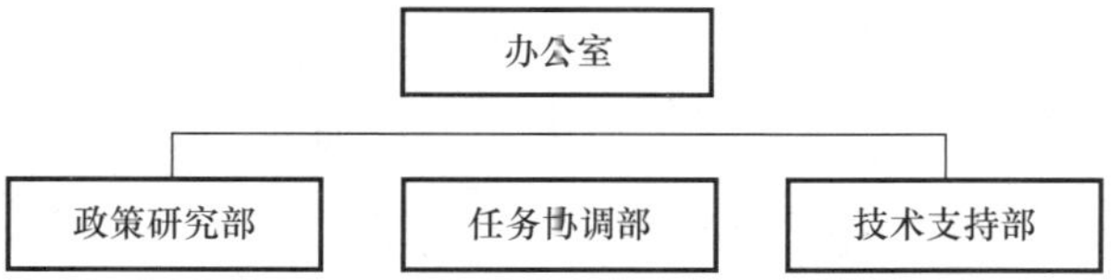

图 7-2　保障性住房实施住宅产业化管理委员会组织结构图

（2）健全住宅产业化标准规范

标准化为住宅产业化的前提和关键，是住宅产业化研究所达成的共识，而北京市目前的住宅产业化标准规范尚不完善，从根本上阻碍了保障性住房实施住宅产业化的进程，因此，北京市发展保障性住房实施住宅产业化时，应将住宅产业化相关标准、规范的制定出台作为重要工作之一，健全强制性标准和推荐性标准相结合的产业化住宅建筑标准规范。一方面，从建立健全保障性住房标准化结构设计体系、标准化户型设计体系、标准化部品设计体系等方面继续完善保障性住房实施住宅产业化设计标准化体系；另一方面，从建立健全支撑结构部品（件）体系、内装部品（件）体系、设备部品（件）体系、小区配套部品（件）体系以及健全优良部品库制度等方面完善部品工业化生产体系；此外，还要从完善装配式施工规范、培育专业化施工人才等方面推广预制装配式施工技术。

在标准规范的研究制定过程中，为了提高企业参与保障性住房实施住宅产业化建设的积极性，实现政府与企业总体利益的最大化，应引导住宅产业化的相关企业进入到标准规范的制定环节来，让企业成为有关住宅标准的制定主体，这可以使标准从企业自身的市场需求与技术角度出发，广泛地关注利益相关企业的利益要求。为此，政府可借助由政府主管部门、科研院所等组成的住宅产业专家委员会的力量，同时推动住宅产业化联盟参与，负责住宅设计、部品认定、住宅性能认定、新技术和新工艺论证、标准编制等住宅产业化咨询服务以及指导工作，运用科学系统的方法，建立整体的标准化系统，在此基础上，制定适用于北京市实际情况的住宅产业化标准规范，编制企业标准体系表，在全国范围内推广。同时，做好对产业化住宅建筑标准实施情况的监督工作，建立并完善部品质量监督制度、部品准用证制度、产品淘汰制度以及住宅部品库制度等，保障住宅部品的质量安全；实施企业自控、行业管理、政府监督、社会监理、用户评价相结合的全方位的住宅质量监督体制，保障产业化住宅的质量安全[36]。

（3）推进住宅产业化基地建设

若要实现保障性住房实施住宅产业化的快速发展，势必要对住宅产业链资源进行整合，但目前由于缺乏预制部品生产单位、设计单位以及施工单位等相关资源，住宅产业链资源实现整合还比较困难。因此，政府应支持鼓励建设住宅产业化基地，吸引产业链资源，使其在基地当中进行有效的融合。目前，北京市已建成多个住宅产业化基地，在推进住宅产业链资源整合上起到了良好的作用，但现有住宅产业化基地由于缺乏全面的激励措施、技术保障以及相应的管理规范，导致基地的组织形式不明确、经营管理无序、展示内容不全面等问题的出现，因此，下面从政策保障、技术保障、组织形式、经营管理、展示内容等方面向政府提出可行性建议，进一步推进住宅产业化基地的建设。

政策保障方面，政府应对住宅产业化基地的建设应给予充分的政策支持，积极出台鼓励性政策，为住宅产业化基地的建设提供税收优惠、财政补贴、贷款优惠等经济优惠政策以及土地优先审批等其他优惠政策；技术保障方面，抓紧建立和完善保障性住房实施住宅产业化技术、标准体系，为产业化基地的建设提供技术支持；组织形式方面，应推动以骨干房地产开发单位为龙头与生产单位、施工单位、科研单位等组成的产业联盟为主导，建立住宅产业化基地，这对推进住宅产业化工作来说是一个捷径，也是一种很好的组织形式；经营管理方面，政府应尽快出台针对住宅产业化基地的管理办法，规范住宅产业化基地的规划、设计、建设、管理运营等方面的工作，并建立住宅产业化资源的资质等级名录，开发单位可对比目标成本从住宅产业化基地的资源库中直接进行选择，节约建造成本、节省建造工期、确保合作质量，推动保障性住房实施住宅产业化健康有序发展；展示内容方面，目前，北京市现有住宅产业化基地主要进行产业化技术展示，内容不够全面，示范效应不够显著，政府应在此基础上，鼓励住宅产业化基地作更全面完整的展示，包括规划和设计、建筑工程选材和物业管理等等。通过以上推动措施，进一步完善住宅产业化基地展示、示范、带动等多方面功能，快速整合住宅产业化产业链资源，使住宅产业化更快形成市场[37]。

（4）加大住宅产业化研发投入

目前，我国住宅产业的科技水平仍然较低，远远落后于其他产业，而且规模不同的企业的科技水平也有非常大的差别，科技投入的主体为部分大型建筑企业，相应地，核心的科学建造生产技术也掌握在这些大型企业手中，主体单一，容易形成垄断，不利于住宅产业化的发展。并非小型企业不愿进行科技研发，而是因为企业规模小，造成资金短缺，无力从事科技研发。因此，政府应积极对建筑企业尤其是中小建筑企业实施财政补贴、低息贷款等激励政策，在支持建筑企业自行研发新技术、新产品的同时，鼓励相关企事业单位从事住宅产业的科技研发，鼓励投资主体实现多元化，从而增加住宅产业的研发投入，为住宅产业化提供技术支持与资金保障。

一是借助于高校的知识平台，建立相应的重点研究学科，政府对进行技术研究的高校给予一定的资金奖励，从而为住宅产业化的发展提供技术和高级科研人才；二是建立科研基地，吸引企业、专家入驻，研究新的技术工艺并进行实践推广，培训大批装配式施工、工业化生产制造等技术工种，促进传统农民工向产业工人转变，提高劳动生产效率；设立保障性住房实施住宅产业化推进重点办，统筹政府各个部门，建立联动机制，制定产业发展目标、发展规划和具体要求，协调标准制定、部品入库、产业化住宅性能评价等各个环节；四是设立住宅产业化专项科研基金，用来鼓励住宅产业化的发展，为相应的科研开发提供专项经费，加快技术的研发和应用速度[38]。

(5) 加强技术交流与对外合作

科学技术的发展对于保障性住房实施住宅产业化的推进有着深远的意义，而技术交流与对外合作则是推动科学技术发展的重要力量。加强技术交流需要从企业内部间的交流与对外技术交流两个点着力，对外合作则要求政府要坚持“请进来”和“走出去”战略方针，实现国内外企业的互惠互利。

发挥住宅产业化联盟桥梁作用，推动企业间的技术交流。北京市住宅产业化联盟的性质是“研究探讨绿色建筑和住宅产业化相关政策，制定相关标准规范、从事产业化成套技术推广与实践的学术机构，充分发挥政府与行业、政府与企业的桥梁和纽带作用”。所以联盟还有一个重要的任务就是“交流与推广”。政府应积极推动并支持联盟搭建各种类型的互动交流平台，在开发商之间、建材商之间、建筑商之间、部品商之间，尤其要在开发商与部品商之间开展经常性技术交流活动。一方面，可以组织联盟企业积极参加住建部和城科会主办的每年一届的绿色建筑大会和住博会等大型活动；另一方面，可以组织各种研讨会及现场交流会等小型活动，发挥住宅产业化联盟桥梁作用，推动企业间的技术交流。

建立产业内的知识共享机制，提高行业整体竞争水平。住宅建筑产业信息不对称现象比较严重，政府、开发单位、施工单位、部品生产单位、科研机构之间因缺乏相互了解，影响了对行业发展水平的判断，进而制约着企业的研发投入和投资意愿，严重制约着产业化的发展。因此，政府应发挥引导作用，通过组织住宅产业化经验交流会、建立住宅产业化信息中心等方式搭建知识共享平台，鼓励住宅产业链的企业之间互换信息、经验等知识，创造协同价值，使各自的适应能力和竞争能力得到提高，创新能力和运营效率得到增强；为进一步实现产业内的知识共享，政府还应积极协调产业链企业，指导建立配套的信任机制、合作机制、转移机制、学习机制以及多样化的沟通机制，通过组织设计、制度安排等方式建立起一套创新知识共享的支撑体系，吸引相关的企业以及企业员工都参与到知识共享中来，提升住宅产业的整体水平。

加强对外的技术交流与合作，汲取国外先进知识经验。继续坚持“请进来”和“走出去”相结合的战略，加大对外交流合作工作力度。一是继续组织有关人员赴国外考察学习，不断汲取国外住宅产业化方面的成功经验。二是邀请国外住宅产业化领域的知名企业和专家来北京市进行相关的座谈和研讨，并鼓励北京市住宅产业化领域专家学者、企业高管参加，共同为北京市保障性住房实施住宅产业化的发展建言献策。三是加强与美国、日本等住宅产业化发展较为成熟的国家和地区的沟通与联系，合作举办多样化的住宅产业化学术交流活动。四是建立国际住宅产业化交流中心网站，在网上搭建对外沟通的交流平台，建立联系沟通快捷通道，形成对外交流合作工作机制。

（6）进一步出台保障性住房实施住宅产业化推动性政策

有效的政策支持是推进保障性住房实施住宅产业化的重要保障。尽管北京市在保障性住房实施住宅产业化的发展过程中出台了《关于推进本市住宅产业化的指导意见》、《关于产业化住宅项目实施面积奖励等优惠措施的暂行办法》等推动性政策，但现有政策仍然不够全面、系统，无法满足北京市保障性住房实施住宅产业化的长期发展需求，需进一步出台指导性政策、技术性规范以及鼓励性政策，系统化指导产业化保障性住房的建设。

一个产业能够成为独立的产业依赖于产业主体的健全，只有具备了产业主体，产业结构才会合理。住宅产业由开发单位、施工单位、部品生产单位、科研单位、中介服务单位等组成，有些单位同属于其他产业主体，住宅产业只作为其业务领域的一部分，这严重影响了住宅产业的发展。政府可制定减免税费、有限信贷等产业政策，一方面引导部分单位脱离原来的产业，专业发展住宅相关的业务，成为住宅产业的主体；另一方面，吸引其他产业的单位进入到住宅产业中来，使住宅产业的主体逐步增多，促进住宅产业发展壮大；此外，还应鼓励企业间正常的兼并重组，支持优势企业进行低成本扩张，推动住宅产业主体向规模化、专业化的方向发展，为住宅产业集团的形成创造基础条件。同时，要制定合理的组织政策，引导企业间进行良性的竞争与合作，实现产业资源的合理配置。此外，还要制定专业的技术政策，规范住宅产业化标准体系的制定、住宅产业化的科技研发与应用和住宅产业化科研技术人才的培养等。最后，要制定符合北京市实际情况的布局政策，规划各区住宅产业布局，打破地方保护主义，形成规范的市场体系，进而形成有效的住宅供给体系，提高投资效益，提高住宅生产速度和功能质量[39]。

（7）重视住宅产业化人才培养

人才是企业和产业得以发展的基础，保障性住房实施住宅产业化作为一种先进的生产建造方式，涉及众多的行业，人才以及技术工人的准入门槛也要高于传统的建材业及建筑业，因此，人才的培养和储备对于推进住宅产业化的发展进程至关重要，政府需积极加大保障性住房实施住宅产业化人才培训力度，完善人才考核管理机制。

加大保障性住房实施住宅产业化人才培训力度。一是重视高等科研院校中住宅产业化技术标准相关学科的建设，培养从事住宅产业化技术标准科研研究的高级人才；二是依托试点、示范工程，通过企业内部培训，培养具备住宅产业化专业技术及部品生产、预制装配式施工操作经验的职业技术工人；三是鼓励企业与住宅产业化专家委员会合作编制《装配式施工程序》《产业化部品生产实录》等有针对性的产业化培训教材，提高从业人员的知识和技术水平；四是鼓励企业与相关职业教育机构开展校企合作，结合住宅产业化的生产制造安装技术，定点培养专业的实用技能型人才；五是加强施工企业与劳务企业的相互联系及管理，力争建立培训与用工的长效机制；六是积极组织住宅产业化相关管理和技术人员到国内外住宅产业化发达地区进行专题培训，学习先进发展理念和技术经验。

建立保障性住房实施住宅产业化人才考核管理机制。政府应推动住宅产业化专家委员会结合实际工作进行大胆探索，以绩效为导向，按照人才类别分层建立完善针对保障性住房产业化从业人员的考核管理机制，科学化设置考评指标、动态化管理考核过程、刚性化运用考核结果，不断强化对保障性产业化人才的考核工作，全面促进人才效能发挥。

7.2 提升北京市保障性住房建设全过程管理工作的保障措施

北京市保障性住房建设历经多年实践和研究总结，已经取得了很大成绩并积累了诸多宝贵经验，许多现行的做法也已经达成了共识。但是，由于保障性住房建设是一个庞大的系统工程，在保障性住房建设全过程管理工作中仍然面临着许多问题。因此，在对保障性住房建设涉及的各主要环节分析研究的基础上，提出进一步提高北京市保障性住房建设全过程管理水平的保障措施，为改进和完善当前北京市保障性住房建设体系提供借鉴参考。

7.2.1 加快完善保障性住房建设全过程管理的制度及规范

(1) 完善配套法律规章制度

政府作为公共利益的代表者，在保障性住房管理中处于主体地位，发挥着主导保障性住房管理制度建设的作用，同时，法律规章是保障性住房管理的准绳，稳定的制度是保证保障性住房管理持久有效不可或缺的工具，是保障性住房管理持续改进和完善的必要条件。因此，需要制定一套权威性大、操作性强的配套法律法规，为保障性住房建设全过程管理提供稳定、良好的制度环境。而保障性住房建设全过程管理是一项系统的工程，参与主体众多且影响管理效果的因素较多，要想提高保障性住房管理效率，需要北京市管理机构、所属国土机构、房屋建设和管理机构等管理部门的有效配合。为避免各主体职责不明、相互推诿、缺乏信息沟通，确保保障性住房管理的有序推进，法律规章应对职责的划分、管理程序的规定、沟通协调的办法等内容进行明确规定。只有完善保障性住房管理的相关规章制度，做到有章可循，才能实现统一目标、统筹管理，进而保证保障性住房管理工作的科学合理推进。

(2) 加快落实保障性住房建设全过程管理业务规范

在完善法律规章的基础上，北京市还应加快落实保障性住房建设全过程管理业务规范。随着保障性住房建设项目的逐步推进和完善，保障性住房建设全过程的各个阶段，包括前期审批、建设过程和后评价阶段都要制定明确的业务规范，比如前期管理业务规范、四大控制业务规范等，统一规范保障性住房工程建设项目管理流程的工作标准，为保障性住房项目组织、开展业务工作等提供基础依据。此外，应建立滚动机制，密切关注工作中出现的新情况、新问题，并根据环境变化对现有的规范制度进行不断完善与充分衔接，使其具有较强的操作性。

7.2.2 完善住房保障部门的机构设置

(1) 强化各住房保障相关部门职责

根据部门“三定”(定职责、定机构、定人员)相关规定，系统梳理各单位在住房保障制度建设中的责任，明确职能分工并理顺相互间的职责关系，将保障性住房的目标、任务和责任落实到相应的机构和个人，构建等级清晰、职责明确、联动互督的保障性住房体制流程，确保保障性住房建设工作顺利推进。

明晰市区两级政府工作任务。第一，北京市保障性住房相关部门负责宏观统筹协调保障性住房建设工作，制定保障性住房建设的总体规划及相关政策，并定期对区级保障性住房建设工作进行考核评定，积极促进保障性住房工作顺利推进。第二，区级保障性住房相关部门应坚持服从市政府部门的领导，认真执行上级制定的相关政策及任务，加强质量监督，完善技术标准，为保障性住房的工作落实提供良好的体制环境。

明确各参与主体职责。第一，明确政府与市场的关系及职能，政府部门拥有保障性住房最终所有权，应侧重于顶层设计与监管工作，企业则负责具体的施工建设、融资、部分运营等任务。第二，明确责任主体，在保障性住房建设各环节明晰主次责任，统筹协调职责交叉问题，形成统一领导、相关部门共同参与的联合协调配合机制。第三，强化权责对等，保障性住房各参建部门必须依法行使部门职权，坚持问责原则，严格责任追究。

（2）加强内部监管，建立惩罚机制

保障性住房工程是民生工程，政府加强监管责无旁贷。保障性住房相关规划部门要对保障性住房的选址严格把关，确保保障性住房项目选址符合城市规划的同时确保低收入人群生活品质。质管监督部门应将保障性住房的工程质量作为日常工作监管的重点，加强日常抽查和监督力度，强化对参建各方的监督和保障性住房工程项目实体质量监督，确定项目负责人对项目质量在项目设计使用年限内的终身负责制[40]。政府有关部门在保障性住房建设过程中发现企业有违法违规行为的，应将其列入不良行为记录，与市场行为、企业考核等挂钩，而政府人员在建设过程中有不作为或造成严重后果的，应当按照有关法律追究其相关责任。

（3）实行阳光操作，建立定期分析机制

对于重要廉政风险环节，包括项目的组织实施、招标投标、合同签订、资质审查、材料设备采购、质量安全监督、工程竣工验收等都要实行阳光操作，确保工作程序规范、严格按章操作，全程接受监察、审计等相关部门的监督；建立工程质量定期分析机制，组织保障性住房建设项目的各参与方参加每月的例会，对工程质量状况进行分析汇报，现场解决相关问题；建立健全保障性住房常态化监督巡查机制，抽调组织社会专业技术人员，对保障性住房工程质量进行不间断的明察暗访，及时发现和纠正存在的问题。

（4）加强舆论监督，设置投诉举报主管部门

政府在保障性住房建设中要充分利用舆论手段，针对保障性住房建设过程中的问题，设置投诉举报主管部门，完善投诉举报机制，通过公布投诉电话或邮箱等手段，鼓励和引导社会舆论参与监督工作。另外，政府还可完善奖励举报制度，建立举报奖励专项基金，调动举报人的积极性，提高社会监督效率。如出现质量事故，除对责任主体进行处罚外，还要追究相关人员责任，坚决落实个人问责制。

7.2.3 加强政府部门之间的沟通协作

保障性住房的顺利实施依赖于各政府部门之间的沟通协作，部门间良好的合作关系有助于各项决策的有效执行。因此保障性住房建设相关的各单位、各部门应构建保障性住房工作统筹协调机制，加强沟通协调、密切协作配合，进一步明确任务、落实责任，确保保障性住房建设各项工作按时保质完成。例如前期审批阶段，要想加快审批对接效率需要相关部门的协作配合，建议发展改革委等部

门优化加快保障性住房建设的审批程序，住房和城乡建设主管部门成立专门的部门负责与建设保障性住房的企业提前对接。在投资控制阶段，根据中央政府各部门发布的保障性住房工程建设相关的规范、管理办法、通知、意见等文件，结合北京市的相关管理办法和规范，保障性住房工程投资控制的相关单位主要有财政部门、行政部门（保障性住房行政主管部门）、保障性住房建设单位、代建单位和其他部门，可见投资控制阶段的参与主体众多且相关单位管理职责不同，因此只有建立良好的沟通协作关系才能共同完成保障性住房的投资控制工作。

为此，各政府部门应做好沟通协作工作，建立健全部门间协调配合制度，形成协同机制。首先，各政府部门应依照相关规定行使职权，各司其职，各负其责，在各自职权范围内完成相关工作。其次，各部门要围绕大局齐抓共管，及时协商解决保障性住房建设过程中的问题，严格按照协调意见分工落实。各部门在制定有关规定和处理问题时，如涉及其他部门职责范围内的事项，应主动征求有关部门的意见，相关部门间应积极配合并认真协商。牵头部门主持召开协调会议，邀请协办部门参加，协办部门负责人必须出席，各部门共同协商解决有关事项。再次，各部门领导应定期举行会晤磋商，就保障性住房建设过程中出现的问题提出解决措施，并不断改进和完善部门间的沟通策略。最后，政府相关部门应统筹安排参建企业的定期汇报工作，予以企业一定的技术指导使其更好地服务于政府部门。

7.2.4 培养保障性住房建设全过程管理的专业人才

保障性住房建设项目涉及不同的政府部门，全过程建设中对专业性人才需求较大。因此，为提高保障性住房工程项目管理水平，必须培养保障性住房建设全过程管理的专业人才，配齐配强专职人员，同时加强人员业务培训和绩效管理，提升管理服务水平。

（1）健全人才培养机制，培养高素质专业性人才

随着北京市保障性住房建设进程的不断加快，要想将极具技术性及实践性的保障性住房建设全过程管理工作做好，离不开一支具备高质量、高素质、高技术的人才队伍。但是目前北京市保障性住房建设存在专业人才缺乏、对人才重视不足等问题，例如，北京市在实施保障性住房建设后评价工作时仍存在较大困难，其中一个重要原因就是专业人才缺乏。因此，当前迫切地需要一批能够适应现代化保障性住房工程管理的专业技术人员，各相关部门应健全人才培养机制，加强专业人才的引进与培养，只有人力配备到位，才能实现保障性住房建设全过程的有效管理。

要想培养一支专业人才队伍，应该从以下几方面着手：第一，加强相关人员的培训工作，通过构建专门培训机制、制定详实培训计划，对人员进行保障性住房建设管理知识的系统培训和专业培训，提高人员的业务能力和综合素质。在进一步深化建设全过程管理专业理论知识的基础上，还应注重理论联系实践，结合实际情况对人员进行实操培训。第二，加强不同企业及不同行业间的交流合作，有利于相关人员在沟通过程中取长补短，及时发现并改进自身不足，同时学习借鉴先进经验以实现自我提升，有助于培养高质量的专业复合型人才。

（2）完善考核评价和激励约束机制

保障性住房建设管理相关部门要结合实际工作进行大胆探索，

完善以绩效为导向的考核评价机制，积极构建市场化的激励约束机制，全面提高员工的积极性。以管理团队、核心业务骨干为主要对象，逐步建立起以个人绩效为主要内容的年度绩效考核机制，将考核结果作为选拔任用、薪酬分配、岗位调整和职业发展的重要依据，根据考核目标完成情况和价值贡献大小，积极稳妥地实施专项奖励和中长期激励，同时对损毁价值的要建立健全严格的约束机制。将中长期激励与业绩考核紧密挂钩，有助于对人员形成长久有效的激励作用，进而推进保障性住房建设全过程管理专业人才队伍的建设。

7.2.5　提高保障性住房建设全过程管理的信息化水平

“十二五”期间，北京市保障性住房已发展进入了大规模建设阶段，随着住房保障人数持续增加、申请审批的档案材料不断堆积，保障性住房管理的信息化建设已成为完善保障性住房制度的迫切性需求。为建立保障性住房管理科学化、规范化的长效机制，实现保障性住房建设信息即时公开，北京市应健全保障性住房建设管理的信息化应用机制，实现从前期管理到进度控制、质量控制和投资控制等流程的信息化，提高北京市保障性住房建设全过程管理的信息化水平。

（1）不断探索多元化新型管理技术

保障性住房信息化建设是一项庞大的系统工程，集建设开发及计算机技术、通信技术、住房保障业务管理、行政管理、行为科学等多门学科于一体。保障性住房建设中可利用“互联网＋”等新兴技术手段，建立多维度的统计分析决策系统，及时发现保障性住房建设过程中的问题并辅助予以解决。此外，在保障性住房的设计施工过程中，可以积极推广BIM等技术的应用，在建设过程中提供各类切实的信息，协助决策者做出准确的判断。同时相比于传统方式，应用BIM技术能大量减少设计初期设计团队成员所产生的各类错误以及后续承造厂商所犯的错误。由于计算机和软件具有更强大的建筑信息处理能力，在设计和施工建造过程中已获得了一些应用，并给工程项目带来正面的影响和帮助。因此在保障性住房建设过程中应积极应用BIM等技术，实现建筑工程全生命周期的集成管理。

（2）建立保障性住房建设项目信息管理系统

围绕保障性住房建设目标的需要，充分利用现代信息与通信技术，对项目施工过程中产生的各种信息进行及时、准确地记录和管理。一方面，构建保障性住房参建各方的信息沟通网络，通过多种形式的沟通渠道及方法，实现及时充分的信息沟通和信息共享，并根据实际情况及时采取措施，有效解决项目开展过程中遇到的各种问题。在施工过程中，充分利用施工日记、图表、照片、录音等形式，记录施工过程中发生的重要情况，实现项目信息的可追溯性。另一方面，关注行业动态，广泛收集信息。通过电视、网络、杂志等多项信息手段，收集与保障性住房建设有关的管理信息，取人之长补己之短，积极进行管理创新。

（3）建立保障性住房建设项目信息共享平台

保障性住房建设过程中涉及很多不同的部门，为了保证各部门顺利完成相关工作，实现工作的快速交接，提高各部门的工作效率，可以建立保障性住房相关部门的公共信息共享平台。一方面，信息平台可以帮助相关人员掌握保障性住房建设的最新动态，全面了解学习保障性住房建设管理的相关信息，从而提高各部门决策的科学性。另一方面，信息平台实现了住房保障机构、房产管理部门、银行、民政等机构的信息共享，确保部门间的无障碍沟通，有助于提高部门工作效率，保证保障性住房建设全过程管理各个阶段工作的顺利完成。

附录　北京市近年鼓励建筑产业化发展文件及政策

关于建筑垃圾运输处置费用单独列项计价的通知

各有关单位：

为贯彻落实《北京市人民政府办公厅关于印发〈北京市2013-2017年清洁空气行动计划重点任务分解2017年工作措施〉的通知》（京政办发〔2017〕1号）精神，全力做好北京市大气污染防治工作，根据《城市建筑垃圾管理规定》《北京市人民政府关于加强垃圾渣土管理的规定》《北京市人民政府办公厅转发市市政市容委关于进一步加强建筑垃圾土方砂石运输管理工作意见的通知》（京政办发〔2014〕6号）及北京市建设工程造价管理的有关规定，现就建筑垃圾运输处置费在工程造价中单独列项计价的有关事项通知如下：

一、建筑垃圾运输处置费用包括的内容

本通知所称建筑垃圾运输处置费用是指房屋建筑和市政基础设施工程（以下简称“建设工程”）的新建、改建、扩建、装饰装修、修缮等产生的施工垃圾场外运输和消纳费用、渣土运输和消纳费用、弃土（石）方运输和经专家论证应消纳处置的弃土（石）方消纳费用，其中：

（一）弃土（石）方运输处置费用是指土石方工程或地基基础工程等施工中产生的除现场留存土、渣土外所有外运土（石）方运输和（或）消纳费用。

（二）渣土运输处置费用是指建设工程的维修改造或局部拆除、地下障碍物拆除、土石方工程或地基基础工程等施工产生的废弃物运输和消纳费用。

（三）施工垃圾运输处置费用是指建设工程中除弃土（石）方和渣土项目外施工产生的建筑废料和废弃物、办公生活垃圾、现场临时设施拆除废弃物和其他弃料等的运输和消纳费用。

本通知所称渣土是指建设工程在施工中产生的无回收再利用价值的废弃物，如桩头、土壤中的填埋垃圾等。

二、计价要求

（一）依据 2016 年《北京市建设工程计价依据——概算定额》编制设计概算时，建筑垃圾运输处置费用应按本通知附件 1 的规定，计入设计概算的建筑安装工程费中。

（二）依据《建设工程工程量清单计价规范》（GB 50500—2013）《房屋建筑与装饰工程工程量清单计算规范》（GB 50854—2013）等清单计算规范编制招标工程量清单时，涉及建筑垃圾运输、消纳的项目，应按本通知附件 2 的规定，分专业单独设置建筑垃圾运输处置费清单项目，并在汇总计算表格中单独设定建筑垃圾运输处置费项目及表格填报要求。

弃土（石）方、渣土项目的招标工程量，由编制人依据专家论证通过的弃土（石）运输处置方案、地质勘察报告、施工图纸、工程量计算规则等，并结合现场实际情况确定。

（三）编制招标控制价（即最高投标限价）时，建筑垃圾运输处置费用应根据招标工程量清单和本通知规定单独计价，并在工程计价汇总表中单独汇总列明。综合单价不应上调或下浮。

弃土（石）方、渣土消纳费用根据专家论证通过的弃土（石）运输处置方案、自然密实状态的容重（密度）、《北京市发展和改革委员会　北京市市政市容管理委员会关于调整本市非居民垃圾处理收费有关事项的通知》（京发改〔2013〕2662号）等计算确定。

（四）编制投标报价时，投标人应根据招标文件要求和招标工程量清单，遵照有关建筑垃圾运输处置管理的规定，结合工程和自身实际情况，自主填报建筑垃圾运输处置项目的价格，但不得低于成本。

三、有关规定

（一）本通知中人工、材料、机械等要素价格执行概、预算书编制当期的市场价格，市场价格不含增值税可抵扣进项税。

（二）施工垃圾场外运输和消纳费用单独补充列在各专业定额的措施项目章节中，并按规定计取各项费用和税金。

（三）在施工发包前，发包人应结合工程实际和市场调研情况，编制建设工程弃土（石）运输处置方案，并组织专家论证。

（四）依法进行招标的建设工程，建筑垃圾运输处置费用应按本通知规定单独列项计价和汇总填报；合同协议书应单独载明建筑垃圾运输处置费用。直接发包的工程，发包、承包双方应参照上述要求在施工合同中单独列出建筑垃圾运输处置费用。

（五）发包、承包双方宜在施工合同中约定建筑垃圾运输处置费用的结算方法。

（六）本通知与北京市现行计价依据配套使用，与现行造价管理规定不一致的地方，以本通知为准。

四、生效日期

本通知自发布之日起生效。2018 年 1 月 1 日（含）以后进入招标程序或依法签订施工合同的工程，按本通知要求执行。

北京市住房和城乡建设委员会

2017 年 12 月 18 日

2017-2018年秋冬季建设系统施工现场扬尘治理攻坚行动方案

为全力做好2017-2018年秋冬季（2017年10月-2018年3月）大气污染防治工作，贯彻落实市委市政府领导指示批示精神，严格执行《北京市细化落实方案》（京大气〔2017〕1号），结合建设行政主管部门工作职责，进一步加大房屋建筑及市政基础设施工程施工现场扬尘治理力度，坚决打好"蓝天保卫战"，市住房城乡建设委制定此攻坚行动方案，本市建设系统各单位应按照本方案要求开展扬尘治理攻坚行动。

一、总体要求

（一）主要目标

全市新开工建设的房屋建筑及市政基础设施工程施工现场（以下简称"施工现场"）全部安装视频监控系统；施工现场实现工地周边围挡、物料堆放覆盖、土方开挖湿法作业、路面硬化、出入车辆清洗、渣土车辆密闭运输"六个百分之百"；工地出口两侧各100米路面实现"三包"（包干净、包秩序、包美化）。

（二）基本思路

贯彻落实市委市政府领导批示精神，从开工建设至竣工验收备案，建设工程各参建单位（建设单位、施工单位、监理单位）严格落实主体责任，做好土方开挖、基坑支护、基础底板施工、主体结构施工、装饰装修工程、市政工程等扬尘治理全过程、全覆盖管控；

市、区住房城乡建设委对全市在施工程施工现场开展现场和非现场执法检查，并联合环保、城管等部门开展执法活动；细化明确行政处理标准，建立考核问责机制，形成高压态势、执法威慑。

二、工作措施

（一）严控施工许可审批，推广使用在线监测和视频监控系统。

新开工的房屋建筑及市政基础设施工程施工现场应安装视频监控系统，全市规模以上土石方建筑工地应安装在线监测设备，新开工的装饰装修工程施工现场运输车辆出入口至少安装一个球形摄像头和一个车牌抓拍设备，在线监测和视频监控系统与相关执法部门信息共享。取得施工许可证，已开工尚未安装视频监控系统的项目，要求立即停工整改，整改到位后方可复工；拒不整改的项目，收回施工许可证。

（二）建立专人督察制度，夯实扬尘治理责任。

在全市土石方工程、房屋拆除工程、重点工程施工现场实施扬尘治理专人督察方式，按照属地管理的原则，市、区两级住房城乡建设委安排专人对以上工程施工现场扬尘治理实施监管。市住房城乡建设委负责城市副中心、新机场、CBD核心区、冬奥会场馆等重点工程扬尘治理监管工作，区住房城乡建设委明确专人对辖区内其他工程扬尘治理实施监管。自发文之日起，被查处存在扬尘污染违法行为的工程施工现场，区住房城乡建设委安排专人进行现场督察，督促参建各方切实履行扬尘治理主体责任。

（三）明确停工范围，确保扬尘治理达标。

1. 停工时间：2017年11月15日至2018年3月15日。

2. 停工范围：东城区、西城区、朝阳区、海淀区、丰台区、石景山区全部区域；通州区、大兴区、房山区、门头沟区、延庆区、昌平区、怀柔区、密云区、平谷区、顺义区、亦庄经济技术开发区城区及建成区。

3. 停工内容：停止各类道路工程、水利工程等土石方作业和房屋拆迁施工等。

对于重大民生工程和重点项目涉及土石方作业的，确实无法停工的，由项目建设单位申请，属地区住房城乡建设委初审，并以区政府名义统一报市住房城乡建设委，统筹后报市政府同意后实施。

（四）加大执法检查力度，依法从严从重处理。

1. 采暖季期间，对拒不停止土石方作业和房屋拆除工程的项目，市住房城乡建设委依法对房地产开发企业进行记分，纳入北京市房地产开发企业资质动态监督管理，暂停其新开工项目审批，暂停监理单位、施工单位在北京建筑市场投标资格 6 个月。

2. 自发文之日起至 10 月 15 日期间，发现扬尘治理不达标的项目，暂停该项目施工企业在北京建筑市场投标资格 30 天；10 月 16 日至 11 月 15 日，发现扬尘治理不达标的项目，暂停该项目施工企业在北京建筑市场投标资格 60 天；11 月 16 日至 12 月 15 日发现存扬尘治理不达标的项目，暂停该项目施工企业在北京建筑市场投标资格 90 天；2017 年 12 月 16 日至 2018 年 3 月 15 日期间发现存在扬尘治理不达标的项目，暂停该项目施工企业在北京建筑市场投标资格 6 个月。

3. 一个月内发现同一施工企业有三个及以上项目扬尘治理不达标，该施工企业全市所有在施工程项目停工整改 30 天，并依法暂停其在北京建筑市场投标 6 个月。连续三个月发现同一施工企业有项目扬尘治理不达标，暂停其在北京建筑市场投标 6 个月。

4. 一个月内发现同一房地产开发企业有三个及以上项目扬尘治理不达标，其下属所有项目停工整改 30 天，同时停止新开工项目审批手续办理，提请市规划国土委等部门，暂停其在北京土地市场交易资格 3 个月。

5. 一个月内发现有三个及以上项目扬尘治理不达标或连续三个月发现同一监理单位有项目扬尘治理不达标，暂停其在北京建筑市场投标资格 3 个月。

6. 采暖季期间，发现经市政府批准可进行土石方工程作业的重大民生工程和重点项目施工现场扬尘治理不达标，除执行以上处罚外，取消其土方工程作业资格。

7. 施工现场扬尘治理检查标准统一参照《施工现场扬尘治理专项检查（验收）表》（见附件），检查得分达到 85 分（含）以上，且每个参与评分子项得分不得低于该项总分的 50%即为达标，低于上述标准为不达标。

8. 市住房城乡建设委定期对被查处存在扬尘污染违法行为的企业和项目进行全市通报。

（五）加强部门联合执法，齐抓共管扬尘治理。

市、区住房城乡建设委联合环保、城管等部门定期开展施工现场扬尘治理执法检查，对施工现场扬尘治理管控措施不到位、未按规定使用渣土运输车辆、裸露土方覆盖不严密等问题采取联防联控，分别查处，齐抓共管，高限处罚的措施。

（六）强化建筑垃圾管理，建立责任追溯机制。

建设单位须选择取得经营许可的运输企业承担工程建筑垃圾、

土方清运和土方回填任务，确保使用规范合格的运输车辆。施工单位应采用容器或管道运输建筑物、构筑物内建筑垃圾，严禁凌空抛掷，场区内设置封闭式垃圾站，按规定及时清运，并安排专人负责进出场运输车辆的清洗保洁工作。市、区住房城乡建设委对环保、城管等部门移转的施工现场渣土车违法违规行为进行责任追溯，严肃追究施工现场建设单位、施工单位责任。对违规使用不达标车辆进行渣土运输的企业提请市城市管理委纳入黑名单，暂停运输企业运营资格6个月。

（七）采用信用管理措施，加大违法处罚力度。

将违规企业和个人纳入信用管理，对未按要求开展扬尘治理工作或扬尘治理不力的开发企业、施工单位，责令限期整改并进行记分，同时纳入企业资质动态监督管理；对于违法情节严重，造成重大社会影响的项目和企业负责人，尝试与检察机关建立移转机制，由检察机关提起公益诉讼。

（八）加强非道路移动机械使用管理，减少污染物排放。

2017年10月底前，市住房城乡建设委配合市环保局划定高排放非道路移动机械禁止使用区域，加大对建设系统非道路移动机械的综合监管，全市房屋建筑及市政基础设施工程施工现场禁止使用冒黑烟高排放工程机械（含挖掘机、装载机、平地机、铺路机、压路机、叉车、推土机、旋挖钻机、铣刨机等）。区住房城乡建设委每周配合环保部门对施工工地进行巡查和不定期飞行检查，发现违法行为，移转相关行政主管部门进行查处。

（九）量化扬尘执法检查，建立考核问责机制。

各区住房城乡建设委每月对辖区内所有在施工程进行至少一次

全覆盖执法巡查，利用《施工现场扬尘治理专项检查（验收）表》进行打分，对月排名末10位的施工工地进行曝光，并报市住房城乡建设委。对累计曝光2次及以上的建设单位、施工单位、监理单位等负责人进行约谈并查处。各区住房城乡建设委对辖区内扬尘治理不达标的施工企业可采取停工整改、约谈告诫、区内停标等措施。违法行为情节严重的，各区住房城乡建设委做好现场取证、核查落实、约谈笔录等工作，报市住房城乡建设委，市住房城乡建设委将依法暂停其在北京建筑市场投标资格。采暖期内，每月月末市住房城乡建设委将对所属辖区内被市级及以上城管、环保等部门查处扬尘治理不达标项目超过2个的区住房城乡建设委进行约谈，停止该区新开工建设项目审批。市住房城乡建设委每半月对全市建设工程施工现场扬尘治理情况进行一次通报。

三、工作要求

（一）统一思想认识，高度重视扬尘治理工作。

各单位要深刻认识到大气污染防治的紧迫性和艰巨性，以更强的决心、更大的信心，采取更有针对性的措施，全力以赴开展秋冬季施工现场扬尘治理攻坚行动，切实履行参建各方主体责任，建设单位承担扬尘治理首要责任，监理单位、施工单位承担扬尘治理主体责任，确保施工现场扬尘治理达标。

（二）夯实各方责任，层层传导压力。

各单位要按照环境保护“一岗双责、党政同责”的要求，坚持目标导向和问题导向，进一步加强施工现场扬尘治理，积极响应空气重污染应急措施。各区住房城乡建设委认真履行辖区内施工现场扬尘监管责任。建设单位（含开发企业）及时、足额向施工单位支付文明施工措施费，并督促施工单位落实文明施工措施。监理单位负责施工现场扬尘治理监督管理工作，发现存在扬尘治理不力行为，敦促施工单位及时整改，拒不整改的上报区住房城乡建设委。各集团总公司全面落实扬尘治理企业主体责任，严格倒排工期，形成一级抓一级，层层抓落实，责任全覆盖的格局。

（三）加强督察督导，及时报送工作信息。

各建设工程参建单位应认真履行扬尘治理的主体职责，强化扬尘治理工作，落实各项强化措施。各集团总公司（含二级公司）将扬尘治理负责人报市住房城乡建设委备案。施工项目各参建单位扬尘治理负责人报属地区住房城乡建设委备案。区住房城乡建设委于9月14日前将各项目督察人员信息汇总后，报市住房城乡建设委，9月15日前根据《北京市细化落实方案》（京大气〔2017〕1号）相关要求建立重污染天气应急预案减排项目清单报市住房城乡建设委，每月23日前将本月扬尘治理执法检查工作量、案件移送和处罚处理情况及当月被查处存在扬尘污染违法违规行为的工程施工现场督查人员信息报送至市住房城乡建设委。市住房城乡建设委接收相关信息邮箱：shigongchu211@163.com。

各区住房城乡建设委可依据本通知，结合辖区工作实际情况制定相应工作方案。

四、建立投诉举报制度

鼓励社会各界和广大市民通过拨打市住房城乡建设委便民服务热线59958811，举报建设工程施工现场扬尘治理管控措施不到位、裸露土方覆盖不严密等违法违规行为，接到举报后，市住房城乡建设委立即组织相关人员依法展开调查处理，并及时将有关情况反馈举报人。

五、本方案自发布之日起执行。

北京市人民政府办公厅
关于加快发展装配式建筑的实施意见

各区人民政府，市政府各委、办、局，各市属机构：

为深入贯彻落实《国务院办公厅关于大力发展装配式建筑的指导意见》（国办发〔2016〕71号），加快推动本市装配式建筑发展，经市政府同意，现提出以下实施意见。

一、总体要求

（一）指导思想

以习近平总书记视察北京重要讲话精神为根本遵循，深入落实中央城镇化工作会议和中央城市工作会议精神，牢固树立和贯彻落实新发展理念，按照适用、经济、安全、绿色、美观的要求，推动建造方式创新，大力发展装配式混凝土建筑和钢结构建筑，在具备条件的项目中倡导采用现代木结构建筑，不断提高装配式建筑在新建建筑中的比例。坚持标准化设计、工厂化生产、装配化施工、一体化装修、信息化管理、智能化应用，充分发挥先进技术的引领作用，全面提升建设水平和工程质量，促进本市建筑产业转型升级。

（二）工作目标

到2018年，实现装配式建筑占新建建筑面积的比例达到20%以上，基本形成适应装配式建筑发展的政策和技术保障体系。到2020年，实现装配式建筑占新建建筑面积的比例达到30%以上，推动形成一批设计、施工、部品部件生产规模化企业，具有现代装配建造水平的工程总承包企业以及与之相适应的专业化技能队伍。

（三）实施范围和标准

1. 自2017年3月15日起，新纳入本市保障性住房建设计划的项目和新立项政府投资的新建建筑应采用装配式建筑。

2. 自2017年3月15日起，通过招拍挂文件设定相关要求，对以招拍挂方式取得城六区和通州区地上建筑规模5万平方米（含）以上国有土地使用权的商品房开发项目应采用装配式建筑；在其他区取得地上建筑规模10万平方米（含）以上国有土地使用权的商品房开发项目应采用装配式建筑。

3. 采用装配式混凝土建筑、钢结构建筑的项目应符合国家及本市的相关标准。采用装配式混凝土建筑的项目，其装配率应不低于50%；且建筑高度在60米（含）以下时，其单体建筑预制率应不低于40%，建筑高度在60米以上时，其单体建筑预制率应不低于20%。鼓励学校、医院、体育馆、商场、写字楼等新建公共建筑优先采用钢结构建筑，其中政府投资的单体地上建筑面积1万平方米（含）以上的新建公共建筑应采用钢结构建筑。

二、重点任务

（四）完善技术标准体系

进一步完善适应装配式建筑的设计、生产、施工、检测、验收、维护等标准体系，编制相关图集、工法、手册、指南。严格执行国家和行业装配式建筑相关标准，加快制定本市地方标准，支持制定企业标准，促进关键技术和成套技术研究成果转化为标准规范。完善适应装配式建筑的安全防护体系和防火抗震防灾标准。制定结构与装修一体化和装配式装修技术标准。研究确定装配式建筑工程计价依据。建立装配式建筑评价体系。

（五）创新装配式建筑设计

统筹建筑结构、机电设备、部品部件、装配施工、装饰装修，推行装配式建筑一体化集成设计。推广通用化、模数化、标准化设计方式，积极应用建筑信息模型技术，提高建筑领域各专业协同设计能力，加强对装配式建筑建设全过程的指导和服务。政府投资的装配式建筑项目应全过程采用建筑信息模型技术进行管理。鼓励设计单位与科研院所、高等院校等联合开发装配式建筑设计技术和通用设计软件。

（六）优化部品部件生产

认真落实京津冀协同发展战略，引导部品部件生产企业及相关产业园区在京津冀地区合理布局，培育一批技术先进、专业配套、管理规范的骨干企业，建设一批绿色、智能、可持续发展的部品部件生产基地，形成适应装配式建筑发展需要的产品齐全、配套完整的产业格局。特别是依托行业龙头企业打造钢结构建筑生产示范基地，整合钢构件、内外墙板、楼板、一体化装修材料等上下游部品部件生产。支持部品部件生产企业完善产品品种和规格，促进标准化、专业化、规模化、信息化生产，优化物流管理，合理组织配送。积极引导设备制造企业研发部品部件生产装备机具，提高自动化和柔性加工技术水平。建立部品部件质量验收机制，确保产品质量。

（七）提升装配施工水平

引导企业研发应用与装配式施工相适应的技术、设备和机具，特别是加快研发应用装配式建筑关键连接技术和检测技术，提高部品部件的装配施工质量和建筑安全性能。鼓励企业创新施工组织方式，推行绿色施工，应用结构工程与分部分项工程协同施工新模式。支持施工企业总结编制施工工法，提高装配施工技术水平，实现技术工艺、组织管理、技能队伍的转变，打造一批具有较高装配施工技术水平的骨干企业。

（八）推进建筑全装修

实行装配式建筑装饰装修与主体结构、机电设备协同施工。积极推广标准化、集成化、模块化的装修模式，推广整体厨卫、同层排水、轻质隔墙板等材料、产品和设备管线集成化技术，加快智能产品和智慧家居的应用，提高装配化装修水平。倡导菜单式全装修，满足消费者个性化需求。本市保障性住房项目全部实施全装修成品交房，鼓励装配式装修；支持其他采用装配式建筑的住宅项目实施全装修成品交房。

（九）推广绿色建材

提高绿色建材在装配式建筑中的应用比例。开发应用品质优良、节能环保、功能良好的新型建筑材料，加快推进绿色建材评价。鼓励装饰与保温隔热材料一体化应用。推广应用高性能节能门窗、夹心保温复合墙体、叠合楼板、预制楼梯以及成品钢筋，积极推进临时建筑、道路硬化、工地临时性设施等配套设施使用可装配、可重复使用的建材和部品部件。强制淘汰不符合节能环保要求、质量性能差的建筑材料。

（十）推行工程总承包

装配式建筑原则上应采用工程总承包模式，可按照技术复杂类工程项目招投标。工程总承包企业要对工程质量、安全、进度、造价负总责。健全与装配式建筑工程总承包相适应的发包承包、施工许可、分包管理、工程造价、质量安全监管、竣工验收等制度，优化项目管理方式，实现工程设计、部品部件生产、施工及采购的统一管理和深度融合。鼓励装配式建筑产业技术创新联盟发展，加大研发投入，增强创新能力。支持大型设计、施工和部品部件生产企业通过调整组织架构、健全管理体系，向具有工程管理、设计、施工、生产、采购能力的工程总承包企业转型。

（十一）确保工程质量安全

完善装配式建筑工程质量安全管理制度，健全质量安全责任体系，落实各方主体责任。加强全过程监管，制定针对装配式建筑的分段验收方案，对全装修成品交房项目实施主体与装修分界验收。加强部品部件生产企业质量管控，实施装配式建筑部品认定和目录管理，对主要承重构件和具有重要使用功能的部品部件进行驻厂监造。施工企业要加强施工过程质量安全控制和检验检测，完善质量保证体系，在建筑物明显部位设置永久性标牌，公示质量安全责任主体和主要责任人。加强行业监管，明确符合装配式建筑特点的施工图审查要求，加大抽查抽测力度，严肃查处质量安全违法违规行为。依托互联网技术，建立涵盖本市装配式建筑项目建设管理全过程的大数据平台，实现发展改革、规划国土、住房城乡建设等部门以及相关企业的数据共享，实现工程质量可查询可追溯。

三、保障措施

（十二）健全工作机制

建立市发展装配式建筑工作联席会议制度，组织、协调和指导全市装配式建筑发展工作。联席会议成员单位包括：市住房城乡建设委、市发展改革委、市教委、市科委、市经济信息化委、市财政局、市人力社保局、市规划国土委、市环保局、市国资委、市地税局、市质监局、市金融局、市国税局、人民银行营业管理部等，联席会议办公室设在市住房城乡建设委。各成员单位要按照职责分工，制定具体配套措施，密切协作配合，加大支持力度，扎实做好发展装配式建筑各项工作。各区政府要加强对本区发展装配式建筑工作的组织领导，建立相应的工作机制，明确目标任务，加强督促检查，确保落到实处。

（十三）细化责任分工

市住房城乡建设委要加强统筹协调，会同有关部门制定装配式建筑年度发展计划及具体实施范围，将发展装配式建筑相关要求落实到项目规划审批、土地供应、项目立项、施工图审查等各环节，并定期通报各有关单位推进装配式建筑工作进展情况；加强装配式建筑项目施工许可、施工登记和施工质量安全管理，对不符合验收标准的项目依法不予进行竣工备案。市发展改革委负责在立项阶段对项目申请报告或可行性研究报告落实装配式建筑要求的有关内容进行审查。市规划国土委负责加强装配式建筑项目规划行政许可、施工图审查的管理，制定和完善装配式建筑设计文件深度规定和施工图审查要点，在规划条件和选址意见书中明确装配式建筑的实施要求并在土地供应中予以落实。

（十四）加大政策支持

一是对于实施范围内的装配式建筑项目，在计算建筑面积时，建筑外墙厚度参照同类型建筑的外墙厚度。建筑外墙采用夹心保温复合墙体的，其夹心保温墙体外叶板水平投影面积不计入建筑面积。对于未在实施范围内的非政府投资项目，凡自愿采用装配式建筑并符合实施标准的，给予实施项目不超过3%的面积奖励。

二是由财政部门研究制定装配式建筑项目专项奖励政策，对于实施范围内的预制率达到50%以上、装配率达到70%以上的非政府投资项目予以财政奖励；对于未在实施范围的非政府投资项目，凡自愿采用装配式建筑并符合实施标准的，按增量成本给予一定比例的财政奖励。鼓励金融机构加大对装配式建筑项目的信贷支持力度。

三是对于符合新型墙体材料目录的部品部件生产企业，可按规定享受增值税即征即退优惠政策。符合高新技术企业条件的装配式建筑部品部件生产企业，经认定后可依法享受相关税收优惠政策。

四是在本市建筑行业相关评优评奖中，增加装配式建筑方面的指标要求。采用装配式建筑的商品房开发项目在办理房屋预售时，可不受项目建设形象进度要求的限制。

（十五）加强科技创新

加大科研攻关力度，研发一批拥有自主知识产权、具有国际先进水平的关键技术，形成适应装配式建筑发展的技术支撑体系。推动技术集成创新，鼓励应用绿色建筑技术、超低能耗节能技术、智能建筑技术。建立市装配式建筑专家委员会，参与研究制定本市装配式建筑的技术发展战略、发展规划和技术政策。

（十六）强化队伍建设

大力培养装配式建筑设计、生产、施工、管理等专业人才。鼓励高等学校、职业学校设置装配式建筑相关课程，推动装配式建筑企业开展校企合作，创新人才培养模式。在建筑行业专业技术人员继续教育中增加装配式建筑相关内容。制定装配式建筑岗位标准和要求，加大职业技能培训投入，建立培训基地，加强岗位技能提升培训，采取多种方式促进建筑业农民工向技术工人转型。加强国际交流合作，积极引进海外专业人才参与装配式建筑的研发、生产和管理。

（十七）做好宣传引导

充分利用各种媒体平台，通过现场会、论坛、展会、专题报道等形式，广泛宣传装配式建筑相关知识和发展装配式建筑的经济社会效益，提高社会认知度，营造有利于装配式建筑发展的良好氛围，促进装配式建筑相关产业和市场发展。

北京市人民政府办公厅

2017 年 2 月 22 日

关于实施保障性住房全装修成品交房若干规定的通知

各区县住房城乡建设委（房管局），东城区、西城区住房城市建设委，经济技术开发区建设局，各有关单位：

为贯彻实施《关于在本市保障性住房中实施全装修成品交房有关意见的通知》，健全管理机制，维护购房人合法权益，现就有关实施问题通知如下：

一、明确质量责任。项目开发建设单位是保障性住房全装修成品交房（以下简称“全装修成品交房”）的第一责任人，对住房的整体质量、销售及售后服务负总责。

施工单位、材料和部品供应厂家负责相应的施工和产品的质量责任。

二、推行产业化技术。大力推行住宅产业现代化，积极推进内装工业化装配式装修，鼓励支持应用管线与结构分离技术。建筑主体、装修应一体化设计，并作为保障性住房设计方案专家评审的重点内容。

三、细化实施标准。经济适用住房、限价商品住房按照公共租赁住房装修标准统一实施装配式装修。现阶段，自住型商品住房装修做法参照公共租赁住房，装修标准不得低于公共租赁住房装修标准。开发建设单位应在购房合同中明确装修内容，包括选用的材料、部品、设备品牌及型号等，严格执行《北京市推广、限制和禁止使用的建筑材料目录》。棚户区改造安置房装修标准由各区县政府自行确定。

四、加强质量监督。市、区县建设工程质量安全监管机构应将全装修成品交房质量纳入工程质量重点监管范畴。监理单位应编制全装修成品交房的工程监理方案，加强施工监理。开发建设单位应在项目通过竣工验收后，正式交付前一个月，组织现场开放日活动，邀请购房人进行预验房，重点对装修使用功能进行核验。开发建设单位应详细记录、汇总预验房过程中发现的问题并及时整改。正式交房时应向购房人出具《室内空气质量检测报告》、《住宅质量保证书》和《住宅使用说明书》。

五、完善装修资金监管。全装修成品交房的装修费用应计入预售资金重点监管额度，充分发挥银行监管作用，保障资金优先用于工程建设。

六、落实样板间制度。开发建设单位应在项目摇号前，将装修菜单内容进行公示，并在项目现场配备样板间。样板间应向全体购房人开放，并保留至交房后六个月，其使用的材料、部品、设备等应与购房合同约定一致，方便购房人直观了解装修内容，加强对装修标准的比照监督。

七、建立评估鉴定机制。在交房验收环节或质量保修期限内，建设单位应按照规定组织做好工程质量问题处理工作，购房人和开发建设单位因装修工程质量问题发生分歧及纠纷，可按照《北京市建设工程施工质量投诉管理规定》相关要求协调解决。

北京市住房和城乡建设委员会

2015 年 10 月 28 日

关于在本市保障性住房中实施全装修成品交房有关意见的通知

各区县住房城乡建设委（房管局），东城区、西城区住房城市建设委，经济技术开发区建设局，各区县发展改革委、国土、规划分局，各有关单位：

为深入贯彻党的十八大和十八届三中全会、四中全会精神，切实转变我市建筑行业发展方式和保障性住房建设模式，提高保障性住房品质，建设和谐宜居之都，根据国务院办公厅《关于转发发展改革委住房城乡建设部绿色建筑行动方案的通知》（国办发〔2013〕1 号）、我市《关于在本市保障性住房中实施绿色建筑行动的若干指导意见》（京建发〔2014〕315 号），并经市政府批准，现就我市保障性住房实施全装修成品交房有关工作通知如下：

一、充分认识保障性住房实施全装修成品交房的重要性

保障性住房是政府投资或政府主导的项目，装修是建筑产业链中一个必不可少的环节，在保障性住房中实施全装修成品交房，努力将保障性住房建设成为绿色保障性住房，在提高保障性住房的安全性、健康性和舒适性基础上，可有效促进节能减排、提高材料利用效率、减少现场建筑垃圾及环境污染，同时带动设计、建材、运输、安装等上下游产业协同发展，拉动国民经济增长，对建筑行业整体向高品质、精细化转变具有示范效应，对降低购房人负担，提高居住品质，促进社区和谐具有十分重要的意义。

二、基本原则

（一）政府主导，市场运作。政府各级相关部门要通力合作，依据各自职责在土地交易、立项审批、规划设计、工程造价、建材质量、施工安装、销售及物业管理等方面提出切实可行的标准和行之有效的监管措施，确保各环节合理衔接，整体工作有序推进。同时，充分发挥市场调节机制和配置资源的基础性作用，营造有利于装修行业发展的市场环境，着力培育一批有意愿、有实力的骨干企业，鼓励其积极承接业务，形成规模效应，凸显质量、价格优势，起到示范引领作用。

（二）全面推进，分类实施。对于具备条件的政府投资项目，应重点推进并率先实施；对于其他项目，应在政策完备、资金到位、技术路线可行、群众认可的前提下逐步实施，循序渐进，2015 年内全面推行保障性住房项目全装修成品交房。根据住房性质不同，结合各自建设管理特点和对应人群需求，科学制定与之相适应的装修实施标准，引导居民理性消费，选择符合自身家庭需求，面积适中、功能合理、装修适度的住宅产品。

三、实施范围

本市公共租赁住房、经济适用住房、限价商品住房、棚户区改造安置房及自住型商品住房全面实施全装修成品交房。

四、实施标准

（一）经济适用住房、限价商品住房按照现行公共租赁住房装修标准实施装配式装修。

（二）棚户区改造安置房、自住型商品住房由开发建设单位编制装修方案，并依方案组织实施，鼓励采用装配式装修工艺，具体方式及内容通过安置协议或购房合同约定。

五、时间安排

（一）自2015年5月1日起，由市保障房建设投资中心新建、收购的项目率先全面推行全装修成品交房。

（二）自2015年10月31日起，凡新纳入我市保障性住房年度建设计划的项目（含自住型商品住房）全面推行全装修成品交房。

六、明确各方主体责任

各部门要强化责任意识，明确工作职能，出台监管措施，将保障性住房全装修成品交房作为一项重要任务来开展落实。

（一）规划部门要将全装修成品交房要求写入规划条件，加强引导设计单位对实施装配式装修的项目采用土建装修一体化标准设计。

（二）国土部门根据规划管理部门核发的规划条件或相关批准文件，在招拍挂文件中明确要求中标人或竞得人按照本通知实行全装修成品交房；对于通过划拨和协议出让方式取得土地的项目，在项目土地供应文件中予以明确。

（三）住房城乡建设部门要加强工程质量安全监管，建立装修专项监督机制，确保各部位产品质量、施工质量达标；建立合格供应商、建材、部品名录；对项目装修所用一体化部品实施产品质量认证采信管理，纳入建设工程材料采购备案管理系统和建筑材料供应单位信用评价系统，并予以监督。

（四）开发建设单位要严格落实分户验收制度，建立开放日制度、装修样板间制度；在房屋销售环节中应就装修建材和部品的种类、品牌等内容予以公示，并在购房合同中予以明确约定。

七、强化保障措施

（一）整合行业资源。积极培育若干家集开发、设计、施工、安装于一体的产业链集团企业或联合体，编制并发布全产业链集团企业名录。

（二）推广先进技术。通过实施装配式装修技术体系，采用工业化的装修方式，实现设备管线与结构分离，有效提高居住品质，延长住房使用寿命，逐步引导装修产业由低效的手工业作坊式向集成高效的大工业转变。

（三）完善配套政策。综合运用经济、行政、法律、金融手段，激发企业自觉投入科研创新、项目建设的内生动力。细化后期管理措施，有效约定和监管购房人在入住成品住房后的各种行为。

（四）强化能力建设。加强对建筑规划、设计、施工、安装、管理等人员的培训，组织装修设计方案竞赛及展览活动，广泛开展全国范围内的交流与合作，借鉴国内外先进经验。

（五）开展宣传教育。采用多种形式积极宣传政策措施、典型案例、先进技术，提高公众对全装修成品交房在质量、环保、价格、工期、后期维修等方面优势的认知度，倡导新型消费理念。

本通知自发布之日起实施，此前规定与本通知不一致的以本通知为准。

特此通知。

2015 年 10 月 28 日

关于确认保障性住房实施住宅产业化增量成本的通知

各区县住房城乡建设委，东城、西城区住房城市建设委，经济技术开发区建设局，各区县发展改革委，各保障性住房项目建设实施主体及各有关单位：

为加快推进我市住宅产业化的发展，“十二五”期间，我市将以保障性住房为重点，全面推进住宅产业化。对于实施住宅产业化的保障性住房，项目产业化增量成本计入建安成本。增量成本确认程序、标准及相关要求如下：

一、市、区县住房保障部门与项目建设实施主体签订保障性住房建设管理协议后，北京市住房和城乡建设科技促进中心依据市住宅产业化专家委员会评审意见出具项目实施住宅产业化的意见函，明确项目实施住宅产业化的增量成本参考值。市发展改革委依据意见函确认项目相关投资估算增量。

二、增量成本

1. 产业化增量成本参考值：

建筑高度 60 米以下 409.00 元/m^2（包括预制外墙）；

建筑高度 60 米以上 436.00 元/m^2（包括预制外墙）；

建筑高度 60 米以上 115.00 元/m^2（不包括预制外墙）。

上述参考值以全现浇剪力墙结构作为成本比较基础。

2. 产业化增量成本参考值适用于《关于在保障性住房建设中推进住宅产业化工作任务的通知》（京建发〔2012〕359 号）附件北京市产业化住宅项目最低技术要求中建筑高度 60 米以下的装配整体式

剪力墙结构体系、建筑高度 60 米及以上的现浇钢筋混凝土剪力墙结构体系和装配整体式剪力墙结构体系。

3. 增量成本的测算依据造价管理的相关规定，并根据市场价格变化按年度进行调整。

三、各保障性住房项目建设实施主体应按照《关于在保障性住房建设中推进住宅产业化工作任务的通知》（京建发〔2012〕359 号）中的要求进行方案设计，项目的住宅产业化实施方案经市住宅产业化专家委员会评审通过后实施。

北京市住房和城乡建设委员会
北京市发展和改革委员会
2013 年 3 月 13 日

关于2012年在保障性住房建设中推进住宅产业化工作的实施方案

推进住宅产业化，是建设领域贯彻落实建设“人文北京、科技北京、绿色北京”的重要内容，对于实现建设繁荣、文明、和谐、宜居的中国特色世界城市目标具有重要意义，为落实“十二五”期间在我市保障性住房中全面推行产业化，贯彻市领导对《关于印发〈关于在保障性住房建设中推进住宅产业化工作任务的通知〉的请示》的批示意见，制定如下实施方案。

一、工作目标

“十二五”期间，我市将以保障性住房为重点，全面推进住宅产业化。2012年拟在我市保障性住房建设中落实40个项目共计240万平方米的产业化住宅，并严格按照《关于在保障性住房建设中推进住宅产业化工作任务的通知》（京建发［2012］359号，以下简称“通知”）中产业化住宅实施标准建设。

二、组织机构

为加快推进该项工作，成立“保障性住房实施产业化领导小组”全面负责在保障性住房建设中推进产业化的领导、组织与协调工作，对产业化实施情况进行监督检查。领导小组下设办公室、任务协调部、技术支持部，负责具体事务性工作，办公室设在市住保办标准和信息化处。

领导小组成员如下：

总顾问：冯可梁

组　长：邹劲松

副组长：杨武平、刘小军、赵丰东、叶向忠

办公室：杨家骥（办公室主任）、宛春（办公室副主任）、刘江、卢月清

任务协调部负责人：杨家骥

技术支持部负责人：赵丰东

任务协调部负责保障性住房建设中实施产业化工作的统筹协调、任务分解以及督促落实。具体负责 2012 年 240 万平方米产业化住宅任务的项目分解，并积极组织协调，推动工作目标的落实，并协助技术支持部做好产业化实施效果的监督检查工作。定期组织召开实施项目调度会，统筹协调推进各项工作。

技术支持部负责全面提供产业化实施项目包括设计、生产、运输、施工、验收、培训等产业链关键环节的技术支撑和指导，具体包括：落实推荐熟练掌握产业化技术的设计、生产、施工单位；制定详细的产业化项目指导手册；对涉及产业化项目的开发、设计、生产、施工、监理、监督等单位进行产业化技术培训；提出产业化技术相关的设计、施工、验收标准和规范等。

三、开工前安排

（一）任务协调部将 2012 年 240 万平方米产业化实施任务分解到各项目，并与技术支持部进行对接。尽快组织一次实施项目的调度会，由技术支持部讲解实施产业化具体要求，并听取项目实施单位

反馈意见。各项目实施单位在会后须向技术支持部提交项目实施产业化疑难问题书面汇总意见。

（二）市住房城乡建设委会同市规划委、市国土局、市发展改革委、市财政局联合发布《关于在保障性住房建设中推进住宅产业化工作任务的通知》。

（三）技术支持部提供熟练掌握产业化技术的设计院所、生产厂商、施工单位、运输物流单位、吊装设备等单位的合格企业名录，并协调上述单位与2012年保障性住房实施产业化项目对接。

（四）市住保办完成《北京市公共租赁住房标准设计图集》的正式发布，在北京建设网提供下载链接，并在全市同步实施图集的宣贯工作。

（五）技术支持部完成保障性住房实施产业化技术指导手册的编制，并同步对2012年保障性住房实施产业化项目单位实施培训，指导确定各项目实施产业化的具体方案。

（六）11月底前，各实施产业化项目力争全面开工。

四、工作要求

（一）各有关单位务必高度重视，严格按照“通知”要求，不折不扣地认真完成好2012年保障性住房建设中实施产业化的各项工作。对因未能履行好各自职责造成项目推进中出现重大问题并导致我市保障性住房年度目标无法实现等情况，将对相关部门和人员实施问责。

（二）已列入2012年保障性住房实施产业化的项目应充分做好产业化实施前的各项准备。已确定建设项目实施主体的应严格按照

"通知"要求实施建设。未确定实施主体的项目，各有关部门应按照"通知"要求，将产业化技术要求作为确定实施主体和立项等程序的前置条件。项目所在区县政府和有关部门应给予大力支持并积极推进项目实施。

（三）项目实施过程中，各有关单位应及时向保障性住房实施产业化领导小组办公室反馈项目实施进展情况以及遇到的困难问题，并做好产业化实施项目技术档案的管理工作，技术支持部应及时提供技术指导，解答疑难，确保项目顺利开展。

（四）鼓励未列入 2012 年保障性住房实施产业化的保障性住房项目积极向保障性住房实施产业化领导小组办公室申请实施产业化建设试点。

关于在保障性住房建设中推进住宅产业化工作任务的通知

各区县政府、各有关单位：

为进一步推动我市住宅产业化的发展，根据《关于推进本市住宅产业化的指导意见》（京建发〔2010〕125号），落实《北京市“十二五”时期民用建筑节能规划》要求，为确保保障性住房实施住宅产业化的各项任务目标落实，经市政府同意，现将有关事项通知如下：

一、工作目标

“十二五”期间，我市将以保障性住房为重点，全面推进住宅产业化，到2015年产业化建造方式的住宅达到当年开工建筑面积30%以上，累计示范面积超过1500万平方米。

二、实施标准

（一）实施住宅产业化的保障性住房应至少满足《北京市产业化住宅项目最低技术要求》的要求。

（二）推广应用住宅产业化成套技术。成套技术包括节能及新能源利用技术、整体厨卫技术、生态环境保障技术、管网技术与智能化技术等。

三、实施范围

以下保障性住房项目应实施产业化：

（一）申请利用自有土地建设的保障性住房项目；

（二）北京市保障性住房建设投资中心投资的公共租赁住房、中心城人口疏解定向安置房项目。

鼓励其他类型的保障性住房采用产业化方式建造。

四、工作要求

（一）市住房城乡建设委会同相关委办局明确保障性住房各年度住宅产业化项目任务，并依据每年度的住房保障工作责任书，将当年的住宅产业化任务与具体项目做好对接。各区县政府提交保障性住房建设计划，在项目明细中明确产业化项目，列入当年保障性住房建设计划。其中，2012 年在保障性住房中落实 240 万平方米的产业化住宅。

（二）区县政府、市国土局、市住房城乡建设委在确定建设项目实施主体时，将《北京市产业化住宅项目最低技术要求》作为授权委托书或招拍挂文件的附件，明确项目实施产业化。

（三）市发展改革委将项目实施产业化的规模纳入年度投资计划。

（四）市规划委对授权委托书或招拍挂文件中明确的产业化项目在规划方案复函或技术审查意见中明确要求施工图设计文件应符合《北京市产业化住宅项目最低技术要求》的要求；施工图审查机构根据专家评审意见和现行标准、规范对产业化内容进行符合性审查。

（五）建设项目实施主体在项目初步设计完成后，向市住房城乡建设委提交依据初步设计文件编制的项目产业化实施方案。

（六）市住房城乡建设委委托市住宅产业化专家委员会在 7 个工作日内对项目产业化实施方案进行评审，出具专家评审意见；对建设过程中的产业化实施情况进行监督检查。

（七）市住房城乡建设委会同相关委办局加强对建设项目实施主体的相关技术服务指导工作。

（八）涉及产业化内容的变更，应按上述（四）至（六）条的规定重新进行专家评审和施工图设计文件审查。

五、监督检查

加强对住宅产业化项目的监督管理。国土、规划、发展改革、住房城乡建设主管部门应严格按照职责和有关法规规定做好各环节的审核、核验和监管工作。

项目实施主体在项目进展过程中，应每季度向区县政府和市住房城乡建设委提交产业化实施进度报告。在项目进展过程中，市住房城乡建设委会同相关委办局组织专家对住宅产业化实施项目进行定期抽查和检查，并将检查结果通报区县政府。对于达不到产业化相关标准要求的项目按有关规定予以处理。

特此通知。

北京市住房和城乡建设委员会

北京市规划委员会

北京市国土资源局

北京市发展和改革委员会

北京市财政局

2012 年 8 月 13 日

参考文献

[1] 赵媛：《保障性住房工业化建设部品库管理研究》[D]，北京交通大学，2015.

[2] 叶华军：《论我国住房保障体制的改革与完善》[D]，厦门大学，2006.

[3] 李小莹：《政府集中供给模式下保障性住房建设监管的研究》[D]，北京交通大学，2011.

[4] 项晓晓：《试论监理在工程建设各方中的协调作用》[J]，《大陆桥视野》，2013.

[5] 柳海利，郭捷楠，任旭：《保障性住房建设项目前期审批流程优化》[J]，《建筑经济》，2016，37（1）：100-104.

[6] 朱小丰：《保障性住房建设的配建模式研究》[D]，财政部财政科学研究所，2012.

[7] 甄一男，董明，李伟：《“居者有其屋”之路——北京市保障性住房现状调研》[J]，《都市足迹》.

[8] 丁高胜，彭炜，李杰：《保障性住房可以这样“落地”——江西省宜春市“限地价、竞配公租房面积”供地模式的实践》[J]，《中国土地》，2011（10）：24-25.

[9] 周榕：《以配建方式建设保障性住房的主要问题及政策建议》[J]，《住房保障》，2014：59-60.

[10] 赵丰东，郭宁，高岩：《推进住宅产业现代化 建设生态宜居城市》[J]，

《城市住宅》，2014，09：35-37.

[11] 张博为：《基于PCa装配式技术的保障性住房标准设计研究—以北方地区为例》[D]，大连理工大学，2013.

[12] 高卫庆，苏振民，王群依：《产业化住宅部品体系的集成化探析》[J]，《改革与战略》，2008，10（24）：175-177.

[13] 龙玉峰：《工业化住宅建筑的特点和设计建议》[J]，《住宅产业》，2011（06）：37-39.

[14] 张传生，张凯：《工业化住宅挑战传统建筑模式》[J]，《施工企业管理》，2012（06）：44-45.

[15] 王国志，李哲龙，李向宇：《工业化住宅在保障性住房中应用可行性研究》[J]，《现代商业》，2012（02）：161.

[16] 李洁，李正茂：《浅析通过建筑工业化技术进步提高装配式建筑经济性》[J]，《住宅产业》，2013（08）：19-21.

[17] 上海城建：《覆盖全产业链的预制装配式住宅建造体系》[J]，《住宅产业》，2012（02）：46-51.

[18] 范悦，叶明：《试论中国特色的住宅工业化的发展策略》[J]，建筑学报，2012（04）：19-22.

[19] 陆文军：《上海将住宅产业化模式引入保障性住房建设》[J]，《中外企业文化》，2011（10）：21-22.

[20] 上海建设：《上海首批预制装配式保障性住房可有效抵御7级地震》[J]，《混凝土》，2014（04）：158.

[21] 米翔：《浅析保障性住房对新城区建设的意义》[J]，《城市建设理论研究（电子版）》，2012（28）.

[22] 古尼切木·沙地克：《保障性住房工程质量管理与控制问题研究》[J]，《城市建设理论研究（电子版）》，2015，（19）：3590-3591.

[23] 马涛：《基于代建模式的南京保障性住房投资控制研究》[D]，华中科

技大学，2012.

[24] 许高挺：《造价控制在保障性住房建设中的应用》[J]，城市建设理论研究（电子版）》，2015，5（13）：1513-1514.

[25] 李银英：《基于业主方的政府保障性住房建设项目全过程管理研究——以联升经济租赁房建设项目为例》[D]，浙江工业大学，2012.

[26] 《信息动态》[J]，城市规划，2011，(6)：5-8.

[27] 王欣：《建筑业主施工安全管理模式研究》[D]，华中科技大学，2013，DOI10.7666/d.D409054.

[28] 周剑，陆彬：《浅谈建筑业安全生产管理现状》[C]，《全国建筑安全协会 2010 年联谊会论文集》，2010：44-46.

[29] 陈胜权：《建筑施工现场安全事故原因分析及对策》[J]，《城市建设》，2010，(25)：145-146.

[30] 郑群山：《公租房建设中推行住宅产业化的研究》[D]，重庆大学，2012.

[31] 张丰洲：《保障性住房实施工业化建设的推进策略研究》[D]，北京交通大学，2015.

[32] 时良：《北京市住宅产业化研究》[D]，北京交通大学，2011.

[33] 杨健康等：《住宅产业化集团模式探索》[J]，《施工技术》2012 年第 9 期.

[34] 袁鹏飞：《保障性住房工业化建设水平评价体系构建研究》[D]，北京交通大学，2015.

[35] 黎高程：《茂名供电局绩效管理体系设计研究》[D]，华南理工大学，2006.

[36] 董良峰：《推进我国住宅产业化政策框架体系的构建及措施研究》[D]，南京林业大学，2006.

[37] 赵尔铎：《住宅产业化的影响因素及推广策略研究》[D]，中国矿业大

学，2015.

[38] 王之文：《对我国住宅产业化发展的思考》[J]，《吉林省经济管理干部学院学报》，2010 (03).

[39] 韩琦：《中国住宅产业化存在的问题及对策研究》[D]，华中师范大学，2007.

[40] 顾靖：《保障性住房建设过程质量控制与政府监管机制研究》[D]，浙江大学，2014.

[41] 郝生跃，卢玉洁，任旭：《"十三五"时期保障性住房建设可持续模式研究》[J]，《经济纵横》，2017.1：46-51.